U0662798

中等职业学校电气安装维修理论与实践一体化教材

PLC与变频器

施利春　李　伟　主编

机 械 工 业 出 版 社

本书根据国家中等职业学校电气控制与维修专业理论实践一体化课程教学大纲，参照国家职业标准编写。主要内容包括：可编程序控制器概述、S7—200系列可编程序控制器、S7—200系列PLC指令系统、可编程序控制器控制系统设计、变频器概述、变频器的选择与操作、MM440变频器、MM440变频器的基本应用、PLC和MM440联机变频调速应用等。每一章后面都配有相应的技能训练和复习思考题供教学使用，充分体现理论与实践有机结合的教学模式；通过联系生产实际，突出操作技能，重视学生动手能力的培养。

另外，本书配有教学电子课件，包括：教案、复习思考题答案、期中与期末模拟试题等。读者可以从机械工业出版社教材网站自行下载（网址为：http：//www.cmpbook.com）。

本书即可作为中等职业学校电气控制与维修专业教材，也可作为成人高校或职业技术学院相关专业的教材，还可供有关专业技术人员参考和使用。

图书在版编目（CIP）数据

PLC与变频器/施利春，李伟主编. —北京：机械工业出版社，2007.8（2025.1重印）
中等职业学校电气安装维修理论与实践一体化教材
ISBN 978-7-111-22058-9

Ⅰ.P… Ⅱ.①施…②李… Ⅲ.①可编程序控制器-专业学校-教材②变频器-专业学校-教材 Ⅳ.TP332.3 TN773

中国版本图书馆CIP数据核字（2007）第119950号

机械工业出版社（北京市百万庄大街22号 邮政编码100037）
策划编辑：朱 华 王振国
责任编辑：王振国 版式设计：冉晓华 责任校对：程俊巧
封面设计：马精明 责任印制：张 博
北京雁林吉兆印刷有限公司印刷
2025年1月第1版·第7次印刷
184mm×260mm·12印张·284千字
标准书号：ISBN 978-7-111-22058-9
定价：39.80元

电话服务
客服电话：010-88361066
010-88379833
010-68326294

网络服务
机 工 官 网：www.cmpbook.com
机 工 官 博：weibo.com/cmp1952
金 书 网：www.golden-book.com
机工教育服务网：www.cmpedu.com

封底无防伪标均为盗版

中等职业学校电气安装维修理论与实践一体化
教 材 编 审 委 员 会

主任委员：王　建

副主任委员：赵承荻　李　伟

委　　员：（排名不分先后）

陈惠群　施利春　郭瑞红　郭　赟　陈秀梅

吕书勇　陈应华　徐　彤　荆宏智　朱　华

张　凯　刘　勇　赵金周　张　明　李宏民

本书主编：施利春　李　伟

副 主 编：张　宏　肖海梅

参编人员：王　霞

本书主审：王　建

序

进入21世纪，我国逐渐成为“世界制造中心”，制造业赖以生存与发展的主力军是技能型人才队伍。而制造业向消费市场提供的机床、机械装备、电气设备及各种含有电力拖动与电气控制的产品中，电气系统都占有很大的分量并起着关键作用。要想完成装备中电气系统的研发、试制、安装、维修、操作及使用，就必须有大量的电工类专业技能人才参与。鉴于我国制造业及其他工业企业的人才结构状况，维修电工、机电一体化以及电子技术专业技能人才严重缺乏，尤其是经过培训并获得职业技能资格证书的高技能人才更为奇缺，这种格局已成为制约我国工业经济快速发展的瓶颈。因此，国务院先后召开了“全国职业教育工作会议”和“全国加快培养高技能人才座谈会议”，明确提出在“十一五”期间培养技师和高级技师190万人，培养高级工800万人，使我国高技能人才总量达到2800万人的宏伟目标。

众所周知，高职院校、技师学院、中职学校是培养和造就中高级技能人才的主要阵地，而教材则是这些学校向学生传授知识与技能的主要工具之一，也是人们接受终身教育和职场发展的学习工具，编写一套既能适应时代要求，又能有效地提高人才培养效果的好教材，就等于为推进技能人才培养提供了成才就业的金钥匙。

随着现代科学技术的不断发展，在电气技术方面电子元器件及变换技术的产生，电动机由直流发电机—电动机调速向各类交流调速方向快速发展；电气控制方面由接触器控制系统向可编程序控制器（PLC）系统发展；机床电气控制也由接触器控制系统向数控机床系统、计算机数控（CNC）机床快速转化。各类职业技术院校针对现代工业企业对技能人才具有极大需求的特点，大胆提出了“知识宽广够用，重在应用技能为本”的人才培养理念；又根据电气技术不断发展，人才培训理念创新和企业人才需求“特点”的时代要求，将原来的专业理论课与技能训练课分别开设的教学内容及教学模式，逐步调整为专业理论与技能训练一体化的教学内容和教学模式。因此，我们组织了长期工作在教学第一线的专家和有丰富教学经验的教师编写了这套适合中、高级技能人才培养的电气安装与维修专业的理论与实践一体化教材。

这套教材在编写原则上，着重强调了理论与实训一体化的知识内容同步、训练同步的模式。教材内容以文字、数据、图、表格相结合的方式展示给学生，以此提高学生的学习兴趣。而且，还参照相关国家职业标准规定的知识层次，但在内容上又不完全拘泥于标准，以此照顾到初级、中级技能人才接受知识和技能培训的需要，为各类技能人才培训搭建一个阶梯型架构。同时，也为满足培训、考工和读者自学的需要提供教材的配套。最后，在教材编写过程中尽可能多地充实新知识、新技术、新工艺、新内容，力求增强技术知识的领先性和实用性，重在教会接受培训的人员掌握一些新知识与新技能。本套教材主要作为中等职业学校的教材，也可作为技师学院、高职学校选用参考。

在本套教材的编写过程中，得到了许多学校领导、专家、老师的指导及帮助，在此谨向他们表示衷心的感谢。

由于我们的水平和编写时间有限，教材中难免存在错误和不足之处，诚请从事职业教育的专家、老师和广大读者批评指正。

中等职业学校电气安装维修理论与实践一体化
教材编审委员会

目　　录

第一章　可编程序控制器概述

学习目标

可编程序控制器简称PLC，是在继电器控制的基础上，将计算机技术、控制技术及通信技术融为一体，应用到工业控制领域的一种高可靠性控制器，是当代工业生产自动化的重要支柱。通过学习，同学们应当从PLC的定义入手，搞清楚它和PC以及继电器控制系统的区别和联系；了解PLC产生的背景、分类及发展趋势。

本章的学习目标：

1. 掌握PLC的结构和工作原理。
2. 了解PLC的特点和主要功能。
3. 掌握PLC的技术性能指标。
4. 熟悉PLC的编程语言。

第一节　可编程序控制器的产生及定义

一、可编程序控制器的产生

从20世纪20年代起，人们把各种继电器、定时器、接触器等电器及其触点按一定的逻辑关系连接起来组成控制系统，控制各种生产设备，这就是大家所熟悉的继电器控制系统。由于继电器控制系统结构简单、操作方便、容易掌握、价格便宜，在一定范围内能够满足控制要求，因而使用面甚广，多年来在工业控制领域中一直占据主导地位。但是继电器控制系统具有明显的缺点：设备体积大，噪声大，能耗大，动作速度慢，可靠性差，维护量大，维护困难，功能少，特别是采用硬连线逻辑控制，连线过程较复杂，生产工艺或对象需求改变时，需要重新设计电气控制系统，设计、安装、调试周期长，通用性和灵活性较差。

20世纪60年代，虽然计算机技术已开始应用于工业控制领域，但由于技术复杂、编程难度高、难以适应恶劣的工业环境以及价格昂贵等原因，计算机技术未能在工业控制领域广泛应用。当时的电气控制系统主要还是继电器控制系统。

60年代末期，全球的汽车制造业竞争激烈，生产方式由少品种大批量转变为多品种小批量。各汽车制造商为了竞争，需要不断推出新产品，这就要求不断地更新汽车生产线。1968年，美国最大的汽车制造商——通用汽车公司（GM），试图寻找一种新型工业控制器，以便更新汽车生产线时尽可能减少更换继电器控制系统的硬件及接线，缩短重新设计、安装、调试周期，降低成本。因而设想把计算机的完备功能、灵活及通用等优点和继电器控制系统的简单易懂、操作方便、价格便宜等优点结合起来，制成一种适合于工业环境的通用控制装置，并把计算机的编程方法和程序输入方式加以简化，用“面向控制过程，面向对象”的“自然语言”进行编程，使不熟悉计算机的人也能方便地使用。因此，通用汽车公司提出了十条技术指标向社会公开招标，目标是研制新型的工业控制器。这十条技术指标是：

1）编程方便，可现场编辑及修改程序。

2）维护方便，采用插件式结构。

3）可靠性高于继电器控制系统。

4）体积小于继电器控制装置。

5）数据可直接送入管理计算机。

6）成本可与继电器控制系统竞争。

7）输入电压可以是交流115V（美国电压标准）。

8）输出电压为交流115V，电流在2A以上，可直接驱动接触器、电磁阀等。

9）扩展时原系统改变最小。

10）用户程序存储器容量至少能扩展到4KB。

1969年，美国数字设备公司（DEC）根据上述要求，研制出了一种新型工业控制器，型号为PDP—14，并在GM公司的汽车生产线上首次应用成功，取得了显著的经济效益，开创了工业控制的新局面。当时人们把这种新型工业控制器称为可编程序逻辑控制器（Programmable Logic Controller，简称PLC），这是世界上第一台可编程序控制器。

PLC技术的出现在工业控制领域引起了很大振动，许多公司纷纷投入人力、物力研制PLC。1969年，美国哥德公司（GOULD）第一个把PLC商品化；1971年，日本从美国引进了这项新技术，研制出日本第一台PLC；1973年，德国西门子公司（SIEMENS）研制出欧洲第一台PLC；1974年，我国开始研制PLC，但工业应用开始于1977年。

早期的PLC主要由分立元件和小规模集成电路组成，采用了一些计算机技术，指令系统简单，一般具有逻辑运算、定时、计数等逻辑功能，主要是为了取代继电器控制系统而设计的，所以称为可编程序逻辑控制器。20世纪70年代，随着微电子技术的发展，PLC采用了大规模集成电路和通用微处理器，其功能不断增强，不仅能够执行逻辑运算、定时、计数控制，而且增加了算术运算、数据处理、数据通信等功能，所以称为可编程序控制器（Programmable Controller，简称PC）。但由于个人计算机（Personal Computer）也简称PC，二者容易混淆，所以现在把可编程序控制器仍简称为PLC。

20世纪80年代以来，随着超大规模集成电路技术的发展，以16位和32位微处理器构成的PLC得到了惊人的发展，在概念、设计、性能、价格以及应用等方面都有了新的突破。PLC的控制功能增强、功耗和体积减小、成本下降、可靠性提高、编程和故障检测更为灵活方便。随着远程I/O和通信网络、数据处理以及图像显示技术的发展，PLC也向连续过程控制方向发展，目前已成为工业生产自动化的三大支柱之一。

二、可编程序控制器的定义

PLC一直在快速发展中，因此到现在为止，还未能对其下一个十分确切的定义。国际电工委员会（IEC）曾于1982年11月颁布了可编程序控制器标准草案第一稿，1985年1月颁布了标准草案第二稿，1987年2月颁布了标准草案第三稿。可编程序控制器标准草案第三稿中对PLC的定义如下：PLC是一种数字运算操作的电子系统，专为在工业环境下应用而设计。它采用了可编程序的存储器，用来在其内部存储执行逻辑运算、顺序控制、定时、计数和算术运算等面向用户的指令，并通过数字式或模拟式的输入和输出接口，控制各种类型的机械或生产过程。PLC及有关外围设备，都应按照易于与工业系统连成一个整体，易于扩充其功能的原则设计。

该定义强调了PLC是“数字运算操作的电子系统”，即计算机，不过它是“专为在工业环境下应用而设计”的工业计算机，具有很强的抗干扰能力，广泛的适应能力和应用范围，这也是其区别于一般计算机控制系统的一个重要特征。这种工业计算机采用“面向用户的指令”，因此编程方便。它能完成逻辑运算、顺序控制、定时、计数和算术运算等操作，它还具有“数字量和模拟量输入和输出”的能力，并且非常容易与“工业控制系统连成一个整体”，易于“扩充”。

PLC与鼓式、机械式顺序控制器在“可编程”方面有本质的区别。由于PLC引入了微处理器及半导体存储器等新一代电子器件，并用规定的指令进行编程，所以它是通过软件方式来实现“可编程”的目的，能灵活地修改程序。

三、可编程序控制器的分类

PLC发展至今已经有多种形式，其功能也不尽相同。分类时，一般按以下原则进行考虑。

1. 按I/O点数分类

按PLC的输入输出点数可将PLC分为以下3类：

（1）小型机　小型PLC输入输出总点数一般在256点以下，其功能以开关量控制为主，用户程序存储器容量在4KB以下。小型PLC的特点是体积小、价格低，适合于控制单台设备、开发机电一体化产品。

典型的小型机有SIEMENS公司的S7—200系列，OMRON公司的CPMIA系列，三菱公司的MODICONPC—085等整体式PLC产品。

（2）中型机　中型PLC的输入输出总点数一般在256~2048点之间，用户程序存储容量达到2~8KB。中型PLC不仅具有开关量和模拟量的控制功能，还具有更强的数字计算能力，它的通信功能和模拟量处理能力更强大，适用于复杂的逻辑控制系统以及连续生产过程控制场合。

典型的中型机有SIEMENS公司的S7—300系列，OMRON公司的C200H系列，AB公司的SLC500系列模块式PLC等产品。

（3）大型机　大型PLC的输入输出总点数在2048点以上，用户程序存储容量达8~16KB，它具有计算、控制和调节的功能，还具有强大的网络结构和通信联网能力。它的监视系统采用CRT显示，能够表示过程的动态流程。大型机适用于设备自动化控制、过程自动化控制和过程监控系统等。

典型的大型PLC有SIEMENS公司的S7—400，OMRON公司的CVM1和CS1系列，AB

公司的SLC5/05系列等产品。

2. 按结构分类

根据PLC结构的不同，PLC主要可分为整体式和模块式两类。

（1）整体式结构　整体式又叫单元式或箱体式，它的体积小、价格低，小型PLC一般采用整体式结构。

整体式结构的特点是将PLC的基本部件，如CPU模块、I/O模块和电源等紧凑地安装在一个标准机壳内，组成PLC的一个基本单元或扩展单元。基本单元上没有扩展端口，通过扩展电缆与扩展单元相连，以构成PLC不同的配置。

整体式PLC还配备有许多专用的特殊功能模块，使PLC的功能得到扩展。

（2）模块式结构　模块式结构的PLC是由一些模块单元构成，将这些模块插在框架上或基板上即可。各模块功能是独立的，外形尺寸统一，可根据需要灵活配置插入的模块。目前，大、中型PLC多采用这种结构形式。

四、可编程序控制器的应用与发展

1. PLC的应用领域

作为一种新型通用控制器，PLC可以应用于所有的工业领域。早期的PLC由于其价格远远高于继电器控制装置，使得其应用受到限制。最近十多年来，随着微电子技术的发展，PLC的功能大大增强而价格大幅度降低，使得PLC的应用迅速推广。目前，国内外已经将PLC广泛地应用于钢铁、石化、机械制造、汽车装配、电力等各个行业，并且取得了可观的经济效益。特别是在发达的工业国家，PLC已广泛应用于所有的工业领域。随着性能价格比的提高，PLC的应用领域还将不断扩大。

2. PLC的发展趋势

PLC诞生不久即显示出在工业控制中的重要地位，日本、法国、德国等国家相继研制成各自的PLC。PLC技术随着计算机和微电子技术的发展而迅速发展，由最初的1位机发展到8位机。随着微处理器和微型计算机技术在PLC中的应用，现在的PLC产品已使用了16位、32位高性能微处理器，而且实现了多处理器的多通道处理。通信技术使PLC的应用得到进一步发展，如今，PLC技术已比较成熟。

目前，世界上有200多个厂家生产PLC产品，比较著名的厂家有日本的三菱公司、欧姆龙公司、富士电机、松下电工，德国的西门子公司，法国的TE公司、施耐德公司，韩国的三星公司、LG公司和美国的AB、通用（GE）等公司。

PLC现在发展很快，总的趋势是向高集成化、小体积、大容量、高速度、使用方便、高性能和智能化方向发展。其具体表现在以下几个方面：

（1）向小型化、专用化、低成本方向发展　随着微电子技术的发展，大幅度地提高新型器件的功能和降低价格，使PLC结构更为紧凑，一些PLC只有手掌大小，PLC的体积越来越小，使用起来灵活方便。同时，PLC的功能不断增加，将原来大、中型PLC才有的功能移植到小型PLC上，如模拟量处理、数据通信和复杂的功能指令等，但价格却不断下降。

（2）向大型化、大容量、高速度方向发展　大型PLC采用多微处理器系统，有的采用了32位微处理器，可同时进行多任务操作，处理速度得到提高，特别是增强了过程控制和数据处理的功能。另外，存储容量大大增加。所以 PLC 的另一个发展方向是大型和超大型，使 PLC 具有上万个输入输出量，用于石化、冶金、汽车制造等领域。

（3）与计算机联系密切　从功能上看，PLC 与个人计算机技术结合后，使得 PLC 的数据存储、处理功能大大增强；从结构上看，计算机的硬件和技术越来越多地应用到 PLC 上；从语言上看，PLC 已不再单纯使用梯形图语言，它可以用多种语言编程，如类似计算机汇编语言的语句表，甚至可直接用计算机高级语言编程；在通信方面，PLC 与计算机可直接相连并进行信息传递。

（4）模块化　PLC 的扩展模块发展迅速。明确化、专用化的复杂功能由专门模块来完成，主机仅仅通过通信设备向模块发布命令和测试状态，这使得 PLC 的系统功能进一步增强，控制系统设计进一步简化，如计数器模块、位置控制和位置检测模块、闭环控制模块、称重模块等。

（5）网络与通信能力增强　支持多种工业标准总线，使联网更加简单，计算机与 PLC 之间以及各个 PLC 之间的联网和通信能力不断增强，使工业网络可以有效地节省资源、降低成本，提高系统的可靠性和灵活性。

（6）多样化和标准化　生产 PLC 产品的各个厂家都在加大力度开发自己的新产品，以求更大地占据市场。因此产品向多样化方向发展，出现了欧、美、日等多种流派。与此同时，为了推动技术标准化的进程，一些国际性组织，如国际电工委员会（IEC）不断为 PLC 的发展制定一些新的标准，如对各种类型的产品作一定的归纳或定义，或对 PLC 未来的发展制定方向。

国际电工委员会（IEC）曾于 1994 年 5 月公布了 PLC 标准（IEC 1131），它由 5 个部分组成，即通用信息、设备与测试要求、编程语言、用户指南和通信。其中第三部分（IEC 1131-3）是 PLC 的编程语言标准，采用此标准可以大大缩短开发周期。

目前越来越多的 PLC 生产厂家提供符合 IEC 1131-3 标准的产品，有的厂家推出的在个人计算机上运行的“软件 PLC”软件包也是按 IEC 1131-3 标准设计的。

（7）人机交流功能增强　在为 PLC 配置了操作面板、触摸屏等人机对话手段后，其应用领域进一步扩展，应用更加方便。

PLC 总的发展趋势是向高集成化、小体积、大容量、高速度、易使用、高性能方向发展。

第二节　可编程序控制器的控制功能及主要特点

一、可编程序控制器的主要特点

PLC 产生的短短的几十年时间，目前的市场销售额超过 150 亿美元，占全球工业控制器（PLC、工业 PC、DCS、PID）的市场份额超过 55%，主要原因是 PLC 具有继电器控制、计算机控制及其他控制不具备的显著特点。

1. 运行稳定、可靠性高、抗干扰能力强

PLC 是专为在工业环境下应用而设计的工业计算机，内部采用集成电路，各种控制功能由软件编程实现，外部接线大大减少；另外，软件与硬件采取了一系列提高可靠性和抗干扰的措施，如系统硬件模块冗余、采用光电隔离、掉电保护、对干扰的屏蔽和滤波、在运行过程中允许模块热插拔、设置故障检测与自诊断程序以及其他措施等，因此，PLC运行稳定、可靠、抗干扰能力强。

2. 设计、使用和维护方便

用户可以根据工程控制的要求，选择PLC主机单元和各种扩展单元进行灵活配置，提高系统的性能价格比；若生产过程对控制功能要求提高，则PLC可以方便地对系统进行扩充，如通过I/O扩展单元来增加输入/输出点数，通过多台PLC之间或PLC与上位机的通信，来扩展系统的功能；利用CRT屏幕显示进行编程和监控，便于修改和调试程序，易于诊断故障，节省了维修时间。

3. 编程语言直观易学

PLC的设计是面向工业企业中的一般电气工程技术人员，它采用容易理解和容易掌握的梯形图LAD（Ladder Diagram）语言，以及面向生产过程的简单指令。梯形图语言既继承了继电器控制电路的表达形式（如线圈、触点、动合、动断），又考虑到一般电气工程技术人员的看图习惯和计算机应用水平。因此，梯形图语言对于熟悉继电器控制电路的电气工程技术人员非常亲切、形象直观、简单易学，工程设计和操作使用人员经过简单培训很快即可掌握。PLC编程时通过计算机进行，梯形图LAD、语句表STL（Statement List）和功能块图FBD（Function Block Diagram）等编程语言，还可以利用编程软件相互转换，满足了不同层次工程技术人员的需求。

4. 与网络技术相结合

随着计算机网络技术的迅速发展，几乎所有的PLC生产商都将网络技术和大容量、高速信息交换技术应用于PLC产品，为自己的产品配置了通信和联网功能，研制开发自己的PLC网络系统。它将网络上层大型计算机极强的数据处理能力和管理功能与现场网络中PLC的高可靠性结合起来，形成一种新型的全分布式的计算机控制系统，实现了远程控制和集散系统控制。

5. 易于实现机电一体化

PLC的体积小、质量轻、能耗低、可靠性高，使之易于安装在机器设备内部，构成机电一体化产品。如SIEMENS公司的S7—200系列CPU221型主机单元的外形尺寸只有90mm×80mm×62mm，质量为270g，功耗仅为4W。

二、可编程序控制器与其他控制装置的比较

1. 配线控制与程序控制的基本概念

配线控制系统中支配控制系统工作的是由分立元件（继电器、接触器、电子元器件等）用导线连接起来加以实现的，控制系统的修改必须通过改变配线来实现。继电器—接触器控制系统就是典型的配线控制系统。

程序控制系统中支配控制系统工作的程序是存放在存储器中的，系统要完成的控制任务是通过存储器中的程序来实现的，其程序是由程序语言表达的。控制程序的修改不需要改变控制器的内配线（即硬件），而只需要通过编程改变存储器中某些语句的内容。PLC控制系

统就是典型的程序控制系统。

图 1-1 所示为继电器控制系统的组成，图 1-2 为 PLC 控制系统的组成。显而易见，PLC 控制系统的输入输出部分与传统的继电器控制系统基本相同，其差别仅仅在于控制部分。前者是用硬配线将许多继电器按某种固定方式连接起来完成逻辑功能，所以其逻辑功能不能灵活改变，并且配线复杂，故障点多；而后者是通过存放在存储器中的用户程序来完成控制功能的。在 PLC 控制系统中由用户程序代替了继电器控制电路，使其不仅能实现逻辑运算，还具有数值运算及过程控制等复杂控制功能。由于 PLC 采用软件实现控制功能，因此可以灵活、方便地通过改变用户程序以实现控制功能的改变，从根本上解决了继电器控制系统控制电路难以改变逻辑关系的问题。

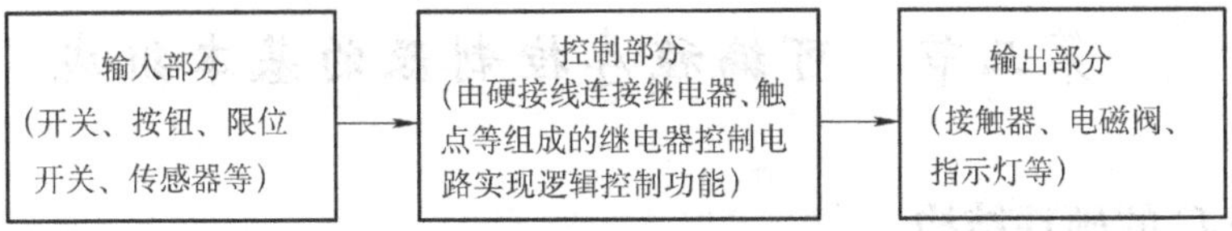

图 1-1　继电器控制系统的组成

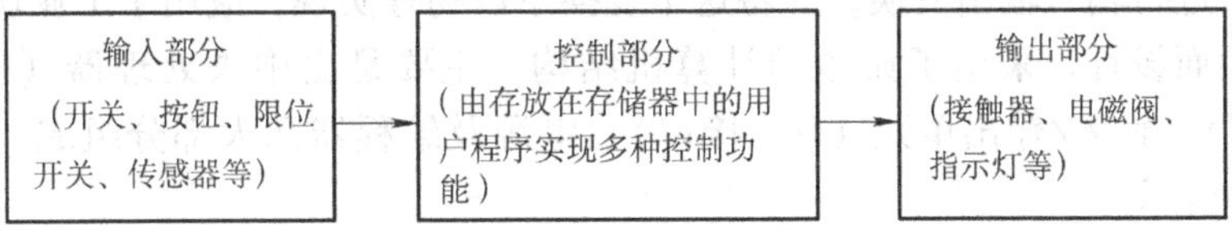

图 1-2　PLC 控制系统的组成

2. PLC 控制系统与传统继电器控制系统的区别

PLC 控制系统是由继电器控制系统和计算机控制系统发展而来的，与传统的继电器控制系统相比，主要不同表现在以下几个方面：

1）继电器控制系统采用许多硬器件、硬触点和“硬”接线连接组成逻辑电路实现逻辑控制要求，而且易磨损、寿命短；而 PLC 控制系统内部大多采用“软”继电器、“软”接点和“软”接线连接，其控制逻辑由存储在内存中的程序实现，且无磨损现象，寿命长。

2）继电器控制系统体积大、连线多，PLC 控制系统结构紧凑、体积小、连线少。

3）继电器控制系统功能改变时需要进行拆线、接线乃至更换元器件等操作，比较麻烦；而 PLC 控制功能的改变，一般仅需修改程序即可，较为方便。

4）继电器控制系统中硬继电器的触点数量有限，用于控制用的继电器触点数一般只有 4~8 对，而 PLC 每只软继电器供编程用的触点数有无限对，使 PLC 控制系统有很好的灵活性和扩展性。

5）在继电器控制系统中，为了达到某种控制目的，要求安全可靠，节约触点用量，因此，设置了许多联锁环节；在 PLC 中，由于采用扫描工作方式，不存在几个并列支路同时动作的因素，因此设计过程大为简化，可靠性增强。

6）PLC 控制系统具有自检功能，能查出自身的故障，随时显示给操作人员，并能动态地监视控制程序的执行情况，为现场调试和维护提供了方便。

7）定时控制，继电器控制逻辑利用时间继电器进行时间控制。一般来说，时间继电器存在定时精确度不高、定时范围窄，且易受环境湿度和温度变化的影响，时间调整困难等问题。PLC 使用半导体集成电路作为定时器，时基脉冲由晶体振荡器产生，精度相当高，且定时时间不受环境的影响，定时范围一般从 0.001s 到若干天或更长；用户可根据需要在程序中设置定时值，然后由软件来控制定时时间。

从以上几个方面的比较可知，PLC 在性能上优于继电器控制，特别是具有可靠性高，设计施工周期短，调试修改方便的特点；而且体积小、功耗低、使用维护方便。但在很小的系统中使用时，价格要高于继电器控制系统。

第三节 可编程序控制器的基本组成

一、PLC 的硬件结构

PLC 种类繁多，但其结构和工作原理基本相同。用可编程序控制器实施控制，其实质是按一定的算法进行输入输出变换，并将这个变换予以物理实现，应用于工业现场。PLC 专为工业现场应用而设计，采用了典型的计算机结构，主要是由中央处理器（CPU）、存储器（RAM、ROM）、输入/输出单元（I/O 接口）、电源及编程器几大部分组成。PLC 硬件结构框图如图 1-3 所示。

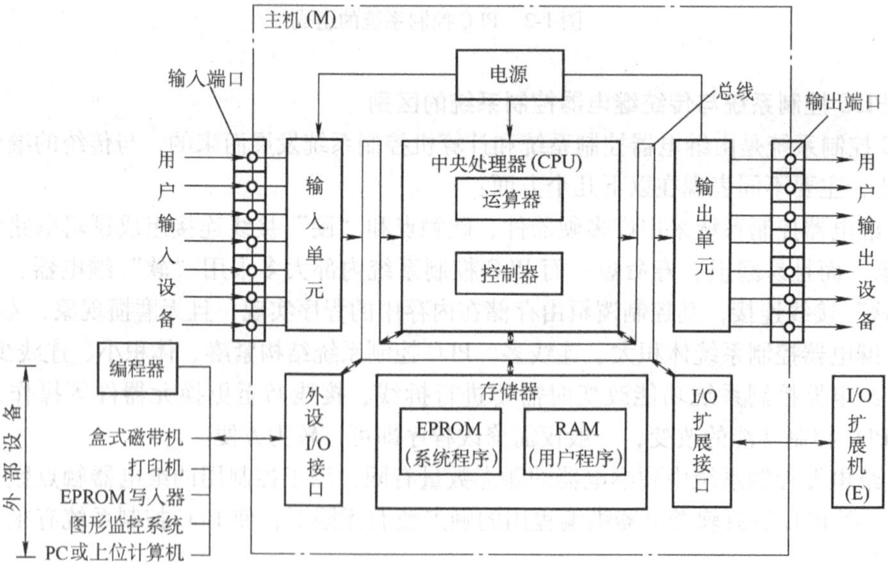

图 1-3 PLC 硬件结构框图

1. 中央处理器（CPU）

中央处理器（CPU）一般由控制器、运算器和寄存器组成，这些电路都集成在一个芯片内。CPU 通过数据总线、地址总线和控制总线与存储单元、输入输出接口电路相连接。

与一般计算机一样，CPU 是 PLC 的核心，它按 PLC 中系统程序赋予的功能指挥 PLC 有条不紊地进行工作。用户程序和数据事先存入存储器中，当 PLC 处于运行方式时，CPU 按循环扫描方式执行用户程序。

CPU 的主要任务有：控制用户程序和数据的接收与存储；用扫描的方式通过 I/O 部件接收现场的状态或数据，并存入输入映像寄存器或数据存储器中；诊断 PLC 内部电路的工作故障和编程中的语法错误等；PLC 进入运行状态后，从存储器中逐条读取用户指令，经过命令解释后按指令规定的任务进行数据传送、逻辑或算术运算等；根据运算结果，更新有关标志位的状态和输出映像寄存器的内容，再经输出部件实现输出控制、制表打印或数据通信等功能。

不同型号的 PLC 其 CPU 芯片是不同的，有的采用通用的 CPU 芯片，有的采用厂家自行设计的专用 CPU 芯片。CPU 芯片的性能关系到 PLC 处理控制信号的能力与速度，CPU 位数越高，系统处理的信息量越大，运算速度也越快。PLC 的功能随着 CPU 芯片技术的发展而提高和增强。

2. 存储器

PLC 的存储器包括系统存储器和用户存储器两部分。

系统存储器用来存放由 PLC 生产厂家编写的系统程序，并固化在 ROM（只读存储器）内，用户不能直接更改。它使 PLC 具有基本的功能，能够完成 PLC 设计者规定的各项工作。系统程序质量的好坏，在很大程度上决定了 PLC 的性能，其内容主要包括三部分：

1）系统管理程序，它主要控制 PLC 的运行，使整个 PLC 按部就班地工作。

2）用户指令解释程序，通过用户指令解释程序，将 PLC 的编程语言变为机器语言指令，再由 CPU 执行这些指令。

3）标准程序模块与系统调用，它包括许多不同功能的子程序及其调用管理程序，如完成输入输出及特殊运算等的子程序，PLC 的具体工作都是由这部分程序来完成的，这部分程序的多少也决定了 PLC 性能的高低。

用户存储器包括用户程序存储器（程序区）和功能存储器（数据区）两部分。用户程序存储器用来存放用户根据控制任务编写的程序。用户程序存储器根据所选用的存储器单元类型的不同，可以是 RAM（随机存储器）、EPROM（紫外线可擦除 ROM）或 EEPROM 存储器，其内容可以由用户任意修改或增删。用户功能存储器是用来存放（记忆）用户程序中使用器件的（ON/OFF）状态/数值数据等。在数据区中，各类数据存放的位置都有严格的划分，每个存储单元有不同的地址编号。用户存储器容量的大小，关系到用户程序容量的大小，是反映 PLC 性能的重要指标之一。

3. 输入/输出单元

输入/输出单元从广义上分包含两部分：一是与被控设备相连接的接口电路；另一部分是输入和输出的映像寄存器。

输入电路接收来自用户设备的各种控制信号，如限位开关、操作按钮、选择开关、行程开关以及其他一些传感器的信号。通过接口电路将这些信号转换成 CPU 能够识别和处理的信号，并存入输入映像寄存器。运行时 CPU 从输入映像寄存器读取输入信息并进行处理，将处理结果放到输出映像寄存器中。输入/输出映像寄存器由输出点相对的触发器组成，输出接口电路将其由弱电控制信号转换成现场需要的强电信号输出，以驱动电磁阀、接触器、指示灯等被控设备的执行元件。

由于PLC在工业生产现场工作，对输入/输出接口有两个主要的要求：一是接口有良好的抗干扰能力；二是接口能满足工业现场各类信号的匹配要求。PLC为不同的接口需求设计了不同的接口单元，主要有以下几种。

（1）开关量输入接口　它的作用是把现场的开关量信号变成PLC内部处理的标准信号。为防止各种干扰信号和高电压信号进入PLC，影响其可靠性或造成设备损坏，现场输入接口电路一般都有滤波电路及耦合隔离电路。滤波有抗干扰的作用，耦合隔离有抗干扰及产生标准信号的作用。耦合隔离电路的关键器件是光耦合器，一般由发光二极管和光敏晶体管组成。

开关量输入接口按可接纳的外信号电源的类型不同分为直流输入单元、交流/直流输入单元和交流输入单元，如图1-4所示。输入电路的电源可由外部供给，有的也可由PLC内部提供。

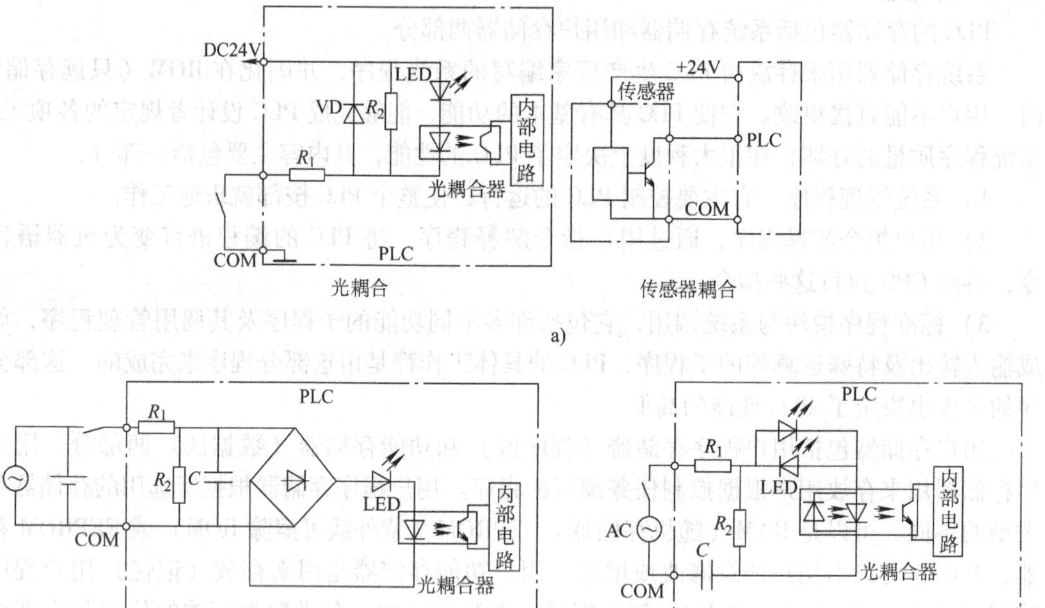

图1-4　开关量输入接口电路
a）直流输入　b）交流/直流输入　c）交流输入

（2）开关量输出接口　它的作用是把PLC内部的标准信号转换成执行机构所需的开关量信号。开关量输出接口按PLC内使用的器件可分为继电器输出型、晶体管输出型和晶闸管输出型。每种输出电路都采用电气隔离技术，输出接口本身都不带电源，电源由外部提供，而且在考虑外接电源时，还需考虑输出器件的类型。开关量输出接口电路如图 1-5 所示。

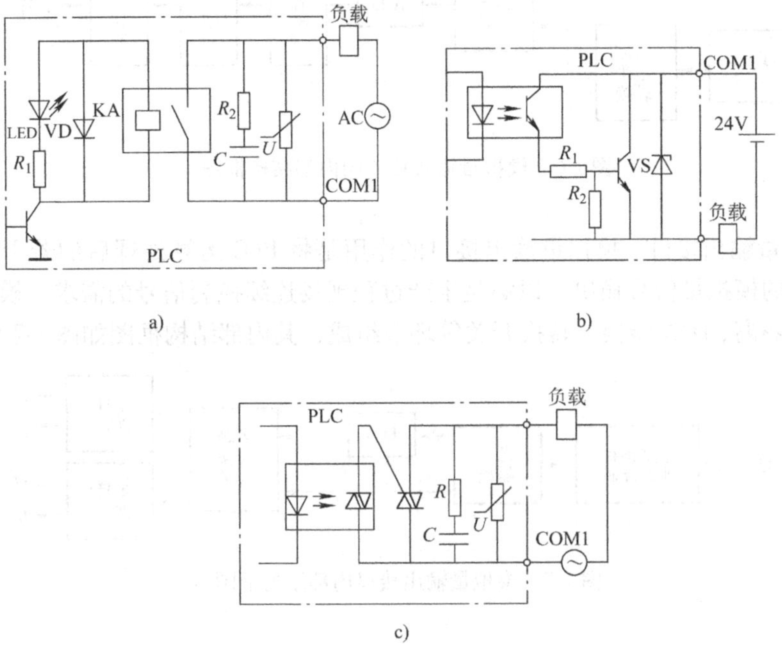

图 1-5　开关量输出接口电路

a）继电器输出型　b）晶体管输出型　c）晶闸管输出型

从图 1-5 中可以看出，各类输出接口中也都具有隔离耦合电路。特别要指出的是，输出接口本身都不带电源，而且在考虑外驱动电源时，还需考虑输出器件的类型。继电器型输出接口可用于交流及直流两种电源，但接通断开的频率低；晶体管型输出接口有较高的通断频率，但只适用于直流驱动的场合，晶闸管型输出接口仅适用于交流驱动场合。

为了使 PLC 避免因受瞬间大电流的作用而损坏，输出端外部接线必须采用保护措施：一是输入和输出公共端接熔断器。二是采用保护电路，对交流感性负载一般用阻容吸收回路；对直流感性负载用续流二极管。

由于输入/输出端是靠光耦合的，在电气上完全隔离，因此输出端的信号不会反馈到输入端，也不会产生地线干扰或其他串扰，因此 PLC 具有很高的可靠性和极强的抗干扰能力。

（3）模拟量输入接口　模拟量输入接口的作用是把现场连续变化的模拟量标准信号转换成适合 PLC 内部处理的由若干位二进制数字表示的信号。模拟量输入接口接受标准模拟电压信号和电流信号。由于在工业现场中模拟量信号的变化范围一般是不标准的，所以在送入模拟量接口时一般都需经转换器处理后才能使用。模拟量输入接口的内部结构框图如图 1-6 所示。

模拟量信号输入后一般经运算放大器放大后进行 A/D 转换，再经光耦合后为 PLC 提供一定位数的数字量信号。

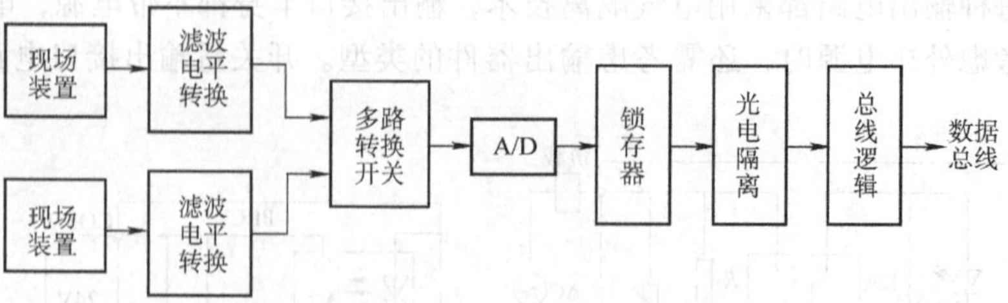

图1-6　模拟量输入接口的内部结构框图

（4）模拟量输出接口　模拟量输出接口的作用是将PLC运算处理后的若干位数字量信号转换为相应的模拟量信号输出，以满足生产过程现场连续控制信号的需求。模拟量输出接口一般由光电隔离、D/A转换、转换开关等环节组成，其内部结构框图如图1-7所示。

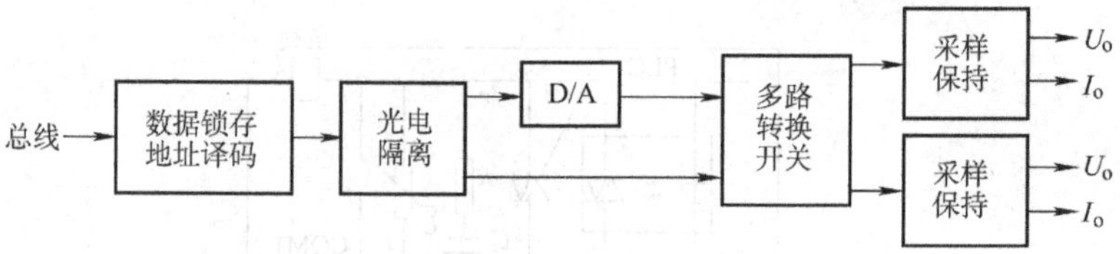

图1-7　模拟量输出接口内部结构框图

（5）智能输入输出接口　智能输入输出接口是为了适应较复杂的控制工作而设计的，如高速计数器工作单元、温度控制单元等。

4. 电源部分

PLC一般使用220V的交流电源，电源部件将交流电转换成可供PLC的中央处理器、存储器等电路工作所需的直流电，使PLC能正常工作。

由于PLC主要用于工业现场的自动控制，直接处于工业干扰的影响之中，所以为了保证PLC内主机能可靠地工作，电源部件对供电电源采用了较多的滤波环节，还用集成电压调整器进行调整以适应交流电网的电压波动，对过电压和欠电压都有一定的保护作用。另外，还采用了较多的屏蔽措施来防止工业环境中的空间电磁干扰。常用的电源电路有串联稳压电路、开关式稳压电路和含有变压器的逆变式电路。

5. 扩展接口

扩展接口用于将扩展单元以及功能模块与基本单元相连，使PLC的配置更加灵活，以满足不同控制系统的需要。

6. 通信接口

为了实现“人—机”或“机—机”之间的对话，PLC配有多种通信接口。PLC通过这些通信接口可以与监视器、打印机及其他的PLC或计算机相连。

当PLC与打印机相连时，可将过程信息、系统参数等输出打印；当与监视器（CRT）相连时，可将过程图像显示出来；当与其他PLC相连时，可以组成多机系统或连成网络，实现更大规模的控制；当与计算机相连时，可以组成多级控制系统，实现控制与管理相结合的综合控制。

7. 编程器

编程器的作用是供用户进行程序的编制、编辑、调试和监视。

编程器有简易型和智能型两类。简易型的编程器只能联机编程，且往往需要将梯形图转化为机器语言助记符（指令表）后，才能输入。它一般由简易键盘和发光二极管或其他显示器件组成；智能型的编程器又称为图形编程器，它可以联机编程，也可以脱机编程；具有LCD或CRT图形显示功能，也可以直接输入梯形图并通过屏幕对话。

当利用微机作为编程器时，PLC生产厂家配有相应的软件，使用微机编程是PLC的发展趋势。现在大多数PLC已不再提供编程器，而只提供微机编程软件，并且配有相应的通信连接电缆。

8. 其他部件

有些PLC还可配设其他一些外部设备，如EPROM写入器、存储器卡、打印机、高分辨率大屏幕彩色图形监控系统和工业计算机等。

由以上几部分组成的整体称为PLC，是一种可根据生产需要人为灵活变更控制规律的控制装置，它与多种生产机械配套可组成多种工业控制设备，实现对生产过程或某些工艺参数的自动控制。由于PLC主机实质上是一台工业专用微机，并具有普通微机所不具备的特点，使它成为开路、闭路控制器的首选方案之一。

综上所述，PLC主机在构成实际系统时，至少需要建立两种双向的信息交流通道，即完成主机与生产机械之间、主机与人之间的信息交换。在与生产现场进行连接后，含有工况信息的电信号通过输入通道送入主机，经过处理，计算产生输出控制信号，通过输出通道控制执行元件工作。

二、PLC的软件系统

PLC的软件系统由系统程序和用户程序组成。

1. 系统程序

PLC的系统程序有三种类型：

（1）系统管理程序　由它决定系统的工作节拍，包括PLC运行管理（各种操作的时间分配安排）、存储空间管理（生成用户数据区）和系统自诊断管理（如电源、系统出错，程序语法、句法检验等）。

（2）编辑和解释程序　编辑程序能将用户程序变为内码形式，以便于程序的修改、调试。解释程序能将编程语言变为机器语言，以便CPU操作运行。

（3）标准子程序与调用管理程序　为提高运行速度，在程序执行中某些信息处理（如I/O处理）或特殊运算等是通过调用标准子程序来完成的。

2. 用户程序

根据系统配置和控制要求编辑用户程序，是PLC应用于工业控制的一个重要环节。PLC的编程语言多种多样，不同的PLC厂家，不同系列PLC采用的编程语言不尽相同。常用的编程语言有以下几种：

（1）梯形图　这是目前PLC应用最广、最受电气技术人员欢迎的一种编程语言。梯形图与继电器控制原理图相似，具有形象、直观、实用的特点。与继电器控制图的设计思路基本一致，很容易由继电器控制线路转化而来，如图1-8b所示。

（2）语句表　它是一种与汇编语言类似的编程语言，它采用助记符指令，并以程序执行顺序逐句编写成语句表。梯形图和指令表完成同样控制功能，两者之间存在一定对应关系。如图1-8c所示。不同的PLC厂家使用的助记符不尽相同，所以同一梯形图写成对应的语句表也不尽相同。

（3）逻辑符号图　包括与（AND）、或（OR）、非（NOT）以及定时器、计数器、触发器等，如图1-8d所示。

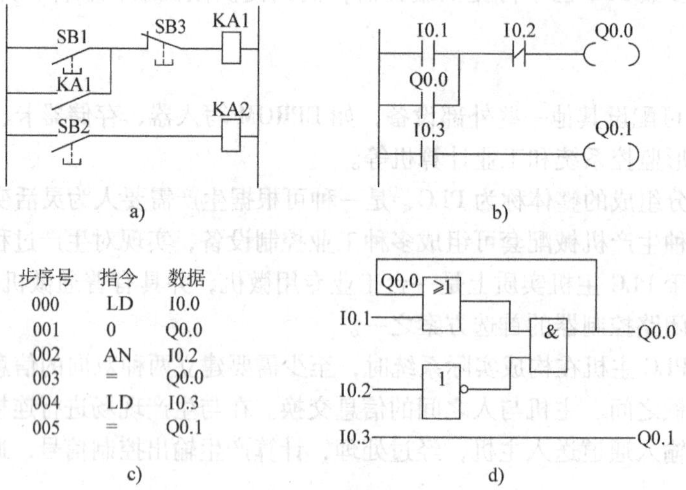

图1-8　继电器控制电路图与PLC编程语言

a）继电器控制电路图　b）PLC梯形图　c）指令表　d）逻辑符号图

（4）功能表图　又称为状态转换图，简称SFC编程语言。它将一个完整的控制过程分成若干个状态，各状态具有不同动作，状态间有一定的转换条件，条件满足则状态转换，上一状态结束则下一状态开始。它的作用是表达一个完整的顺序控制过程。

上述几种编程语言中，最常用的是梯形图和语句表。

第四节　可编程序控制器的工作原理

一、PLC的工作过程

1. PLC的扫描工作方式

可编程序控制器的工作原理是建立在计算机工作原理基础之上，即通过执行反映控制要求的用户程序来实现的。可编程序控制器程序的执行是按程序设定的顺序依次完成相应电器的动作，PLC采用的是一个不断循环的顺序扫描工作方式。每一次扫描所用的时间称为扫描周期或工作周期。CPU从第一条指令执行开始，按顺序逐条地执行用户程序直到用户程序结束，然后返回第一条指令，开始新的一轮扫描，PLC 就是这样周而复始地重复上述循环扫描。

PLC 工作的全过程可用图 1-9 所示的运行框图来表示。从第一条程序开始，在无中断或跳转控制的情况下，按程序存储的地址序号递增的顺序逐条执行程序，即按顺序逐条执行程序，直到程序结束；然后再从头开始扫描，并周而复始地重复进行。

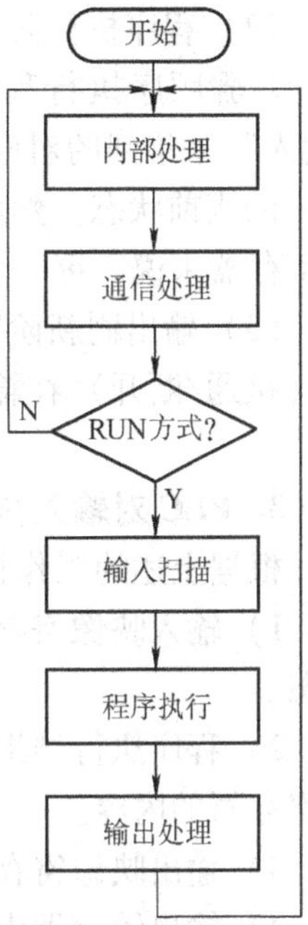

图 1-9　PLC 扫描过程图

可编程序控制器工作时的扫描过程包括 5 个阶段：内部处理、通信处理、输入扫描、程序执行、输出处理。PLC 完成一次扫描过程所需的时间称为扫描周期。扫描周期的长短与用户程序的长度和扫描速度有关。

在内部处理阶段，CPU 检查内部各硬件是否正常，在 RUN 模式下，还要检查用户程序存储器是否正常，如果发现异常，则停机并显示报警信息。

在通信处理阶段，CPU 自动检测各通信接口的状态，处理通信请求，如与编程器交换信息，与微机通信等。在 PLC 中配置了网络通信模块时，PLC 与网络进行数据交换。

当 PLC 处于 STOP 状态时，只完成内部处理和通信服务工作。当 PLC 处于 RUN 状态时，除完成内部处理和通信服务的操作外，还要完成输入扫描、程序执行和输出处理。

2. PLC 的工作过程

PLC 按图 1-10 所示的扫描过程进行工作，当 PLC 运行正常时，它将不断重复图中的扫描过程，不断循环扫描地工作下去。分析上述扫描过程，如果对其他通信服务暂不考虑，这样扫描过程就只剩下“输入采样”、“程序执行”和“输出刷新”三个阶段了。这三个阶段是 PLC 工作过程的中心内容，深入理解 PLC 工作过程的这三个阶段是学习好 PLC 的基础，下面就对其进行详细的分析。

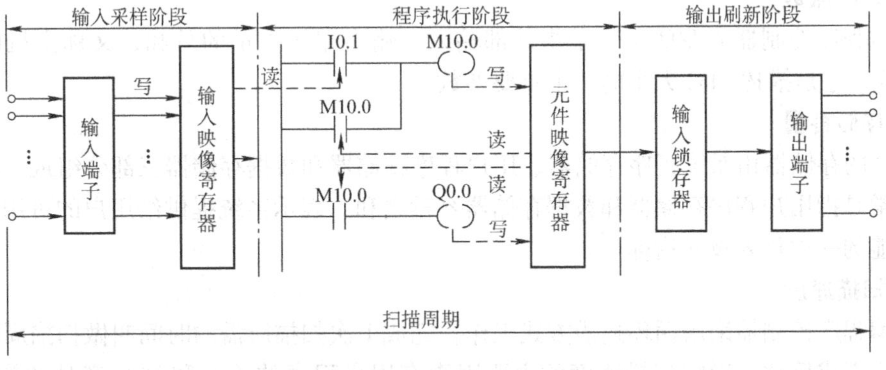

图 1-10　PLC 扫描工作过程

（1）输入采样阶段　PLC 在输入采样阶段，首先扫描所有输入端子，并将各输入状态存入相对应的输入映像寄存器中。此时，输入映像寄存器被刷新。接着，进入程序执行阶段，在此阶段和输出刷新阶段，输入映像寄存器与外界隔离，无论输入信号如何变化，其内容保持不变，直到下一个扫描周期的输入采样阶段，才重新写入输入端的新内容。通常，输入信号的宽度要大于一个扫描周期，否则很可能造成信号的丢失。

（2）程序执行阶段　根据PLC梯形图程序的扫描原则，PLC通常按从左到右、从上到下的步骤顺序执行程序。当指令中涉及输入、输出状态时，PLC就从输入映像寄存器中“读入”采集到的对应输入端子状态，从元件映像寄存器“读入”对应元件（“软”继电器）的当前状态。然后，进行相应的运算，运算结果再存入元件映像寄存器中。对元件映像寄存器来说，每一个元件（“软”继电器）的状态会随着程序执行过程而变化。

（3）输出刷新阶段　在所有指令执行完毕后，元件映像寄存器中所有输出继电器的状态（接通/断开）在输出刷新阶段转存到输出锁存器中，通过一定方式输出，驱动外部负载。

3. PLC对输入/输出的处理原则

根据上述的工作特点，可以归纳出PLC在输入/输出处理方面必须遵守的一般原则：

1）输入映像寄存器的数据取决于输入端子板上各输入点在上一刷新期间的接通和断开状态。

2）程序执行结果取决于用户所编程序和输入/输出映像寄存器的内容及其他各元件映像寄存器的内容。

3）输出映像寄存器的数据取决于输出指令的执行结果。

4）输出锁存器中的数据，由上一次输出刷新期间输出映像寄存器中的数据决定。

5）输出端子的接通和断开状态，由输出锁存器决定。

二、PLC的性能指标

可编程序控制器的种类很多，用户可以根据控制系统的要求选择具体不同技术性能指标的PLC。可编程序控制器的技术性能指标主要有以下几个方面：

1. I/O点数

可编程序控制器的I/O点数是指外部输入、输出端子数量的总和，又称主机的开关量I/O点数。它是描述PLC大小的一个重要参数。

2. 存储容量

PLC的存储器由系统程序存储器、用户程序存储器和数据存储器三部分组成。PLC存储容量通常是指用户程序存储器和数据存储器容量之和，表示系统提供给用户的可用资源，是系统性能的一项重要技术指标。

3. 扫描速度

可编程序控制器采用循环扫描方式工作。完成1次扫描所需的时间叫做扫描周期，扫描速度与周期成反比。影响扫描速度的主要因素有用户程序的长度和PLC产品的类型。PLC中CPU的类型、机器字长等直接影响PLC运算精度和运行速度。

4. 指令系统

指令系统是指PLC所有指令的总和。可编程序控制器的编程指令越多，软件功能就越强，但掌握应用也相对较复杂。用户应根据实际控制要求选择合适指令功能的可编程序控制器。

5. 可扩展性

小型 PLC 的基本单元（主机）多为开关量 I/O 接口。各厂家在 PLC 基本单元的基础上大力发展模拟量处理、高速处理、温度控制、通信等智能扩展模块。智能扩展模块的多少及性能也已成为衡量 PLC 产品水平的标志。

6. 通信功能

通信功能包括 PLC 之间的通信和 PLC 与计算机或其他设备之间的通信。通信主要涉及通信模块、通信接口、通信协议和通信指令等内容。PLC 的组网通信能力也已成为衡量 PLC 产品性能的重要指标之一。

另外，生产厂家还提供 PLC 的外形尺寸、重量、保护等级、适用温度、相对湿度、大气压等性能指标参数，供用户参考。

技能训练 1　可编程序控制器（PLC）的认识

一、训练目的

了解 PLC 在现代工业自动化控制中的应用。

二、训练器材

视频播放设备；参观相关的生产、制造工厂。

三、训练内容及步骤

1）播放相关视频资料。

2）讲解多媒体课件。

3）观察 PLC 的生产线设备或加工机械。

本 章 小 结

1）PLC 是以继电器控制系统为基础，以中央处理器为核心，综合了计算机技术、自动控制技术和现代通信技术，专门为工业应用环境而设计的功能强大的新型通用控制器。虽然 PLC 的生产厂家众多，产品种类层出不穷，但它们都具有相似的结构和相同的工作原理，使用方法也大同小异。

2）PLC 的基本硬件组成包括 CPU、存储器、输入单元、输出单元、通信接口、电源和编程器。

3）PLC 的种类从结构上分为整体式、模块式和分散式 PLC，从容量上分为小型、中型和大型 PLC。

4）PLC 的工作特点为循环顺序扫描和集中批处理。扫描周期分为输入采样、程序执行、输出刷新 3 个阶段。

5）PLC 是在继电器控制的基础上产生的，不仅具有继电器控制的所有功能，而且具有许多继电器控制没有的功能，所有的功能都是通过软件编程实现的。

【阅读材料】 **半导体存储器的分类**

我们已经知道，ROM是只读存储器，所谓只读，从字面上理解那就是只可以从里面读出数据，而不能写进去，它类似于我们的书本，发到我们手里之后，我们只能读里面的内容，不可以随意更改书本上的内容。ROM就是PLC中用来存放程序的地方。既然ROM是只读存储器，那么指令又是如何进入其中的呢？其实所谓的只读只是针对正常工作情况下而言，也就是在使用这块存储器的时候，而不是指制造这块芯片的时候，只要让存储器满足一定的条件就能把数据预先写进去，这个道理也很好理解，书本拿到我们手里是不能改了，但当它还是原材料——白纸的时候，我们完全可以由印刷厂把内容印上去。

FLASH ROM是一种快速存储式只读存储器，这种程序存储器的特点就是既可以电擦写，而且掉电后程序还能保存，编程寿命可以达到几千至几万次。目前，新型的PLC都采用这种程序存储器。当然，除了这种程序存储器外，还有两种早期的程序存储器产品，例如：PROM，EPROM和EEPROM，PROM称之为可编程只读存储器，就像我们的练习本，买来的时候是空白的，可以写东西上去，可一旦写上去，就擦不掉了，所以它只能写一次，要是写错了，就报废了。EPROM，称之为紫外线擦除的可编程只读存储器，它里面的内容写上去之后，如果觉得不满意，可以用一种特殊的方法去掉后重写，就是用紫外线照射，紫外线就像“消字灵”，可以把字去掉，然后再重写，当然消的次数多了，也就失效了，所以这种芯片可以擦除的次数也是有限的——几百次，计算机上的BIOS芯片采用的就是这种结构的存储器；EEPROM，前一种存储器的擦写要用紫外线，而这种存储器可以直接用电擦写，比较方便数据的改写，它有点类似于FLASH存储器，但比FLASH存储器速度要慢，现在新型的外部扩展存储器都是这种结构。

随机存取存储器，也叫内存，英文缩写为RAM（Random Access Memory），它是一种既可以随时改写，也可以随时读出里面数据的存储器，类似于我们上课用的黑板，可以随时写东西上去，也可以用黑板擦随时擦掉重写，它也是单片机中重要的组成部分，PLC中有很多的功能寄存器都与它有关，详细内容后面再讲。

复习思考题

1. 简述PLC的扫描工作过程。
2. PLC的扫描过程中输入映像寄存器和输出映像寄存器各起什么作用？
3. 什么是可编程序控制器？它有哪些主要特点？其发展方向如何？
4. PLC具有可靠性高，抗干扰能力强的主要原因是什么？
5. PLC控制系统与传统继电器控制系统的主要区别是什么？
6. 为什么PLC中“软”继电器的触点用于内部编程时可无限次使用？
7. PLC硬件由哪几部分组成？各部分的作用是什么？
8. PLC的存储器分为哪两种？它们的作用是什么？
9. 开关量交流输入单元与直流输入单元各有什么特点？分别适用于哪些场合？

第二章　S7—200 系列可编程序控制器

学习目标

S7—200 是德国 SIEMENS 公司于 20 世纪末推出的小型 PLC。本章主要介绍 S7—200 的硬件组成、工作原理、性能指标、内部资源、CPU 组态及编程语言。

本章的学习目标：

1. 掌握 S7—200 的硬件组成及功能特性。

2. 掌握 S7—200 的编程元件。

3. 了解 S7—200 的技术性能指标。

第一节　S7　200 系列可编程序控制器的构成

一、S7—200 的硬件组成

1. S7—200 简介

S7 系列是德国 SIEMENS 公司于 20 世纪末推出的新型 PLC 产品，编程时均使用 STEP7 编程软件。其中的 S7—200 是小型 PLC，S7—300 和 S7—400 分别为中型和大型 PLC。S7—200 虽然为小型 PLC，但是其许多功能达到了原来大、中型 PLC 的水平，而价格却是小型 PLC 的价格。因此，S7—200 一经推出，即受到了广泛的关注。特别是 S7—200 的第二代 CPU22X 系列（CPU21X 系列的替代产品）具有多种功能模块和人机界面（HMI）可供选择，具有功能齐全的编程和工业控制组态软件，系统的集成非常方便，可以很容易地组成 PLC 网络，控制系统的设计更简单，几乎可以完成任何功能的控制任务。

考虑到 SIEMENS 公司的产品在中国应用非常广泛，其功能比较全面和典型，具有一定的代表性，因此本节以 S7—200 的 CPU22X 系列为例，详细介绍 S7—200 的硬件系统组成、内部元器件和寻址方式等。

2. S7—200 的硬件系统组成

S7—200 采用整体式结构，基本结构包括主机单元（又称基本单元）和编程器，具有很高的性能/价格比。用户可以根据控制规模的大小选择相应的主机单元。在需要时，除了 CPU221 型以外的主机单元可以扩展以下设备：数字量 I/O 扩展单元、模拟量 I/O 扩展单元、通信模板、网络设备、人机界面（HMI）。一个完整的 S7—200 硬件系统组成如图 2-1 所示。

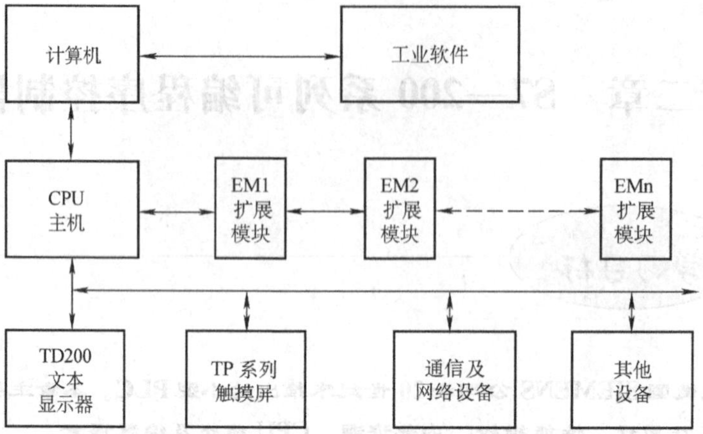

图2-1 S7—200的硬件系统组成

（1）主机单元（Main Unit） 又称为CPU模块。S7—200的主机单元包括CPU、存储器、基本输入/输出点、通信接口和电源。这些组件都被集成在一个紧凑、独立的外壳中。CPU负责执行程序，输入部分从现场设备中采集信号，输出部分则输出控制结果，驱动外部负载。实际上主机单元就是一个完整的系统，可以单独完成一定的控制任务。

（2）I/O扩展单元 是指主机单元的I/O点数不能满足控制要求时，通过I/O扩展接口增加的I/O模块。用户可以根据需要扩展各种I/O模块，扩展单元的数量和能够实际使用的I/O点数是由多种因素决定的。

（3）特殊功能单元 是指能完成某种特殊控制任务的一些装置，如位置控制单元EM253、PROFIBUS—DP总线从站通信处理器单元EM277、调制解调器单元EM241、以太网通信处理器单元CP243—1、AS—I网主站通信处理器单元CP243-2等。当需要完成某些特殊功能的控制任务时，可以扩展特殊功能单元。

（4）相关设备 是指为了充分和方便地利用S7—200系统的硬件和软件资源而开发和使用的一些设备，主要有编程设备、人机操作界面和网络设备等，如PG740 Ⅱ、PG760 Ⅱ、装有STEP7—Micro/WIN32 V3.1编程软件的计算机和PC/PPI电缆线、TD200文本显示器、TP070触摸屏。

（5）工业软件 是指为更好地管理和使用S7—200的相关设备而开发的与之相配套的软件。它主要由标准工具、工程工具、运行软件和人机接口软件等几类软件构成。

二、主机单元的结构及功能

S7—200主机单元发展至今，经历了两代产品。第一代产品为CPU21X型，包括CPU212、CPU214、CPU215和CPU216，其中每种主机单元都可以进行扩展。第一代产品现在已经停止生产。第二代产品为CPU22X型，包括CPU221、CPU222、CPU224、CPU224XP、CPU226和CPU226XM，它们具有速度快，通信能力强等优点。CPU22X型PLC主机单元的外形如图2-2所示。

（1）CPU221型主机单元 具有6输入/4输出共计10个数字量I/O点，无I/O扩展能力，程序和数据存储容量为 6KB，具有 4 路独立的 30kHz 高速脉冲计数器和 2 路独立的 20kHz 高速脉冲输出，具有 1 个 RS485 通信编程口，具有多点接口 MPI（Multi Points Interface）通信协议和点对点 PPI（Point to Point Interface）通信协议，具有自由通信口，非常适合于点数较少的控制系统。

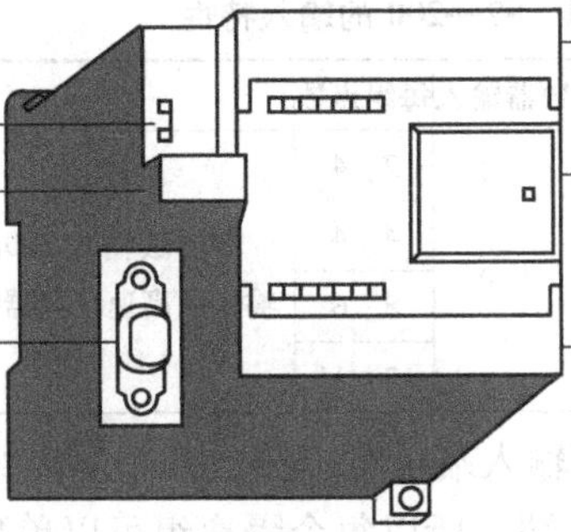

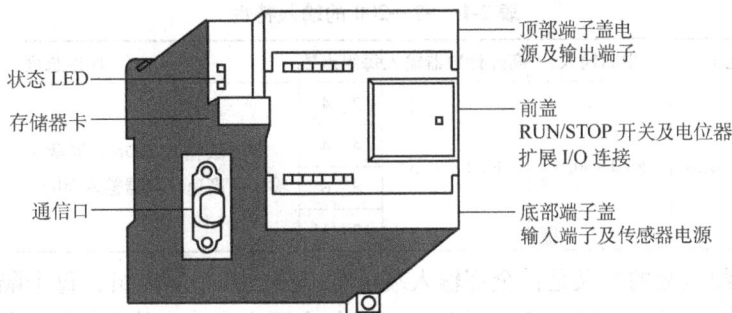

图 2-2　CPU22X 型 PLC 主机单元的外形

（2）CPU222 型主机单元　具有 8 输入/6 输出共计 14 个数字量 I/O 点，可以连接 2 个 I/O 扩展单元，最大扩展至 78 个数字量 I/O 点或 10 路模拟量 I/O，程序和数据存储容量为 6KB，具有 4 路独立的 30kHz 高速脉冲计数器和 2 路独立的 20kHz 高速脉冲输出，具有 PID 控制器，具有 1 个 RS485 通信/编程口，具有多点接口 MPI 通信协议和点对点 PPI 通信协议，具有自由通信口。

（3）CPU224 型主机单元　具有 14 输入/10 输出共计 24 个数字量 I/O 点，可以连接 7 个 I/O 扩展单元，最大扩展至 168 个数字量 I/O 点或 35 路模拟量 I/O，程序和数据存储容量为 13KB，具有 6 路独立的 30kHz 高速脉冲计数器和 2 路独立的 20kHz 高速脉冲输出，具有 PID 控制器，具有 1 个 RS485 通信/编程口，具有多点接口 MPI 通信协议和点对点 PPI 通信协议，具有自由通信口，I/O 端子排可以进行整体拆卸。CPU224 型主机单元是使用最多的 S7—200 产品。

（4）CPU224XP 型主机单元　这是最新推出的一种实用机型，与 CPU224 相比增加了 2 路输入/1 路输出共计 3 路模拟量 I/O 和一个通信口，非常适合在有少量模拟量信号的系统中使用。

（5）CPU226 型主机单元　具有 24 输入/16 输出共计 40 个数字量 I/O 点，可以连接 7 个 I/O 扩展单元，最大扩展至 248 个数字量 I/O 点或 35 路模拟量 I/O，程序和数据存储容量为 13KB，具有 6 路独立的 30kHz 高速脉冲计数器和 2 路独立的 20kHz 高速脉冲输出，具有 PID 控制器，具有 2 个 RS485 通信/编程口，具有多点接口 MPI 通信协议和点对点 PPI 通信协议，具有自由通信口，I/O 端子排可以进行整体拆卸。

（6）CPU226XM 型主机单元　CPU226XM 型主机单元和 CPU226 相比，只是程序和数据存储容量由 13KB 增大到 26KB，其他的结构及性能特点不变。

三、主机单元的输入/输出特性

1. 主机单元的输入特性

在S7—200中，数字量输入均采用直流输入方式，工作电压为DC 24V，高电平信号"1"的电位为15~35V，低电平信号"0"的电位为0~5V。无论高电平信号还是低电平信号，均经过光耦合器隔离后才能进入PLC内部，储存到输入映像寄存器中。S7—200的输入特性见表2-1。

表2-1 S7—200的输入特性

CPU	输入滤波	中断输入	高速计数器输入	每组点数	电缆长度
CPU221	0.2~12.8ms	I0.0~I0.3	I0.0~I0.5	2，4	非屏蔽输入300m，屏蔽输入500m，屏蔽中断输入及高速计数器输入50m
CPU222				4，4	
CPU224				8，6	
CPU226				13，11	

表2-1中每组点数的含义是：全部输入端子可以分成几个隔离组，每个隔离组中包含的输入端子数量。每个隔离组有一个公共端，所以每个隔离组可以单独施加工作电压。如果所有输入端子的工作电压相同，可以将全部公共端子连接起来。

2. 主机单元的输出特性

在S7—200中，数字量输出具有晶体管输出和继电器输出两种类型，前者用于控制或驱动直流负载，响应速度较快；后者用于控制或驱动交/直流负载，响应速度较慢。S7—200的输出特性见表2-2。

表2-2 S7—200的输出特性

CPU	输出类型	PLC工作电压/V	负载工作电压/V	输出点数	每组点数	输出电流/A
CPU221	晶体管输出	DC 24	DC 24	4	4	0.75
	继电器输出	AC 85~264	DC 24, AC 24~230	4	1,3	2
CPU222	晶体管输出	DC 24	DC 24	6	6	0.75
	继电器输出	AC 85~264	DC 24, AC 24~230	6	3,3	2
CPU224	晶体管输出	DC 24	DC 24	10	5,5	0.75
	继电器输出	AC 85~264	DC 24, AC 24~230	10	4,3,3	2
CPU226	晶体管输出	DC 24	DC 24	16	8,8	0.75
	继电器输出	AC 85~264	DC 24, AC 24~230	16	4,5,7	2

表2-2中每组点数的含义是：全部输出端子可以分成几个隔离组，每个隔离组中包含的输出端子数量。每个隔离组有一个公共端，所以每个隔离组可以单独施加不同的负载工作电压。如果所有输出负载的工作电压相同，可以将全部公共端子连接起来。

3. 快速响应功能

在S7—200中，当需要快速响应时，可以采用以下5种措施：

1）脉冲捕捉功能使用普通输入端子可以捕捉到小于一个CPU扫描周期的窄脉冲信号。

2）中断输入功能CPU不受扫描周期的约束，可以对中断输入信号的上升沿做出快速响应。

3）高速计数器功能可以对外部输入的30kHz的高速脉冲信号进行加减计数。

4）高速脉冲输出功能可以对外输出20kHz的高速脉冲信号驱动步进电动机或伺服电动

机快速准确定位。

5）模拟电位器功能通过改变模拟电位器的值可以改变某些特殊寄存器的值，从而随时改变某些定时器/计数器的设定值或某些过程控制参数，并且不占用 PLC 的输入点。

四、存储系统

1. 存储系统的构成

S7—200 系列 PLC 的存储系统由 RAM 和 EEPROM 两种类型存储器构成。CPU 模块内部配备一定容量的 RAM 和 EEPROM，同时 CPU 模块支持可选的 EEPROM 存储器卡。S7—200 存储系统如图 2-3 所示。

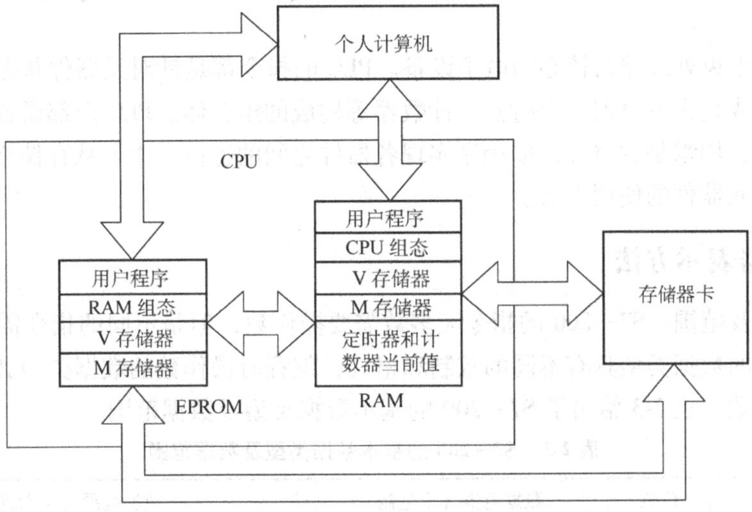

图 2-3　S7—200 系列 PLC 的存储系统

2. 存储系统的使用

S7—200 系列 PLC 的程序一般由三部分构成：用户程序、数据块和参数块。用户程序是必选部分，数据块和参数块是可选部分。参数块是指 CPU 的组态数据，数据块是用户程序执行过程中所用到的和生成的数据。

存储系统的使用主要包括以下几个方面：

（1）上装和下载用户程序　上装和下载用户程序是指用 STEP-Micro/WIN 32 编程软件进行编程时，PLC 主机和计算机之间的程序、数据和参数传送。上装用户程序是将 PLC 存储系统中的程序、数据和参数通过通信设备上装到计算机中，以便进行程序检查和修改。下载用户程序是将计算机中编制好的程序、数据和参数通过通信设备下载到 PLC 存储系统中，以便进行运行调试。下载用户程序时，用户程序、数据和参数首先暂存于 PLC 主机的 RAM 中，然后 PLC 主机会自动把这些内容装入 EEPROM 永久保存。

（2）定义存储器保持范围　当 PLC 系统运行时会出现电源掉电的意外情况，为了防止掉电时系统运行的一些重要参数丢失，可以在 CPU 组态时定义需要保持的存储区，包括变量存储器 V、通用辅助继电器 M、计数器 C 和定时器 T（只有 TONR）。

（3）永久保存数据　用户可以通过软件编程来设置特殊标志寄存器 SMB31 和 SMB32 的状态，从而实现将存储在 RAM 中的字节、字或双字数据备份到 EEPROM 存储器。这项功能可以用于保存变量存储器区任意位置的数据。

保存操作规程会使所写的数据覆盖先前 EEPROM 中变量存储器区的数据，但这种操作不会更新存储器卡的内容。一次保存 EEPROM 的操作会将扫描周期延长至 15～20ms。由于 EEPROM 这种存储操作的次数有限，所以应尽量减少存储操作的次数。只有在特殊情况发生时才可以执行这种操作。

第二节　S7—200 系列可编程序控制器的内部元器件

PLC 是以中央处理器为核心的电子设备。PLC 的指令都是针对元器件状态而言的，使用时可以将它看成是由继电器、定时器、计数器等构成的组合体。PLC 内部设置了编程使用的各种元器件，它们都是软器件，以程序实现各器件之间的连接。本节从存储空间、功能等角度，叙述各种元器件的使用方法。

一、数据表示方法

数据类型及范围：S7—200 的指令大多数需要操作数，但是不同的指令需要不同类型的操作数。不同的数据类型具有不同的数制和格式，编程时操作数的数据类型必须和指令要求的数据类型一致。表 2-3 给出了 S7—200 的基本数据类型及数据范围。

表 2-3　S7—200 的基本数据类型及数据范围

基本数据类型	位数	数据范围（十进制）	数据范围（十六进制）
布尔型 BOOL	1	0、1	0、1
字节型 BYTE	8	0～255（无符号整数） -128～127（有符号整数）	0～FF（无符号整数） 80～7F（有符号整数）
字型 WORD	16	0～65535	0～FFFF
双字型 DWORD	32	$0 \sim 2^{32}-1$	0～FFFFFFFF
整型 INT	16	-32768～32767	8000～7FFF
双整型 DINT	32	$-2^{31} \sim 2^{31}-1$	80000000—7FFFFFFF
实数型 REAL	32	IEEE 浮点数	
字符串型	8	ASCII 码（每个字符以 ASCII 码形式存储，占用一个字节，最大长度为 255 个字节，第一个字节中定义字符串的长度）	

布尔型数据是指一位二进制数，字型数据是指 16 位无符号整数，双字型数据是指 32 位无符号整数，整型数据是指 16 位有符号整数，双整型数据是指 32 位有符号整数，实数型数据（浮点数）采用 32 位单精度数表示，数据范围是：正数 +1.175495E-38～+3.402823E+38；负数：-1.175495E-38～-3.402823E+38。

常数：S7—200 中许多指令的操作数使用常数，常数的数据类型可以是布尔型、字节型、字型、双字型、整型、双整型、实数型、字符串型。CPU 以二进制方式存储常数，编程时可以采用十进制、十六进制、ASCII 码或浮点数形式书写常数。下面是常用格式书写常数的例子：

十进制常数：	30047
十六进制常数：	（4E5）H
ASCII 码常数：	“Show”
实数或浮点格式：	+1.175495E-38（正数）、+3.402823E+38（正数）
	-1.175495E-38（负数）、-3.402823E+38（负数）
二进制格式：	（10100101）B

二、数据存储器的分配及编程元件

1. 数据存储器的分配

PLC 内部元器件的功能是相互独立的，S7—200 按元器件的种类将数据存储器分成若干个存储区域，每个区域用一组字母来命名，表示一类器件，每个区域的存储单元按字节编址，每个字节由 8 位组成，字母加数字表示一个存储单元的地址。如 I 表示输入映像寄存器（又称为输入继电器）；Q 表示输出映像寄存器（又称为输出继电器）；M 表示内部标志位存储器（又称为辅助继电器）；SM 表示特殊标志位存储器（又称为特殊继电器，S 表示顺序控制存储器（又称为状态元件）；V 表示变量存储器；L 表示局部变量存储器；T 表示定时器；C 表示计数器；AI 表示模拟量输入映像寄存器，AQ 表示模拟量输出映像寄存器；AC 表示累加器；HSC 表示高速计数器等。用户可以对存储单元进行位操作，每一位都可以看成是有 0、1 状态的逻辑器件。其中，关于特殊标志位存储器的详细描述见附录 A。

2. 输入继电器 I

S7—200（CPU22X）提供的 128 个输入映像寄存器为 I0.0～I15.7，扩展后的实际数字量输入点数不能超过 128。

输入继电器是 PLC 存储系统和外部输入点之间的桥梁，输入映像寄存器的每一个位对应一个数字量输入接点，其作用是接收并保存来自现场的控制按钮、位置开关及各种传感器等的输入信号，以供程序执行使用。输入继电器线圈只能由外部信号驱动，不能用程序指令驱动，其动合触点和动断触点供用户编程使用。输入继电器的示意图如图 2-4 所示。

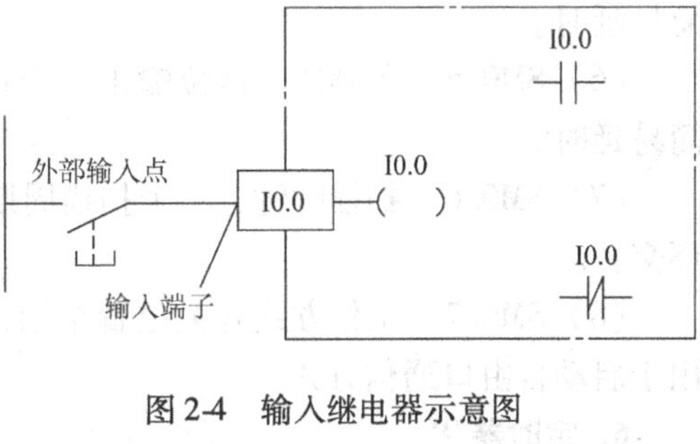

图 2-4　输入继电器示意图

3. 输出继电器 Q

S7—200（CPU22X）提供的 128 个输出映像寄存器为 Q0.0～Q15.7，扩展后的实际数字量输出点数不能超过 128。

输出继电器是 PLC 存储系统和外部输出点之间的桥梁，输出映像寄存器的每一位对应一个数字量输出接点，其作用是将程序运算的输出结果传递给负载，从而实现控制目的。输出继电器线圈只能使用程序指令驱动，其动合触点和动断触点供用户编程使用，但是每一个输出继电器只有唯一的物理动合触点用来接通负载。输出继电器示意图如图 2-5 所示。

4. 辅助继电器 M

S7—200（CPU22X）提供的 256 个辅助继电器为 M0.0 ~ M31.7。

辅助继电器的作用是用于逻辑运算的状态暂存、移位运算或设置控制信息。辅助继电器与外部无任何联系，其线圈只能使用程序指令驱动，其动合触点和动断触点供用户编程使用。辅助继电器主要以位为单位使用，也可以字节、字或双字为单位来存储数据。

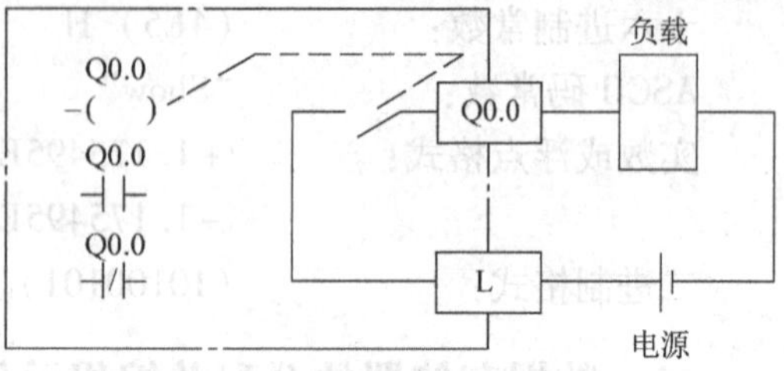

图 2-5　输出继电器的示意图

5. 特殊继电器 SM

S7—200（CPU22X）提供的 2 400 个特殊继电器为 SM0.0 ~ SM299.7，分为只读型和读/写型两类，其中只读型的 30 个特殊继电器为 SM0.0 ~ SM29.7。

特殊继电器的作用是用于存储系统的状态变量、有关控制参数和信息。特殊继电器是用户程序和系统程序之间的桥梁，用户可以通过特殊继电器向 PLC 反映对操作的特殊要求以及沟通 PLC 与被控对象之间的信息，PLC 通过特殊继电器向用户提供一些特殊的控制功能和系统信息。

例如：只读字节 SMB0 有 8 个状态位，在每个扫描周期结尾由 CPU 自动刷新。用户可以使用这些状态位的信息启动程序内的功能，编制用户程序。SMB0 字节的 8 个状态位功能定义如下：

（1）SM0.0　运行监控，PLC 在运行状态时，该位始终为 1。

（2）SM0.1　初始化脉冲，在 PLC 由 STOP 转为 RUN 状态的第 1 个扫描周期，该位为 1，用于程序的初始化。

（3）SM0.2　当 RAM 中数据丢失时，ON（高电平）1 个扫描周期，用于出错处理。

（4）SM0.3　PLC 上电进入 RUN 状态时，ON（高电平）1 个扫描周期，可用于启动操作之前给设备提供一个预热时间。

（5）SM0.4　分脉冲，该位输出一个占空比为 50% 的分时钟脉冲，可用作时间基准或简易延时。

（6）SM0.5　秒脉冲，该位输出一个占空比为 50% 的秒时钟脉冲，可用作时间基准或简易延时。

（7）SM0.6　扫描时钟，一个扫描周期为 ON（高电平），另一个为 OFF（低电平），循环交替。

（8）SM0.7　工作方式开关位置指示，0 为 TERM 位置，1 为 RUN 位置。该位为 1 时，用于启动自由口通信方式。

6. 定时器 T

S7—200（CPU22X）提供的 256 个定时器 T 为 T0 ~ T255。定时器的作用是实现按照时间原则进行控制的目的。当工作条件满足时，定时器开始定时，当前值从 0 开始增加。当前值达到设定值后，状态寄存器置位，或则复位，其动合触点和动断触点供用户编程使用。

定时器 T 分为 3 种类型：接通延时型 TON、断开延时型 TOF、接通延时保持型 TONR。每种类型的定时器都有 3 种精度：1ms、10ms、100ms。定时器编址及精度见表 2-4。

表 2-4　定时器编址及精度

定时器类型	定时器精度/ms	定时器编址	最大定时长度/s
TON	1	T32，T96	32.767
	10	T33 ~ T36，T97 ~ T100	327.67
	100	137 ~ T63，T101 ~ 1255	3276.7
TOF	1	T32，T96	32.767
	10	T33 ~ T36，T97 ~ T100	327.67
	100	T37 ~ T63，T101 ~ T255	3276.7
TONR	1	T0，T64	32.767
	10	T1 ~ T4，T65 ~ T68	327.67
	100	T5 ~ T31，T69 ~ 195	3276.7

7. 计数器 C

S7—200（CPU22X）提供的 256 个计数器 C 为 C0 ~ C255。

计数器的作用是对编程元件状态变化脉冲的上升进行累积计数，从而实现计数操作。当触发条件满足时，计数器开始计数。当前值达到设定值后，状态寄存器置位，或则复位，其动合触点和动断触点供用户编程使用，实现计数操作。

计数器 C 分为 3 种类型：递增计数器、递减计数器、增/减计数器。递增计数器是当前值从 0 开始累加到设定值后，计数器动作。递减计数器是当前值从设定值开始累减到 0 后，计数器动作。

8. 顺序控制继电器 S

顺序控制继电器 S 又称为状态继电器。S7—200（CPU22X）提供的 256 个顺序控制继电器 S 为 S0.0 ~ S31.7。

顺序控制继电器的作用是表示某种工艺操作或等效程序步，和步进控制指令配合实现顺序控制和步进控制。顺序控制继电器与外部无任何联系，其线圈只能使用程序指令驱动，其动合触点和动断触点供用户编程使用。顺序控制继电器主要以位为单位使用，也可以字节、字或双字为单位来存储数据。

第三节　S7—200 系列可编程序控制器的程序编辑

S7—200 系列 PLC 支持 SIMATIC 和 IEC1131-3 两种基本类型的指令集，编程时可任意选择。SIMATIC 指令集是西门子公司 PLC 专用的指令集，具有专用性强，执行速度快等优点，可提供 LAD、STL 等多种编程语言。

IEC1131-3 指令集是按国际电工委员会（IEC）PLC 编程标准提供的指令系统，该编程语言适用于不同厂家的 PLC 产品，有 LAD、和 FBD 两种编辑器。

学习和掌握 IEC1131-3 指令的主要目的是学习如何创建不同品牌 PLC 的程序，指令执行时间可能较长，有一些指令和语言规则与 SIMATIC 有所区别。本书以 SIMATIC 指令系统为例进行重点讲解。

一、梯形图（LAD）编辑器

梯形图是一种图形语言，它沿用了传统的继电接触器控制中的继电器触点、线圈、串并联等术语和图形符号，而且还加进了许多功能强而又使用灵活的指令，将微机的特点结合进去，使得编程容易。梯形图比较形象、直观，对于熟悉继电接触器控制系统的人来说，也容易接受，世界上各生产厂家的PLC都把梯形图作为第一用户编程语言。

梯形图按逻辑关系可分成梯级或网络段，简称段。程序执行时按段扫描，清晰的段结构有利于程序的阅读理解和运行调试。同时，软件的编译功能可以直接指出错误指令所在段的段标号，有利于用户程序的修正。

图2-6所示为典型梯形图应用实例。LAD图形指令有3种基本形式：触点、线圈、指令盒。触点（I0.0）表示输入条件，例如开关、按钮控制的输入映像寄存器状态和内部寄存器状态等。线圈（Q0.0）表示输出结果，例如：利用PLC输出点可直接驱动灯、继电器、接触器线圈、内部输出条件等负载。指令盒（T33）代表一些较复杂功能的附加指令，例如：定时器指令、计数器指令。

二、语句表（STL）编辑器

语句表（STL）编辑器使用英文名称的缩写字母来表达PLC各种功能的助记符号。语句表编辑器提供了不用梯形图编程途径。具有指令简单、执行速度快等优点。STL是手持式编程器惟一能够使用的编程语言。

例如：可以将图2-6中的梯形图（LAD）程序转换成语句表（STL）程序如下：

```
NETWORK 1
LD     I0.0          //开始装载 I0.0
O      Q0.0          //并联 Q0.0
A      I0.1          //串联 I0.1
=      Q0.0          //输出 Q0.0
NETWORK 2
LDN    I0.2          //开始装载 I0.2
TON    T33, +200     //计时器 T33
```

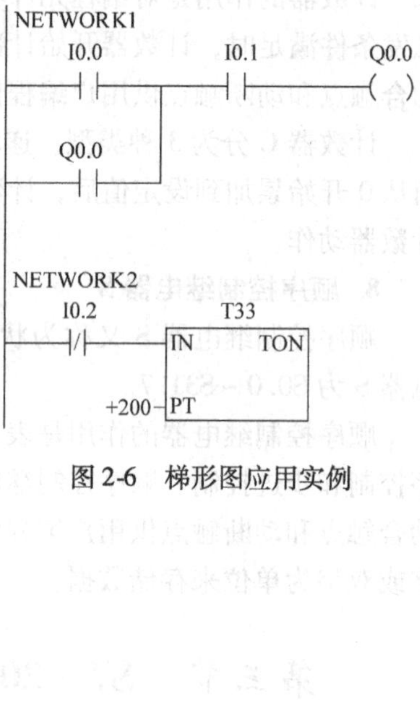

图2-6　梯形图应用实例

通过对比图2-6给出用PLC的梯形图表示方法。可知：虽然不同型号PLC的梯形图、指令表各有些差异，使用的符号不同，但是编程的方法和基本原理是一致的。

技能训练2　S7—200系列PLC的认识

一、训练目的

1）熟悉PLC的结构特点。

2）了解PLC的工作过程。

二、训练器材

训练所需器材见表 2-5。

表 2-5　训练所需器材

序号	名称	型号与规格	单位	数量	备注
1	三相四线电源	~3×380/220 V、20 A	处	1	
2	单相交流电源	~220 V 和 36 V，5 A	处	1	
3	可编程序控制器设备	S7—224 或配套自定	套	1	
4	便携式编程器	配套自定	台	1	
5	万用表	自定	块	1	

三、训练内容及步骤

1）按表 2-5 配齐所需器材，并进行质量检验。

2）介绍 PLC 的结构。

3）演示 PLC 的工作过程。

技能训练 3　S7—200 系列 PLC 端子的安装

一、训练目的

1）熟悉 PLC 的结构特点。

2）熟悉 PLC 的外部端口连接。

二、训练器材

训练所需器材见表 2-6。

表 2-6　训练所需器材

序号	名称	型号与规格	单位	数量	备注
1	三相四线电源	~3×380/220V、20A	处	1	
2	单相交流电源	~220V 和 36V，5A	处	1	
3	配线板	500mm×600mm×20mm	块	1	
4	组合开关	HZ10-25/3	个	1	
5	交流接触器	CJ10-20，线圈电压 380V	只	1	
6	熔断器及熔芯配套	RL1-60/20	套	3	
7	熔断器及熔芯配套	RL1-15/4	套	2	
8	三联按钮	LA10-3H 或 LA4-3H	个	2	
9	接线端子排	JX2-1015，500V、10A、15 节	条	1	
10	木螺钉	ϕ3×20mm；ϕ3×15mm	个	30	
11	平垫圈	ϕ4mm	个	30	
12	塑料软铜线	BVR-1.5mm^2，颜色自定	m	20	
13	塑料软铜线	BVR-0.75mm^2，颜色自定	m	5	
14	别径压端子	针型	个	20	

（续）

序号	名称	型号与规格	单位	数量	备注
15	行线槽	TC3025，长34cm，两边打$\phi3.5$mm孔	条	5	
16	异型塑料管	$\phi3$mm	m	0.2	
17	电工通用工具	验电笔、钢丝钳、螺钉旋具（一字形和十字形）、电工刀、尖嘴钳、活扳手、剥线钳等	套	1	
18	万用表	自定	块	1	
19	可编程序控制器	S7—224或配套自定	台	1	
20	便携式编程器	配套自定	台	1	

三、训练内容及步骤

1）电器元件检查，按表2-6配齐所用电器元件，并进行质量检验。

2）根据板前线槽布线操作工艺按照图2-7、图2-8进行布线安装。

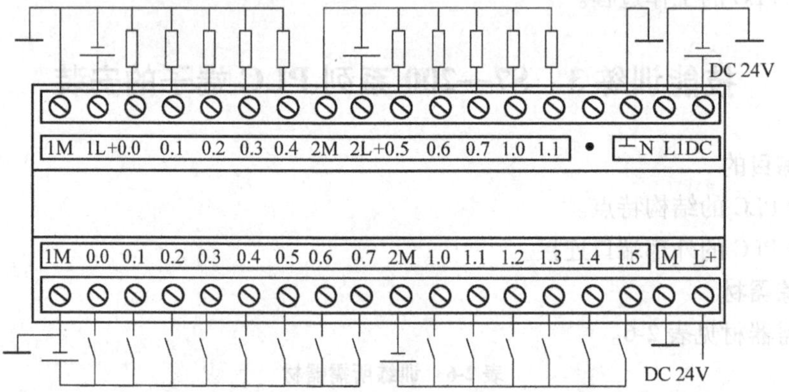

图2-7 CPU224 DC/DC/DC的端子连接情况

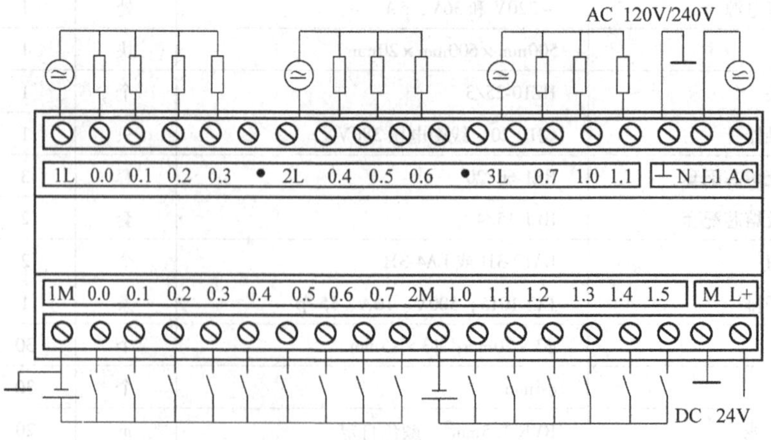

图2-8 CPU224 AC/DC/继电器的端子连接情况

3）试车、交验。

注意事项：

1）接线时，注意PLC端子接线要用别径压端子连接。

2）接线要牢固，导线接头不要漏铜过长以及有毛刺。

3）通电试车前，要复验一下电动机的接线是否正确，并测试绝缘电阻是否符合要求。

4）通电试车时，必须有指导教师在现场监护，同时做到安全文明生产。

本章小结

本章以西门子公司CPU 22X系列PLC为例，介绍其结构、原理、内部元器件的定义、作用，存储器分配，并介绍了2种编程语言。重点内容如下：

1）CPU 22X的输入及输出电路结构和参数。

2）S7—200各个编程元件地址分配和操作数范围。

3）I/O扩展与I/O地址的分配遵循从左至右的原则。

4）S7—200有LAD、STL和FBD等多种编程语言。掌握梯形图编辑器（LAD）指令符号的3种基本形式为触点、线圈、指令盒。掌握语句表（STL）指令书写格式。

复习思考题

1. S7系列PLC有哪些子系列？
2. CPU 22X系列PLC主机单元有哪些型号？
3. S7—200 PLC有哪些输出方式？各适用于什么类型的负载？
4. S7—200系列PLC有哪些主要编程元件？各编程元件功能是什么？
5. 特殊继电器SM0有几位？各位的功能是什么？
6. 什么是梯形图？它有何特点？
7. 所有语句表程序是否均能转换成梯形图程序？

第三章　S7—200系列PLC的指令系统

学习目标

S7—200 系列 PLC 有两类基本指令集：SIMATIC 指令集和 IEC1131－3 指令集。本书在指令系统部分只介绍 SIMATIC 指令集。本章主要讲解 S7—200 指令系统中基本指令的功能、特点和使用方法。

本章的学习目标：

1. **掌握梯形图的基本绘制规则。**
2. **掌握基本逻辑指令。**
3. **掌握数据处理指令。**
4. **掌握程序控制类指令。**

本章以 S7—200 系列 PLC 的 SIMATIC 指令系统为例，主要讲述基本指令的定义和梯形图、语句表的基本编程方法，功能图可借助编程软件的指令转换功能阅读理解。

基本指令包括基本逻辑指令，算术、逻辑运算指令，数据处理指令，程序控制指令等。基本指令已能基本满足一般的程序设计要求。

第一节　指　令　概　述

一、指令格式及约定

本章所介绍的所有指令都给出了梯形图（LAD）和语句表（STL）两种最常用的编程语言表达形式，部分指令给出了功能块图 FBD 表达方式，用以说明功能块图的应用特点。为了便于理解和掌握指令，在程序实例或应用实例中（一般是程序的片段，也有完整的程序），一般左边部分为梯形图程序，右边部分为对应的语句表程序及注释，实际编程时只需要一种程序即可。用语句表编程时，可用两条或两条以上斜线开始为每个程序行添加注释和说明，这对提高程序的可读性是非常有必要的。用梯形图编程时，每条指令的 EN 和 ENO 的功能都相同，因此只在部分指令中加以描述。下面以整数减法指令（见图 3-1）为例，说明指令介绍的一般格式。

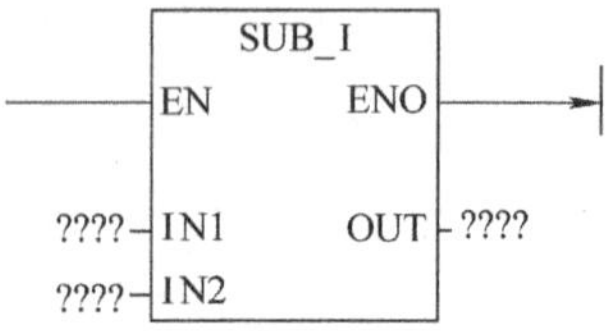

图 3-1　整数减法指令

在梯形图 LAD 和功能块图 FBD 中，整数减法指令以指令盒（或功能框）形式编程。其中 SUB _ I 为指令名称；EN 为允许输入端；ENO 为允许输出端；IN1 和 IN2 为减数和被减数，均为 16 位有符号整数，OUT 用于存放两个数的差，也为 16 位有符号整数；???? 表示此处必须有数据。当允许输入端有效时，执行整数减法操作，指令盒的执行结果为：IN1 - IN2 = OUT。

IN1 和 IN2 的寻址范围是：VW，IW，QW，MW，SW，SMW，T，C，AC，LW，AIW，* VD，* AC，* LD 和常数。

OUT 的寻址范围是：VW，IW，QW，MW，SW，SMW，T，C，LW，AC，* VD，* AC，* LD。

整数减法指令的执行将会影响以下的特殊继电器的状态：SM1. 0（零值标志），SM1. 1（溢出标志），SM1. 2（负数标志）。

影响允许输出端 ENO 正常工作的出错条件是以下因素之一：SM1. 1（溢出标志）=1，SM4. 3（运行时发现编程错误标志）=1，出现错误代码 0006。

二、梯形图的基本绘制规则

（1）NETWORK * * * NETWORK 为网络段，后面的 * * * 是网络段序号。为了增加程序的易读性，可以在 NETWORK 后面输入程序标题或注释，其不参与程序执行。

（2）能流/使能　梯形图基于继电控制系统的电气图，在梯形图中有一个提供能量的左母线。在梯形图中有两种基本类型的输入输出：一种是能量流，另一种是数据。在此使用能流的概念，对于功能性指令，EN 为能流输入，为布尔类型。如果与之相连的逻辑运算结果为 1，则能量可以流过该指令盒，执行这条指令；ENO 为能流输出，如果 EN 为 1，而且正确指令了本条指令，则 ENO 输出能把能流传到下一个单元；否则，指令执行错误，能流在此终止。

功能性质的指令盒，都有 EN 输入和 ENO 输出。线圈或线圈性质的指令盒，没有 EN，但有一个与 EN 性质相同功能的输入端；输出端没有 ENO，但应理解为有能流通过。在语句表语言中，可用语句表指令 AENO 访问，可产生与 ENO 输出相同的结果。

（3）编程顺序　梯形图按照从上到下，从左到右的顺序绘制。每个逻辑行开始于左母线，一般来说，触点要放在左侧，线圈和指令盒放在右侧，线圈和指令盒的右边不能再有触点，整个梯形图形成阶梯形结构。

（4）编号分配　对外接电路各元件分配编号，编号的分配必须是主机或扩展模块本身实际提供的，而且是用来进行编程的。无论是输入设备还是输出设备，每个元件都必须分配不同的输入点和输出点。两个设备不能共用一个输入点和输出点。

（5）内、外触点的配合　在梯形图中应正确选择设备所连接的输入继电器的触点类型。输入触点用以表示用户输入设备的输入信号，用动合触点还是动断触点，与两方面的因素有关：一是输入设备所用的触点类型，二是控制电路要求的触点类型。

可编程序控制器无法识别输入设备用的是动合触点还是动断触点，只能识别输入电路是接通还是断开。

内、外触点的配合关系可理解为一句话：控制电路所需要的触点类型即是输入设备的触点类型（外部触点）与所用输入继电器触点类型（内部触点）的异或结果。当输入电路接通时，它所对应的输入继电器得电，发生动作，其动合触点接通，动断触点断开。当输入电路断开时，输入继电器得电复原，其动合触点恢复断开，动断触点恢复闭合。由此可见，用可编程序控制器实现电动机的起停控制时，起动按钮和停止按钮既可用动合触点，也可用动断触点。当起动按钮用动合触点时，在梯形图中输入触点应用动合触点；反之，当起动按钮用动断触点时，在梯形图中输入触点应用动断触点。当停止按钮用动合触点时，在梯形图中输入触点应用动断触点；当停止按钮用动断触点时，在梯形图中输入触点应用动合触点。

（6）触点的使用次数　因为可编程序控制器的工作是以扫描方式进行的，而且在同一时刻只能扫描梯形图中的一个编程元件的状态。所以，在梯形图中，同一编程元件，如输入/输出继电器、通用辅助继电器、定时器和计数器等元件的动合、动断触点可以任意多次重复使用，不受限制。在继电器接触控制系统中，设备触点数量不够时要么用复杂的程序结构来减少该触点的使用次数，要么另外增加中间继电器以增加触点，这样工作难度大。因此，程序员用PLC的梯形图时，这一点对编程非常方便。

（7）线圈的使用次数　在绘制梯形图时，不同的多个继电器线圈可以并联输出。但同一个继电器的线圈不能重复使用，只能使用一次。

第二节 基本逻辑指令

一、基本位操作指令

位操作指令是PLC常用的基本指令，梯形图指令有触点和线圈两大类，触点又分为动合和动断两种形式；语句表指令有与、或以及输出等逻辑关系，位操作指令能够实现基本的位逻辑运算和控制。

1. LD、LDN和=指令

（1）LD（Load）　动合触点与起始母线连接指令。每一个以动合触点开始的逻辑行（或电路块）均使用这一指令。其梯形图符号是：—| bit |—

（2）LDN（Load Not）动断触点与起始母线连接指令。每一个以动断触点开始的逻辑行（或电路块）均使用这一指令。其梯形图符号是：—| bit / |—

（3）=（Out）　线圈驱动指令。用于驱动各类继电器的线圈。其梯形图符号是：—(bit)

LD、LDN、=指令的使用方法如图3-2所示。

说明：

1）LD与LDN指令用于与起始母线相接的触点，也可与OLD、ALD指令配合，用于分支电路的起点。

2）=指令是驱动线圈的指令。用于驱动各类继电电

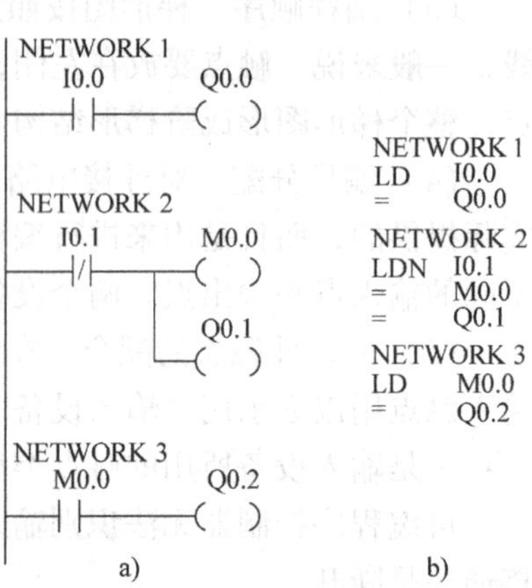

图3-2　LD、LDN、=指令的应用
a）梯形图　b）指令表

器的线圈，但梯形图中不应出现输入继电器的线圈。

3）并行的 = 指令可以使用任意次，但不能串联使用。

2. A 和 AN 指令

（1）A（And） 用于单个动合触点与前面的触点（或电路块）串联连接的指令。

（2）AN（And Not） 用于单个动断触点与前面的触点（或电路块）串联连接的指令。

A、AN 指令的使用方法如图 3-3 所示。

说明：

A 和 AN 指令用于单个触点与前面的触点（或电路块）的串联（此时不能用 LD、LDN 指令），串联触点的次数不限，即该指令可多次重复使用。

3. O 和 ON 指令

（1）O（Or） 用于单个动合触点与上面的触点（或电路块）并联连接的指令。

（2）ON（Or Not） 用于单个动断触点与上面的触点（或电路块）并联连接的指令。

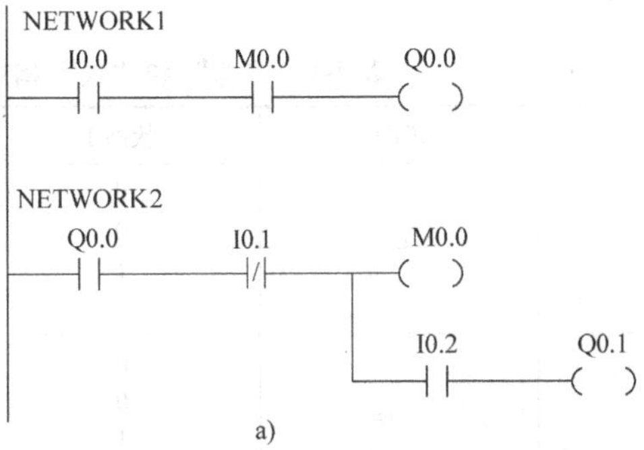

a)

```
NETWORK 1
LD    I0.0
A     M0.0
=     Q0.0
NETWORK 2
LD    Q0.0
AN    I0.1
=     M0.0
A     I0.2
=     Q0.1
```

b)

图 3-3 A、AN 指令的应用

a）梯形图 b）指令表

O、ON 指令的使用方法如图 3-4 所示。

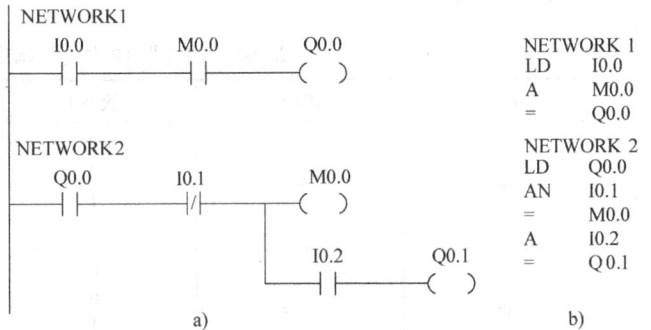

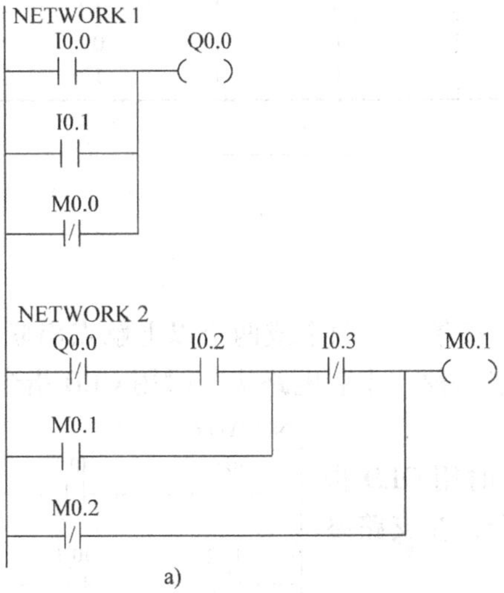

a)

```
NETWORK 1
LD    I0.0
O     I0.1
ON    M0.0
=     Q0.0
NETWORK 2
LDN   Q0.0
A     I0.2
ON    M0.1
AN    I0.3
ON    M0.2
=     M0.1
```

b)

图 3-4 O、ON 指令的应用

a）梯形图 b）指令表

说明：

1）O、ON 是用于将单个触点与上面的触点（或电路块）并联连接的指令。

2）O 和 ON 指令引起的并联是从 O 和 ON 一直并联到前面最近的母线上，并联的数量不受限制。

小知识

"与"和"或"指令

"与"指令就像电路中的两个开关的串联关系；"或"指令就像电路中的两个开关的并联关系。它们的关系见表 3-1：

表 3-1 "与"和"或"指令间的关系

指令	说明	状态 1	状态 2	结果
A	与	0 0 1 1	0 1 0 1	0 0 0 1
AN	与非	0 0 1 1	0 1 0 1	1 1 1 0
O	或	0 0 1 1	0 1 0 1	0 1 1 1
ON	或非	0 0 1 1	0 1 0 1	1 0 0 0

二、块操作指令

1. OLD（Or Load）指令

用于"串联电路块"的并联连接指令，两个或两个以上触点串联的电路称作"串联电路块"，如图 3-5 所示，在并联连接这种"串联电路块"时用 OLD 指令。

说明：

1）并联连接"串联电路块"时用 OLD 指令。在支路起点用 LD 或 LDN 指令，在支路终点用 OLD 指令。

2）用上述方法，如果将多个"串联电路块"并联连接时，则并联连接的电路块的个数不受限制。

3）OLD 指令是一条独立的指令，无操作数。

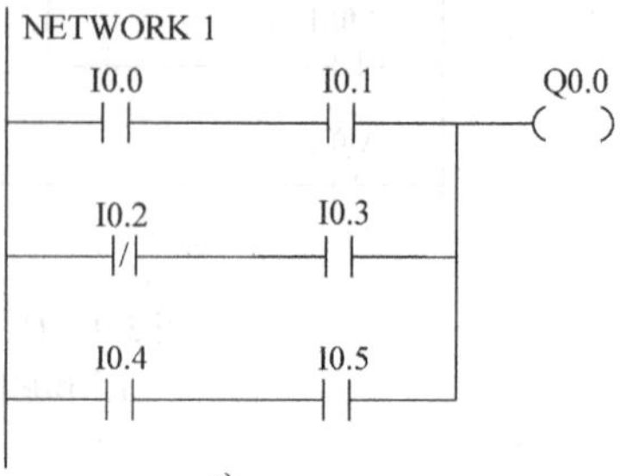

a)

```
NETWORK 1
LD    I0.0
A     I0.1
LDN   I0.2
A     I0.3
OLD
LD    I0.4
A     I0.5
OLD
=     Q0.0
```

b)

图 3-5 OLD 指令的应用

a）梯形图 b）指令表

2. ALD（And load）指令

用于“并联电路块”的串联连接指令，两个或两个以上触点并联的电路称作“并联电路块”，如图 3-6 所示，将“并联电路块”与前面电路串联连接时用 ALD 指令。

说明：

1）将“并联电路块”与前面电路串联连接时用 ALD 指令。“并联电路块”始端用 LD 或 LDN 指令（使用 LD 或 LDN 指令后生成一条新母线），完成并联电路组块后使用 ALD 指令将“并联电路块”与前面电路串联连接（使用 ALD 指令后新母线自动终结）。

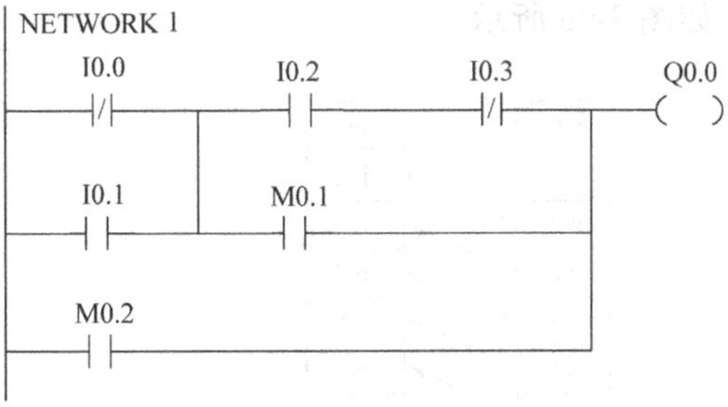

a)

```
NETWORK 1
LDN   I0.0
O     I0.1
LD    I0.2
AN    I0.3
O     M0.1
ALD
O     M0.2
=     Q0.0
```

b)

图 3-6　ALD 指令的应用

a）梯形图　b）指令表

2）用上述方法，如果多个“并联电路块”顺次以 ALD 指令与前面电路连接，ALD 的使用次数可以不受限制。

3）ALD 指令是一条独立的指令，无操作数。

三、逻辑堆栈的操作指令

S7—200 系列 PLC 中有一个 9 层堆栈，用于处理所有逻辑操作，称为逻辑堆栈。堆栈指令的操作如图 3-7 所示。

（1）ALD 指令　ALD 指令把逻辑堆栈第一、第二级的值作“与”操作，结果置于栈顶。ALD 执行后堆栈减少一级。

（2）OLD 指令　OLD 指令把逻辑堆栈第一、第二级的值作“或”操作，结果置于栈顶。OLD 执行后堆栈减少一级。

（3）LPS 指令　LPS 进栈指令把栈顶值复制后压入堆栈，栈底值压出丢失。

（4）LRD 指令　LRD 读栈指令把逻辑堆栈第二级的值复制到栈顶，堆栈没有压入和弹出。

（5）LPP 指令　LPP 出栈指令把堆栈弹出一级，原第二级的值变为新的栈顶值。

图 3-8 所示的例子可以说明这几条指令的作用。其中仅用了 2 层栈，实际上因为逻辑堆栈有 9 层，故可以连续使用多次 LPS，形成多层分支。但要注意，LPS 和 LPP 必须配对使用。

LPS、LRD、LPP 指令均无操作数。

例 3-1　利用 PLC 实现限位控制功能。

解　限位控制的继电器控制电路如图 3-9a 所示。首先要对这一电路认真研究，并由此理解到此电路实现的是电动机正反转双向限位的控制要求。然后对其电路中用到的输入设备和输出负载进行分析，归纳出电路中出现的 6 个输入设备：正向起动按钮 SB1、反向起动按钮 SB2、停止按钮 SB3、热继电器 FR、正向限位开关 SQ1 和反向限位开关 SQ2；2 个输出负载：正向接触器 KM1 和反向接触器 KM2。以上所做的工作是将继电器控制转换为 PLC 控制必做的准备工作。

下面所要进行的首先是将归纳出的输入输出设备进行 PLC 控制的 I/O 编号设置，如图 3-9b 所示。这里特别要说明的是，图中需将原停止按钮 SB3、热继电器 FR、限位开关 SQ1、

SQ2 等输入设备的动断形式改为动合形式，然后，用 PLC 的软继电器符号和输入输出编号取代原来的电气符号及设备编号，再经过整理后就得到了将继电器控制电路转换成 PLC 控制的梯形图，如图 3-9c 所示。

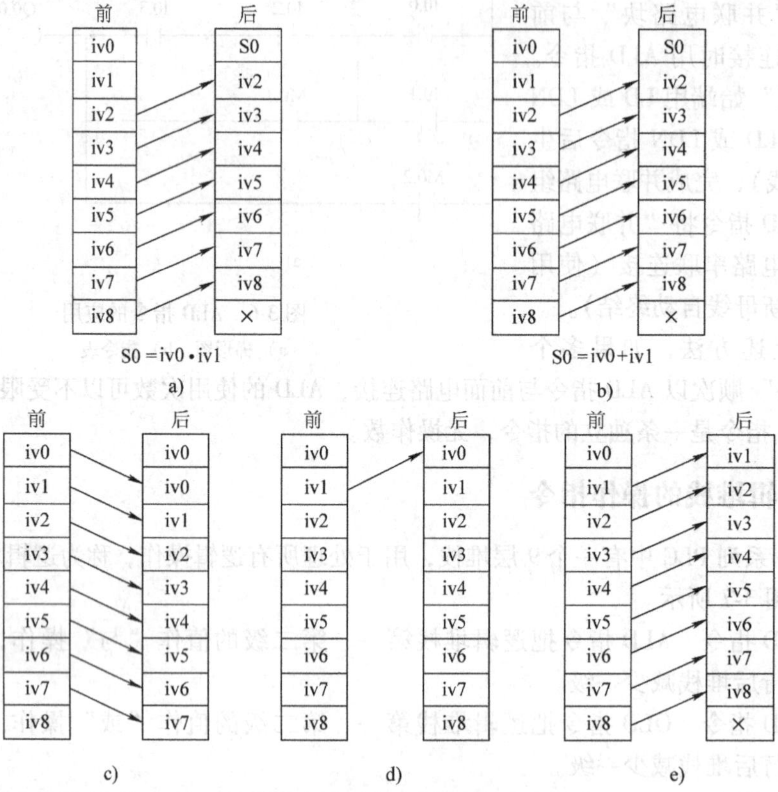

图 3-7 逻辑堆栈的操作指令

a）ALD 指令 b）OLD 指令 c）LPS 指令 d）LRD 指令 e）LPP 指令

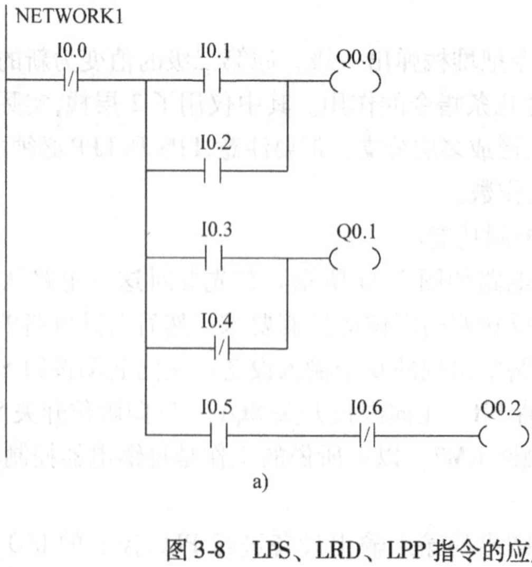


```
NETWORK 1
LDN    I0.0
LPS
LD     I0.1
O      I0.2
ALD
=      Q0.0
LRD
LD     I0.3
ON     I0.4
ALD
=      Q0.1
LPP
A      I0.5
AN     I0.6
=      Q0.2
```

b)

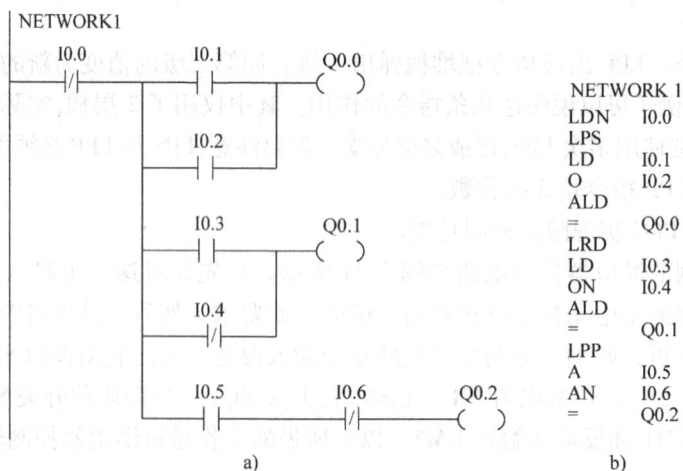

图 3-8 LPS、LRD、LPP 指令的应用

a）梯形图 b）指令表

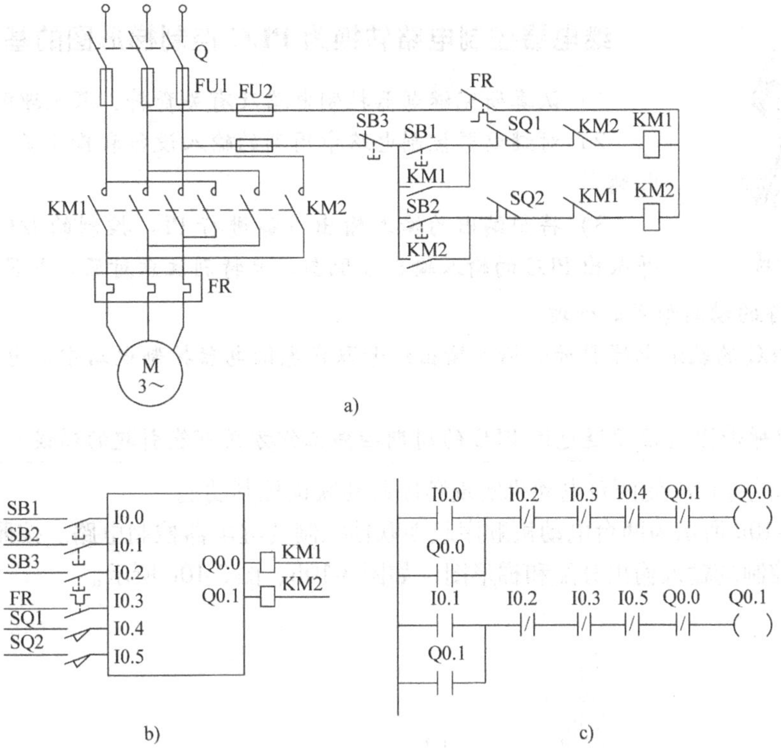

图 3-9　限位控制

a）继电器控制电路　b）PLC 控制的输入输出分配　c）梯形图

双向限位 PLC 控制的工作过程如下：

图中 SQ1、SQ2 为安装在预定位置的限位开关。按下正向起动按钮 SB1，输入继电器 I0. 0 动合触点闭合，输出继电器 Q0. 0 线圈得电并自锁，接触器 KM1 得电吸合，电动机正向运转使运动部件向前运行。与此同时，Q0. 0 的动断触点断开输出继电器 Q0. 1 的线圈，实现互锁。当运动部件运行到终端位置时，装在其上的挡铁碰撞限位开关 SQ1，使连接于 Q0. 0 线圈驱动电路的 I0. 4 动断触点断开，Q0. 0 线圈失电使 KM1 释放，电动机断电停转，运动部件停止运行。按下反向起动按钮 SB2 时，输入继电器 I0. 1 动合触点闭合，输出继电器 Q0. 1 线圈得电并自锁，接触器 KM2 得电吸合，电动机反向运转。此时 Q0. 1 的动断触点断开输出继电器 Q0. 0 的线圈，实现互锁。

当运动部件向后运行至挡铁碰撞限位开关 SQ2 时，I0. 5 的动断触点断开 Q0. 1 线圈，KM2 失电释放，电动机停转使运动部件停止运行。停机时按下停机按钮 SB3，I0. 2 的两对动断触点分别断开。过载时热继电器 FR 动作，I0. 3 的两对动断触点断开，这两种情况都可使 Q0. 0、Q0. 1 线圈失电，电动机停止运行。

小知识

继电器控制电路转换为 PLC 控制梯形图的基本步骤

1）认真研究继电器控制电路及有关资料，深入理解控制要求。

2）对继电器控制电路中用到的输入设备和输出负载进行分析、归纳。

3）将归纳出的输入输出设备进行 PLC 控制的 I/O 编号设置，并做出 PLC 的输入输出分配图。要特别注意对原继电器控制电路中作为输入设备的动断形式的处理。

4）用 PLC 的软继电器符号和输入输出编号取代原继电器控制电路中的电气符号及设备编号。

5）整理梯形图（注意避免因 PLC 的周期扫描工作方式可能引起的错误）。

例 3-2 利用 PLC 使两台电动机实现顺序起动联锁控制功能。

解 图 3-10a 所示为两台电动机顺序起动联锁控制的继电器控制电路。按照上述方法可以得到 PLC 控制的输入输出分配和梯形图，如图 3-10b、图 3-10c 所示。

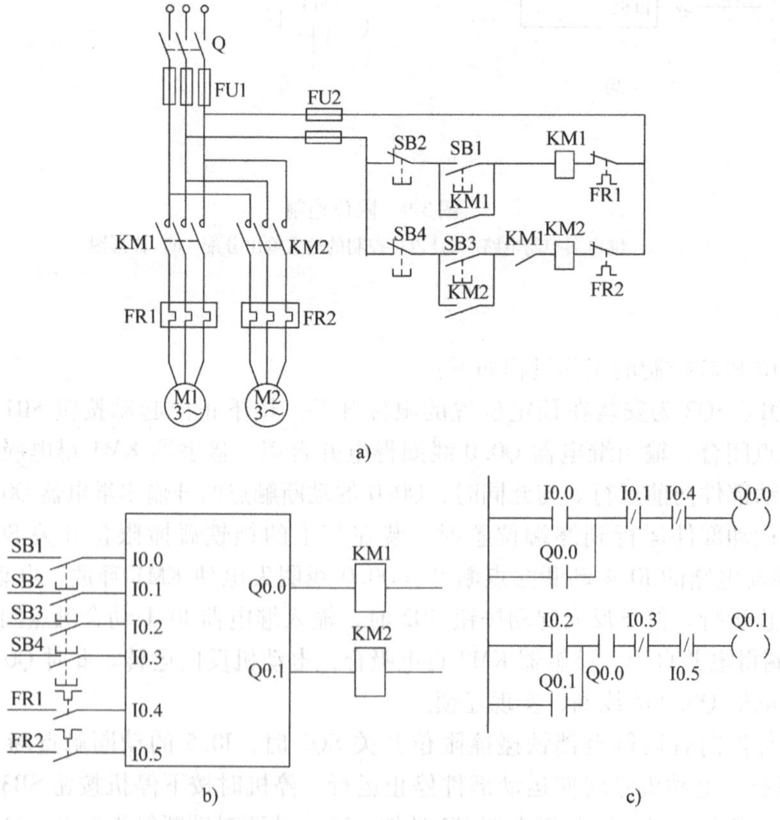

图 3-10 两台电动机顺序起动联锁控制

a）继电器控制电路 b）PLC 控制的输入输出分配 c）梯形图

PLC 控制的工作过程如下：

按下 M1 起动按钮 SB1，输入继电器 I0.0 动合触点闭合，输出继电器 Q0.0 线圈接通并自锁，接触器 KM1 得电吸合，电动机 M1 起动运转，同时连接在 Q0.1 线圈驱动电路的 Q0.0 动合触点闭合，为起动电动机 M2 做准备。可见，只有电动机 M1 先起动，电动机 M2 才能起动。这时如果按下 M2 起动按钮 SB3，I0.2 动合触点闭合，Q0.1 线圈接通并自锁，接触器 KM2 得电吸合，电动机 M2 起动。按下 M1 停止按钮 SB2，I0.1 动断触点断开；M1 过载时热继电器 FR1 动作，使 I0.4 动断触点断开，这两种情况都会使 Q0.0 线圈失电，并且由于连接在 Q0.1 线圈驱动电路的 Q0.0 动合触点随之断开，使得 Q0.1 线圈同时失电，两台电动机都停止运行。若只按下 M2 停止按钮 SB4 时，I0.3 动断触点断开；M2 过载时 FR2 动作，I0.5 动断触点断开，这两种情况均使得 Q0.1 线圈失电，M2 停止运行，而 M1 仍运行。

第三节　定时器、计数器指令

一、定时器指令

定时器是由集成电路构成，是 PLC 中的重要硬件编程元件。定时器编程时提前输入时间预设值，在运行中当定时器的输入条件满足时则开始计时，当前值从 0 开始按一定的时间单位增加，当定时器的当前值达到预设值时，定时器发生动作，发出中断请求，以便 PLC 响应而做出相应的动作。此时它对应的动合触点闭合，动断触点断开。利用定时器的输入与输出触点就可以得到控制所需的延时时间。

S7—200 系列 PLC 的定时器按工作方式可分为延时接通定时器、延时断开定时器和保持型延时接通定时器等三种类型；按时基脉冲又可分为 1ms、10ms、100ms 三种，具体的相关参数见表 3-2。

表 3-2　定时器编号与定时精度

定时器	定时精度/ms	最大值/s	CPU221/CPU222/CPU224/CPU226
TONR	1	32.767	T0，T64
	10	327.67	T1 ~ T4，T65 ~ T68
	100	3276.7	T5 ~ T31、T69 ~ T95、
TON/TOF	1	32.767	T32 ~ T96
	10	327.67	T33 ~ T36，T97 ~ T100
	100	3276.7	T37 ~ T63，T101 ~ T255

定时时间的计算方法是：$T = PT \times S$（T 为实际定时时间，PT 为预设值，S 为精度等级）。

例如：TON 指令用定时器 T33，预设值为 125，从表 3-1 可查询到编号为 T33 的定时器是时基脉冲为 10ms 的延时接通定时器，则实际定时时间为

$$T = 125 \times 10\text{ms} = 1250\text{ms} = 1.25\text{s}$$

1. 延时接通定时器指令

TON 为延时接通定时器指令，梯形图符号是：

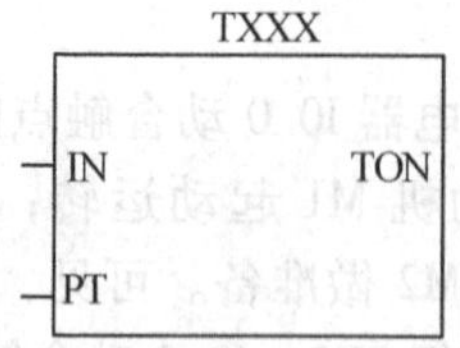

其中IN端为输入端，用于连接驱动定时器线圈的信号；PT端为设定端，用于标定定时器的设定值。

定时器T33的工作过程（如图3-11c所示）是当连接于IN端的I0.0触点闭合时，T33开始计时（数时基脉冲），当前值逐步增加；当时间累计值（时基×脉冲数）达设定值PT（10ms×100=1s)时，定时器的状态位被置1（线圈得电），T33的动合触点闭合，输出继电器Q0.0线圈得电（此时当前值仍增加，但不影响状态位的变化）；当连接于IN端的I0.0触点断开时，状态位置0（线圈失电），T33触点断开，Q0.0线圈失电，且T33当前值清零。若I0.0触点的接通时间未到设定值就断开，则T33跟随复位，Q0.0不会有输出。

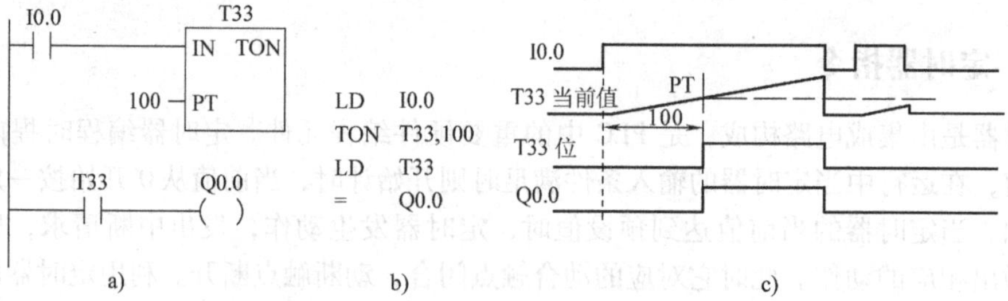

图3-11 延时接通定时器电路及时序图

a）延时接通定时器电路 b）程序指令 c）时序图

特别要强调的是，连接定时器IN端信号触点的接通时间必须大于或等于其设定值，这样定时器的触点才会转换。

2. 延时断开定时器指令

TOF为延时断开定时器指令，梯形图符号是：

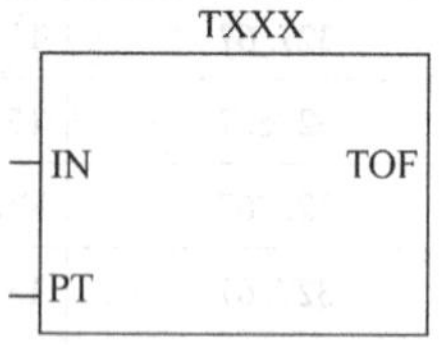

其中IN端为输入端，用于连接驱动定时器线圈的信号；PT端为设定端，用于标定定时器的设定值。

图3-12a程序中，编号为T33的延时断开定时器的时基脉冲，从表3-2可查询到定时精度为10ms。定时器T33的工作过程（如图3-12c所示）是：当连接于IN端的I0.0触点由接通到断开时，T33开始计时（数时基脉冲），当前值逐步增加；当时间累计值（时基×脉冲数）达设定值PT（10ms×100=1s）时，定时器的状态位被置0（线圈失电），T33的触点恢复原始状态，其动合触点断开，输出继电器Q0.0线圈失电（此时T33当前值保持不变）；当连接于IN端的I0.0触点再次接通时，定时器的状态位置1（线圈得电），T33触点闭合，

Q0. 0 线圈得电，且 T33 当前值清零。若 I0. 0 触点的断开时间未到设定值就接通，则 T33 当前值清零，Q0. 0 状态不变。

特别要强调的是，连接定时器 IN 端信号触点的断开时间必须大于或等于其设定值，这样定时器的触点才会转换。

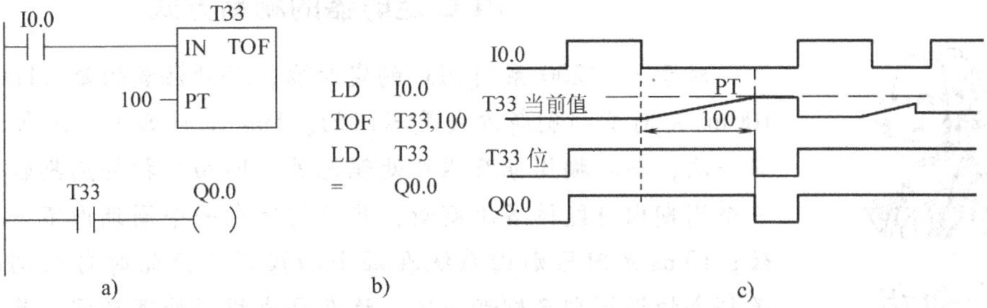

图 3-12　延时断开定时器电路及时序图

a）延时断开定时器电路　b）程序指令　c）时序图

3. 保持型延时接通定时器指令

TONR 为保持型延时接通定时器指令，梯形图符号是：

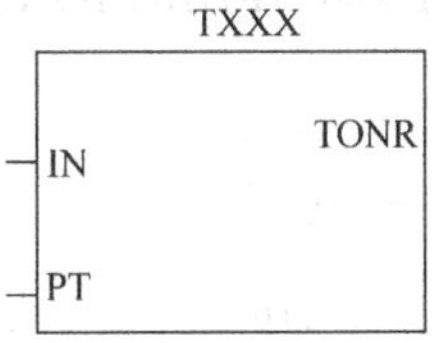

其中 IN 端为输入端，用于连接驱动定时器线圈的信号；PT 端为设定端，用于标定定时器的设定值。

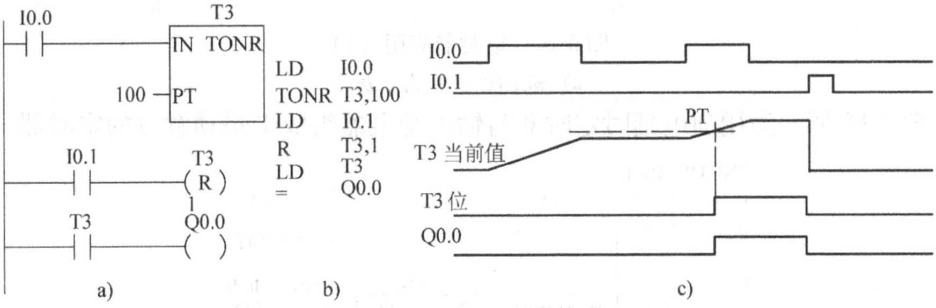

图 3-13　保持型延时接通定时器电路及时序图

a）保持型延时接通定时器电路　b）程序指令　c）时序图

图 3-13a 程序中，编号为 T3 的保持型延时接通定时器的时基脉冲，从表 3-2 可查询到定时精度为 10ms，T3 的工作过程（如图 3-13c 所示）是：当连接于 IN 端的 I0. 0 触点闭合时，定时器 T3 开始计时（数时基脉冲），当前值逐步增长；若当前值未达设定值，IN 端的 I0. 0 触点断开，其当前值保持（不像 TON 一样复位）；当 IN 端的 I0. 0 触点再次闭合时，T3 的当前值从原保持值开始继续增长；当时间累计值达设定值 PT（10ms × 100 = 1s）时，定时器

的状态位被置1（线圈得电），T3的动合触点闭合，输出继电器Q0.0线圈得电（当前值仍继续增长）；此时即使断开IN端的I0.0触点也不会使T3复位，要使T3复位必须用复位指令（R－复位指令），即只有接通I0.1触点才能达到复位的目的。

小知识

PLC定时器的刷新方式

对于S7—200系列PLC的定时器，必须注意的是：1ms、10ms、100ms定时器的刷新方式是不同的。1ms定时器由系统每隔1ms刷新一次，与扫描周期及程序处理无关，因而当扫描周期较长时，在一个周期内可能被多次刷新，其当前值在一个周期内不一定保持一致；10ms定时器则由系统在每个扫描周期开始时自动刷新，由于是每个扫描周期只刷新一次，故在每次程序处理期间，其当前值为常数；100ms定时器则在该定时器指令执行时才被刷新。

4. 应用举例

例3-3 利用TON构造各种类型的时间继电器。

解 （1）图3-14是用TON构造TOF作用的触点。其时序图与TOF的时序完全相同。

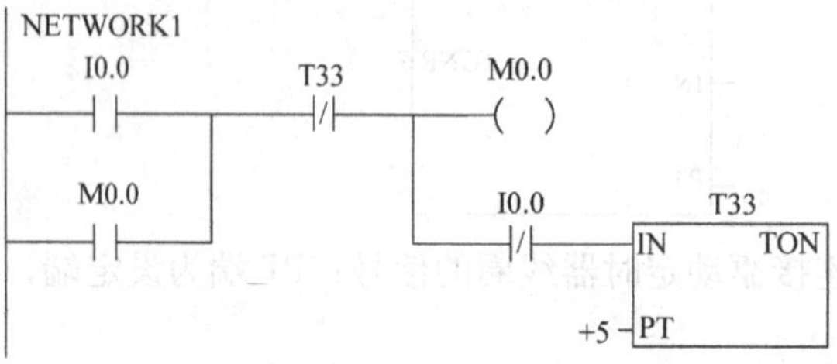

a)

```
NETWORK 1
//
// 网络注释
//
LD    I0.0
O     M0.0
AN    T33
=     M0.0
AN    I0.0
TON   T33,+5
```

b)

图3-14 定时器应用（1）

a）梯形图 b）指令表

（2）图3-15所示为用通电延时定时器与输出继电器组成带瞬动触点的定时器。

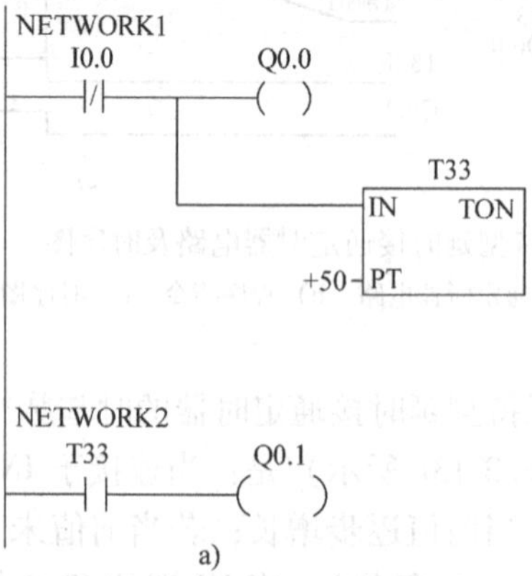

a)

```
NETWORK 1
//
// 网络注释
//
LDN   I0.0
=     Q0.0
TON   T33,+50
NETWORK 2
//
// 网络注释
//
LD    T33
=     Q0.1
```

b)

图3-15 定时器应用（2）

a）梯形图 b）指令表

（3）图 3-16 是利用动合触点实现通电和断电都延时的触点作用。

本程序实现的功能是：用输入端 I0.0 控制输出端 Q0.0，当 I0.0 接通后，过 50 个时间单位 Q0.0 端输出接通，当 I0.0 断开后，过 100 个时间单位 Q0.0 断开。

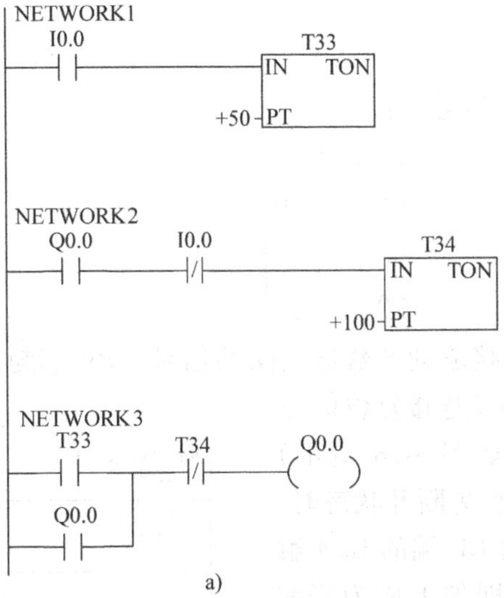

a)

```
NETWORK 1
//
// 网络注释
//
LD    I0.0
TON   T33,+50
NETWORK 2
//
// 网络注释
//
LD    Q0.0
AN    I0.0
TON   T34,+100
NETWORK 3
//
LD    T33
O     Q0.0
AN    T34
=     Q0.0
```

b)

图 3-16 定时器应用（3）

a）梯形图 b）指令表

例 3-4 定时器扩大延时范围的应用。

解 扩大延时范围程序如图 3-17 所示。

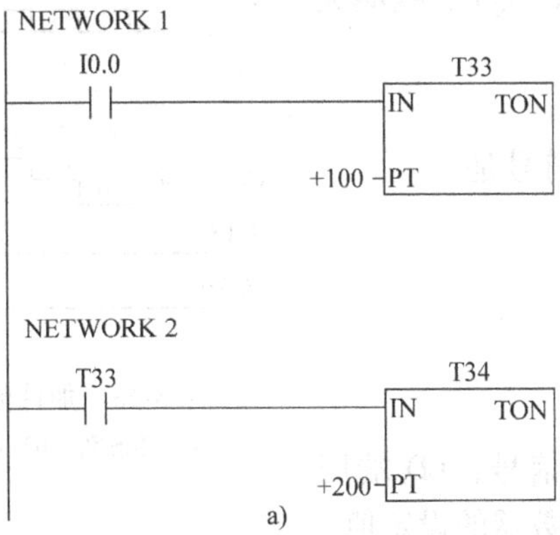

a)

```
NETWORK 1
//
// 网络注释
//
LD    I0.0
TON   T33,+100
NETWORK 2
//
// 网络注释
//
LD    T33
TON   T34,+ 200
```

b)

图 3-17 扩大延时范围的应用

a）梯形图 b）指令表

二、计数器指令

计数器用来累计输入脉冲的次数。计数器也是由集成电路构成，是应用非常广泛的编程元件，经常用来对产品进行计数。

计数器与定时器的结构和使用基本相似，编程时输入它的预设值 PV（计数的次数），计数器累计它的脉冲输入端电位上升沿（正跳变）个数，当计数器达到预设值 PV 时，发出中断请求信号，以便 PLC 做出相应的处理。

S7—200 系列 PLC 的计数器按工作方式可分为加计数器、减计数器和加/减计数器等不同类型。

1. 加计数器

CTU 为加计数器指令，梯形图符号是：

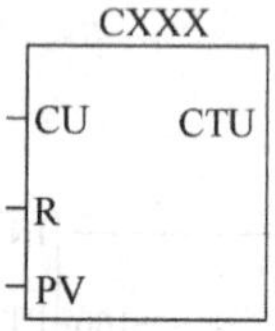

其中 CU 端为输入端，用于连接驱动计数器线圈的信号；PV 端为设定端，用于标定计数器的设定值；R 端为复位端，用于连接复位信号。

加计数器 C4 的工作过程（如图 3-18 所示）是：当连接于 R 端的 I2.5 动合触点为断开状态时，计数脉冲有效。此时每接受到来自 CU 端的 I2.4 触点由断到通的信号，计数器的值即加 1 成为当前值，直至计数最大值 32767；当计数器的当前值大于或等于设定值 4 时，计数器 C4 的状态位被置 1（线圈得电），C4 的触点转换，Q0.0 线圈得电；当连接于 R 端的 I2.5 触点接通时，C4 状态位置 0（线圈失电），C4 触点回复原始状态，Q0.0 线圈失电，当前值清零。

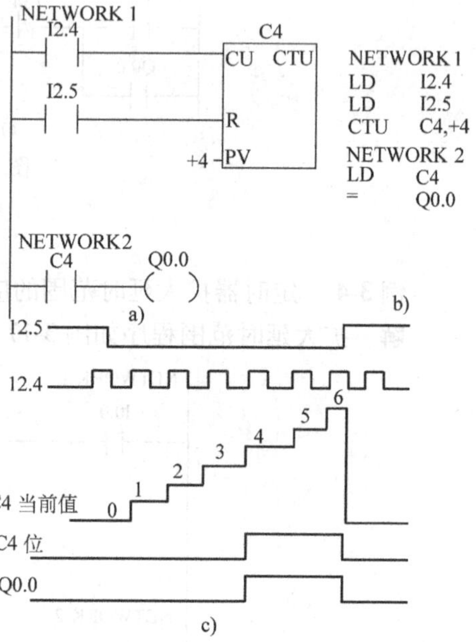

图 3-18 加计数器电路及时序图

a）梯形图 b）指令表 c）时序图

2. 减计数器

CTD 为减计数器指令，梯形图符号是：

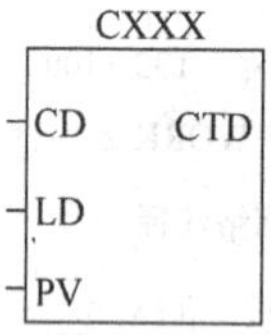

其中 CD 端用于连接计数脉冲信号，LD 端用于连接复位信号，PV 端用于标定计数器的设定值。

减计数器 C5 的工作过程（如图 3-19 所示）是：当连接于 LD 端的 I2.5 动合触点为断开状态时，计数脉冲有效。此时每接受到来自 CD 端的 I2.4 触点由断到通的信号，计数器的值即减 1 成为当前值；当计数器的当前值减为 0 时，计数器 C5 的状态位被置 1（线圈得电），C5 的触点转换，Q0.0 线圈得电；当连接于 LD 端的 I2.5 触点接通时，C5 状态位置 0（线圈失电），C5 触点回复原始状态，Q0.0 线圈失电，当前值回复为设定值。

3. 加/减计数器

CTUD 为加/减计数器指令，梯形图符号是：

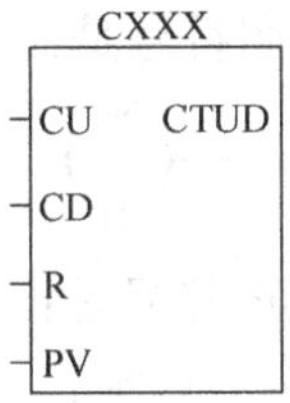

其中 CD 端为减计数脉冲输入端；CU 端为加计数脉冲输入端；PV 端为设定端，用于标定计数器的设定值；R 端为复位端，用于连接复位信号。

加/减计数器 C50 的工作过程(如图 3-20 所示)是:当连接于 R 端的 I0.3 动合触点为断开状态时,计数脉冲有效。此时每接受到来自 CU 端 I0.1 触点由断到通的信号,计数器的当前值即加 1,而每接受到来自 CD 端 I0.2 触点由断到通的信号,计数器的当前值即减 1;当计数器的当前值大于或等于设定值 4 时,计数器 C50 的状态位被置 1(线圈得电、触点转换);当连接于 R 端的 I0.3 触点接通时,C50 状态位置 0(线圈失电、触点回复原始状态),当前值清零。

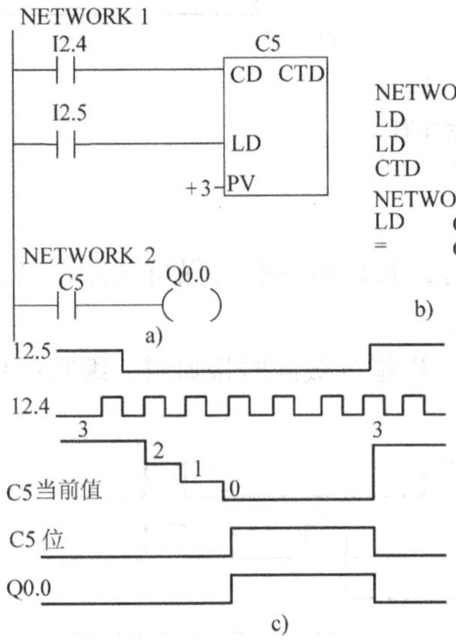

图 3-19　减计数器电路及时序图
a）梯形图　b）指令表　c）时序图

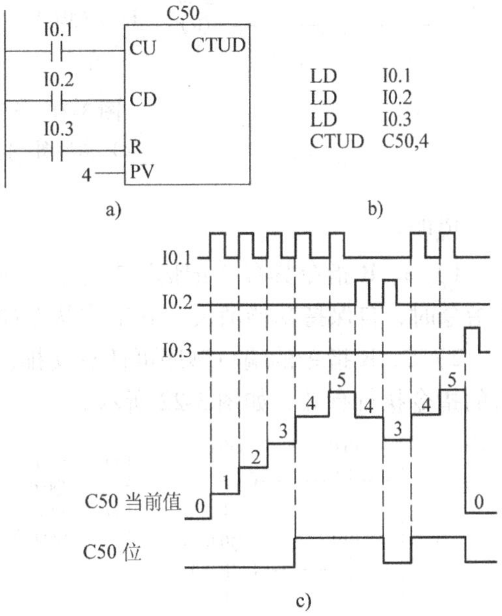

图 3-20　加/减计数器电路及时序图
a）梯形图　b）指令表　c）时序图

加/减计数器 CTUD 的计数范围为 -32768 ~ 32767，当前值为最大值 32767 时，下一个 CU 端输入脉冲使当前值变为最小值 -32768；当前值为最小值 -32768 时，下一个 CD 端输入脉冲使当前值变为最大值 32767。

第四节　置位/复位、跳变指令

一、置位/复位指令

1. 置位 S/复位 R 指令

（1）S 置位（置1）指令。其梯形图符号是：

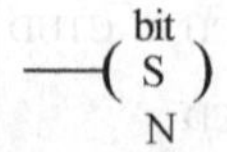

（2）R 复位（置0）指令。其梯形图符号是：

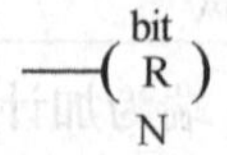

S、R指令的使用方法是：当使用S与R指令时，从指定的位地址开始的N个位地址均被置位或复位，N=1~255，图3-21中N=1。I0.0一旦接通，即使再断开，Q0.0仍保持接通；I0.1一旦接通，即使再断开，Q0.0仍保持断开。

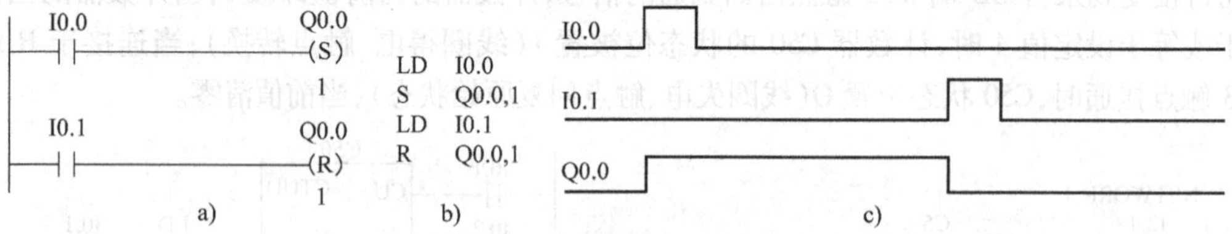

图3-21 S/R指令的应用（1）

a）梯形图 b）指令表 c）时序图

说明：

1）S、R指令具有“记忆”功能。当使用S指令时，其线圈具有自保持功能；当使用R指令时，自保持功能消失。其工作状态如图3-21所示。

2）S、R指令的编写顺序可任意安排，但当一对S、R指令被同时接通时，编写顺序在后的指令执行有效，如图3-22所示。

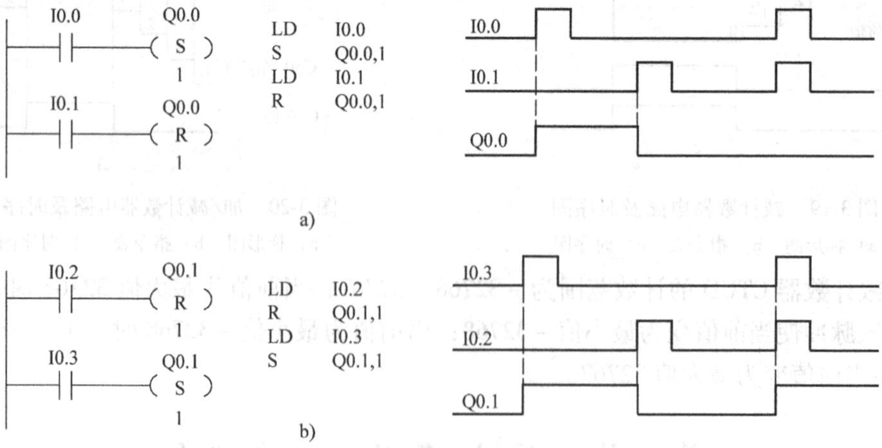

图3-22 S/R指令的应用（2）

a）S指令在前 b）R指令在前

3）如果被指定复位的是定时器（T）或计数器（C），将定时器或计数器的当前值清零。

4）为了保证程序的可靠运行，S、R 指令的驱动通常采用短脉冲信号。

2. 立即置位 SI/立即复位 RI 指令

（1）SI　立即置位（置 1）指令。其梯形图符号是：

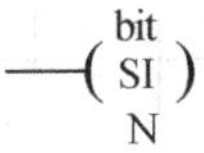

（2）RI　立即复位（置 0）指令。其梯形图符号是：

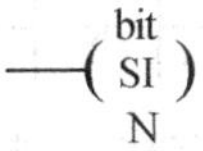

SI、RI 指令的使用方法是：当使用 SI 与 RI 指令时，从指定的位地址开始的 N 个位地址均被置位或复位，N = 1 ~ 128 物理输出点被立即置位（或复位），同时，相应的输出影响寄存器的内容被刷新。

图 3-23 所示为立即指令应用程序，图 3-24 所示为该程序对应的时序图。

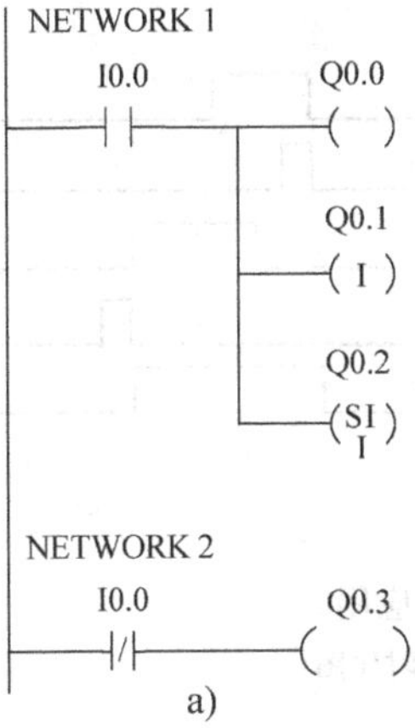

a)

```
NETWORK 1
//
// 网络注释
//
LD     I0.0         // 非立即输出触点
=      Q0.0         // 立即输出触点
=I     Q0.1         // 从Q2开始的 1 个触点
SI     Q0.2,1       // 被立即置 1

NETWORK 2           // 立即输入触点
LDN    I0.0         // 非立即输出触点
=      Q0.3
```

b)

图 3-23　立即指令程序的应用

a）梯形图　b）指令表

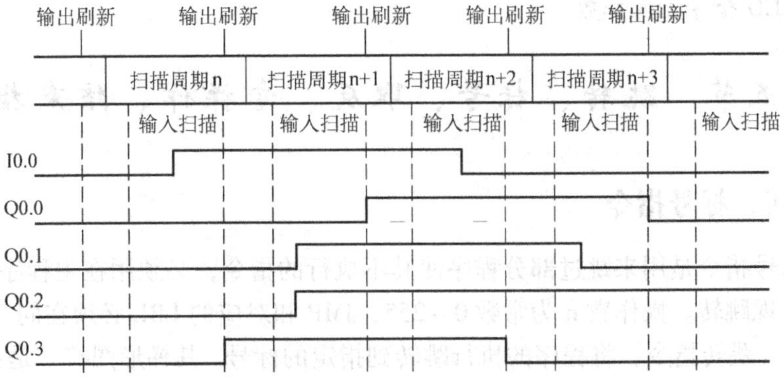

图 3-24　立即指令程序对应的时序图

二、跳变指令

跳变指令包括正跳变输出指令 EU 和负跳变输出指令 ED。

（1）EU　正跳变输出指令。其梯形图符号是：

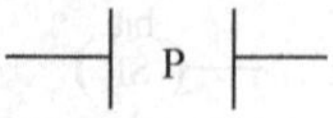

（2）ED　负跳变输出指令。其梯形图符号是：

图 3-25 所示为 EU 和 ED 指令的使用方法。触点符号中的 P 表示正跳变（检测到信号有 0 至 1 转换），N 表示负跳变（检测到信号有 1 至 0 转换）。从时序图可以清楚地看到，EU 指令检测到触点 I0.0 状态变化的正跳变时，M0.0 接通一个扫描周期，Q0.0 线圈保持接通状态；而 ED 指令检测到触点 I0.1 状态变化的负跳变时，M0.1 接通一个扫描周期，Q0.0 线圈保持断开状态。

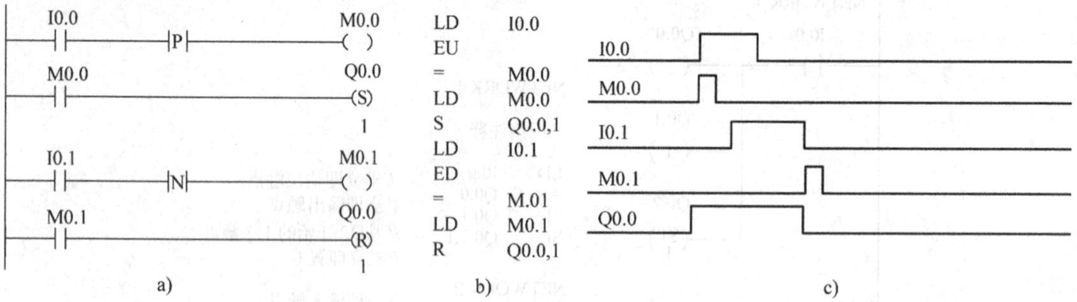

图 3-25　EU、ED 指令的应用

a）梯形图　b）指令表　c）时序图

说明：

1）EU、ED 指令为跳变触发指令。指令仅在输入信号发生变化时有效，其输出信号的脉冲宽度为一个扫描周期。

2）对开机时就为接通状态的输入条件，EU 指令不执行。

3）EU、ED 指令无操作数。

第五节　跳转、标号、取反、空操作、结束指令

一、跳转、标号指令

跳转和标号指令是用来跳过部分程序使其不执行的指令，必须用在主程序、子程序或中断程序内部实现跳转。操作数 n 为常数 0～255，JMP 和对应的 LBL 必须在同一程序块中。

（1）JMP　跳转指令，将程序的执行跳转到指定的标号。其梯形图符号是：

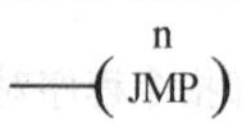

（2）LBL　指定跳转的目标标号。其梯形图符号是：

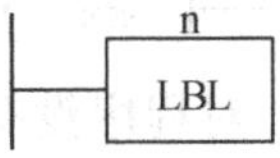

图 3-26 所示为这两条指令的功能示意图。当转移条件成立（I0.0 动合触点闭合），则执行程序 A 后，跳过程序 B，执行程序 C；若转移条件不成立（I0.0 动合触点为断开状态），则执行程序 A 后，执行程序 B，然后执行程序 C。这两条指令的功能是传统继电器控制系统所没有的。

JMP、LBL 指令在工业现场控制中常用于操作方式的选择，如图 3-27 所示。当操作方式选择开关 SA 的位置使输入继电器 I0.0 线圈得电、I0.1 线圈失电时，梯形图中的 I0.0 动断触点断开，I0.1 动断触点闭合，程序的执行过程为只执行手动程序，而跳过自动程序不执行；反之，当操作方式选择开关 SA 的位置使输入继电器 I0.0 线圈失电、I0.1 线圈得电时，梯形图中的 I0.0 动断触点闭合，I0.1 动断触点断开，程序的执行过程为跳过手动程序不执行，只执行自动程序。用这样的程序结构可以方便、可靠地选择不同的工作方式。

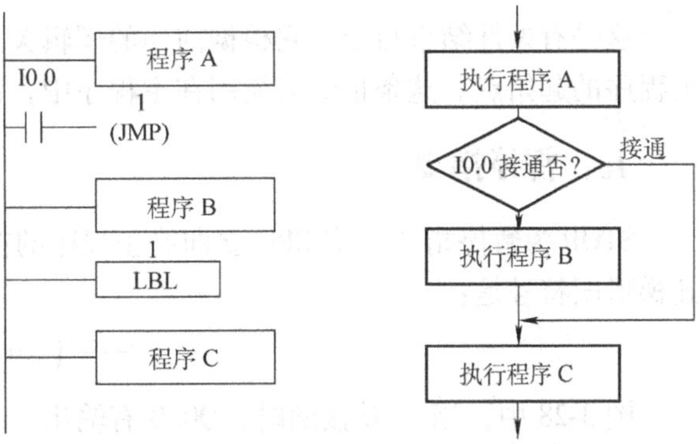

图 3-26　JMP、LBL 指令的功能

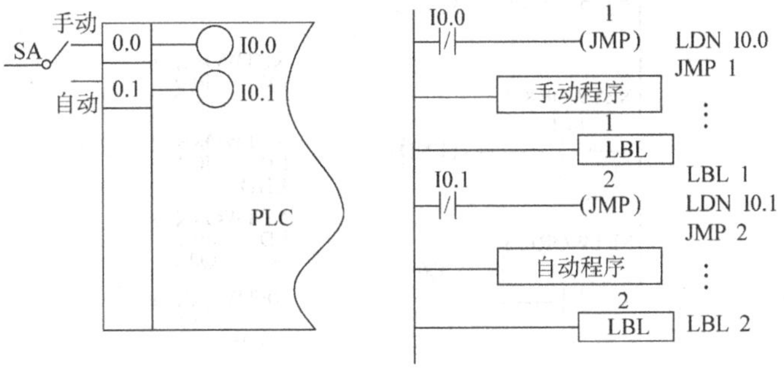

图 3-27　JMP、LBL 指令的应用

二、取反指令

NOT 为逻辑结果取反指令，梯形图符号是

NOT 指令将它左边电路的逻辑运算结果取反。此指令是一条独立的指令，它不带任何操作数。

三、空操作指令

NOP 为空操作指令，梯形图符号是：

N
—(NOP)

NOP 指令在程序中并不做任何操作，对程序没有实质影响。操作数 n 为 0～255。

四、结束指令

END 为有条件结束指令，梯形图符号是：

—(END)

这是有条件结束指令，它根据前面的逻辑关系，当执行条件成立时终止主程序，并返回主程序的起始点。这条指令只能用在主程序中，而不能在子程序或中断程序中使用。

五、暂停指令

STOP 为暂停指令，使 CPU 立即终止程序的执行，强迫 CPU 从运行方式转为暂停方式。其梯形图符号是：

—(STOP)

图 3-28 中，当 I0.0 接通时，Q0.0 有输出，若 I0.1 接通，中止用户程序，Q0.0 仍保持接通，下面的程序不会执行，并返回主程序的起始点。若 I0.0 断开，接通 I0.2 则 Q0.1 有输出，若将 I0.3 接通则 Q0.0 与 Q0.1 均复位，CPU 转为 STOP 方式。

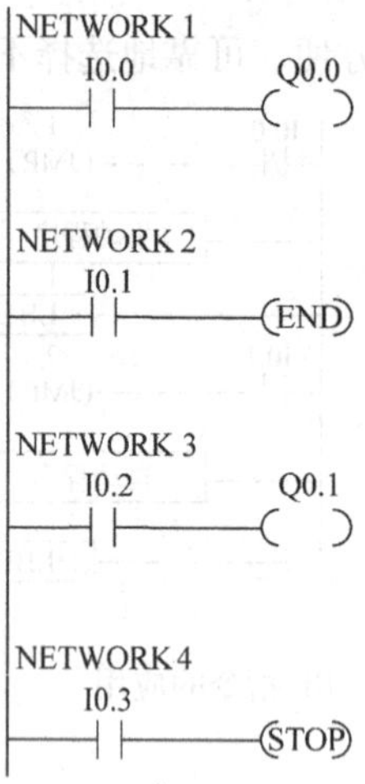

a)

```
NETWORK 1
LD      I0.0
=       Q0.0

NETWORK 2
LD      I0.1
END

NETWORK 3
LD      I0.2
=       Q0.1

NETWORK 4
LD      I0.3
STOP
```

b)

图 3-28 暂停指令
a）梯形图 b）指令表

第六节 数据传送、移位指令

一、数据传送类指令

传送类指令可以用来在各存储单元之间进行一个或多个数据传送。按指令一次所传送数据的个数可分为单一传送指令和块传送指令。

1. 单一传送指令

可以用来在各存储单元之间进行一个数据传送，数据类型可以是字节（B）、字（W）、双字（DW）和实数（R）。指令中 EN 为状态端，即当 EN 前面的逻辑条件满足时，才能进行数据传送。IN 是所要传送的数据输入端。OUT 是所要传送的数据输出端。ENO 是设定的错误条件，SM4.3（运行时间）。

（1）字节传送　MOV _ B 为字节传送指令。使能输入有效时，把一个单字节无符号数据由 IN 传送到 OUT 所指的字节存储单元。其梯形图符号是：

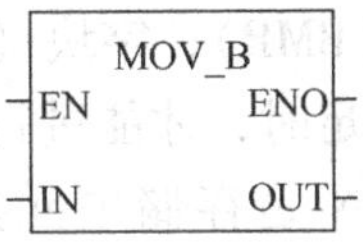

IN 的操作数范围是：VB，IB，QB，MB，SB，SMB，LB，AC，＊VD，＊AC，＊LD 和常数。

OUT 的操作数范围是：VB，IB，QB，MB，SB，SMB，LB，AC，＊VD，＊AC，＊LD。

（2）字传送　MOV _ W 为字传送指令。使能输入有效时，把一个 1 字长有符号整数由 IN 传送到 OUT 所指的字存储单元。其梯形图符号是：

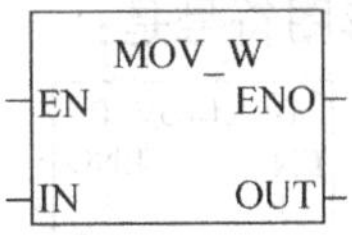

IN 的操作数范围是：VW，IW，QW，MW，SW，SMW，LW，T，C，AIW，AC，＊VD，＊AC，＊LD 和常数。

OUT 的操作数范围是：VW，T，C，IW，QW，SW，MW，SMW，LW，AC，AQW，＊VD，＊AC，＊LD。

（3）双字传送　MOV _ DW 为双字传送指令。使能输入有效时，把一个双字长有符号数据由 IN 传送到 OUT 所指的双字存储单元。其梯形图符号是：

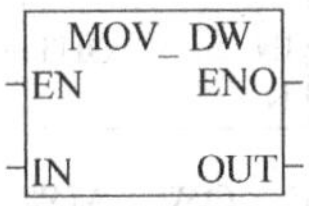

IN 的操作数范围是：VD，ID，QD，MD，SD，SMD，LD，HC，&VB，&IB，&QB，&MB，&SB，&T，&C，AC，＊VD，＊AC，＊LD 和常数。

OUT 的操作数范围是：VD，ID，QD，MD，SD，SMD，LD，AC，＊VD，＊AC，＊LD。

（4）实数传送　MOV _ R 为实数传送指令。使能输入有效时，把一个 32 位实数由 IN 传送到 OUT 所指的双字存储单元。其梯形图符号是：

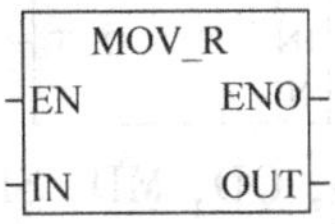

IN 的操作数范围是：VD，ID，QD，MD，SD，SMD，LD，AC，＊VD，＊AC，＊LD 和常数。

OUT 的操作数范围是：VD，ID，QD，MD，SD，SMD，LD，AC，＊VD，＊AC，＊LD。

字节传送电路与 MOV _ B 指令的用法如图 3-29 所示。

传送字节电路中 EN 端连接执行条件，IN 端指定源操作数，OUT 端指定目标操作数。当连接 EN 端的 I0.0 的动合触点闭合时，产生的脉冲信号将 IN 端的常数“10”传送到指定的输出字节 QB0。

MOV _ W（传送字）、MOV _ DW（传送双字）、MOV _ R（传送实数）的指令的用法同 MOV _ B 指令。

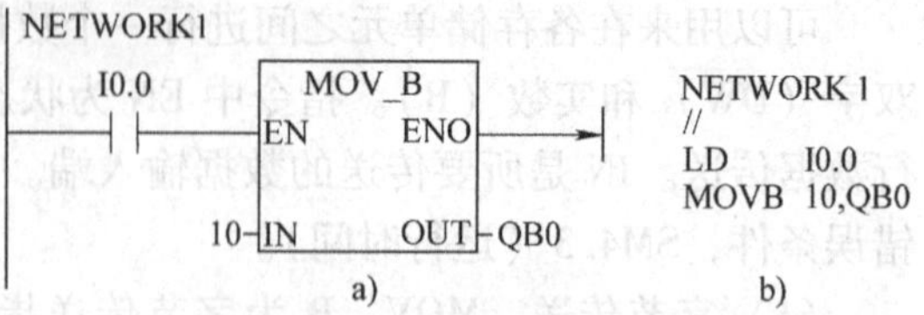

图 3-29 MOV _ B 指令的用法

2. 送块传送指令

可用来进行一次多个（最多 255 个）数据的传送，数据块类型可以是字节块（BMB）、字块（BMW）、双字块（BMD）。指令中 EN 为状态端，即当 EN 前面的逻辑条件满足时，才能进行数据传送。IN 是所要传送的数据输入端。OUT 是所要传送的数据输出端。N 是存储单元数。ENO 是设定的错误条件，SM4.3（运行时间），0091（数超界）。

三条指令中 N 的寻址范围都是：VB，IB，QB，MB，SB，SMB，LB，AC，＊VD，＊AC，＊LD和常数。

（1）字节块传送　使能输入有效时，把从输入字节 IN 开始的 N 个字节型数据传送到从 OUT 开始的 N 个字节存储单元。其梯形图符号是：

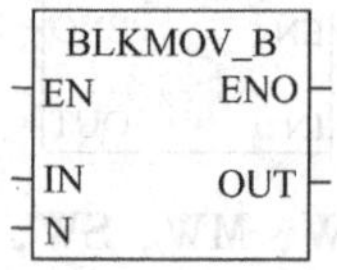

IN、OUT 的操作数范围是：VB，IB，QB，MB，SB，SMB，LB，＊VD，＊AC，＊LD。

（2）字块传送　使能输入有效时，把从输入字 IN 开始的 N 个字型数据传送到从 OUT 开始的 N 个字存储单元。其梯形图符号是：

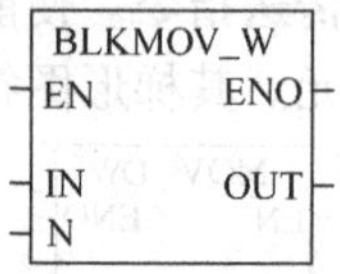

IN、OUT 的操作数范围是：VW，IW，QW，MW，SW，SMW，LW，T，C，AQW，＊VD，＊AC，＊LD。

（3）双字块传送　使能输入有效时，把从输入双字 IN 开始的 N 个双字型数据传送到从 OUT 开始的 N 个双字存储单元。其梯形图符号是：

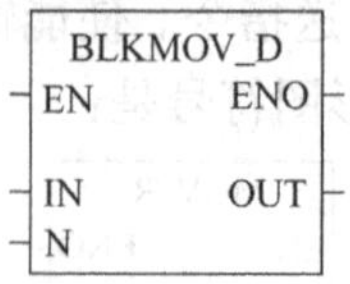

IN、OUT 的操作数范围是：VD，ID，QD，MD，SD，SMD，LD，＊VD，＊AC，＊LD。

例 3-5　已知 VB50＝29，VB30＝40，VB31＝51，VB32＝63，将 VB50，VB30，VB31，VB32 中的数据分别传送到 AC0，VB100，VB101 及 VB102 中，试编写相应的梯形图程序。

解　根据可得出图 3-30 所示的梯形图和语句表。

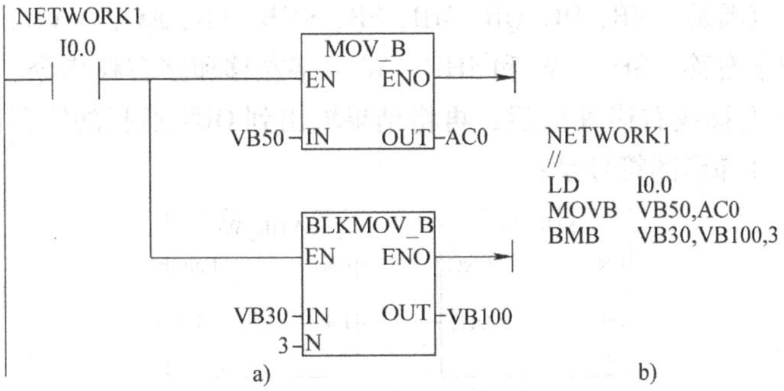

图 3-30　传送指令实例
a）梯形图　b）指令表

二、移位指令

移位指令都是对无符号数进行的处理，执行时只考虑要移位的存储单元的每一位数字状态，而不管数据的值的大小。这类指令在一个数字量输出点对应多个相对固定的情况下有广泛的应用。

1. 左移和右移

根据所移位的数的长度，左移和右移可分为字节型、字型、双字型。

移位的特点是：移位数据存储单元的移出端与 SM1.1（溢出）相连，所以最后被移出的位被放到 SM1.1 位存储单元。

移位时，移出位进入 SM1.1，另一端自动补 0。如在右移时，移位数据的最右端位移入 SM1.1，左端每次补 0。SM1.1 始终存放最后一次被移出的位。

移位次数与移位数据的长度有关，如果所需移位次数大于移位数据的位数，则超出的次数无效。如字左移时，若移位次数设定为 20，则指令实际执行结果是只能移位 16 次，而不是设定值 20 次。

如果移位操作使数据变为 0，则零存储器位（SM1.0）自动置位。

移位指令影响的特殊存储器为：SM1.0（零）；SM1.1（溢出）。

使能流输出 ENO 断开的出错条件：SM4.3（运行时间）。

移位次数 N 为字节型数据，操作数的范围是：VB，IB，QB，MB，SB，SMB，LB，AC，*VD，*AC，*LD 和常数。

（1）字节左移和字节右移 SHL_B 和 SHR_B 为字节左移和字节右移指令。使能输入有效时，把字节型输入数据 IN 左移或右移 N 位后，再将结果输出到 OUT 所指的字节存储单元。最大实际可移位次数为 8。其梯形图符号是：

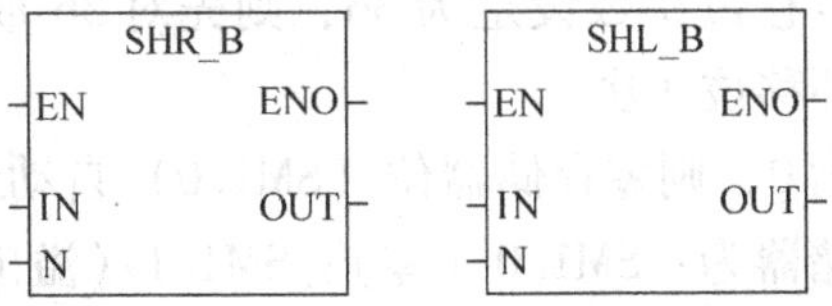

字节右移　　字节左移

IN 的操作数范围是：VB，IB，QB，MB，SB，SMB，LB，AC，*VD，*AC，*LD 和常数。

OUT 的操作数范围是：VB，IB，QB，MB，SB，SMB，LB，AC，＊VD，＊AC，＊LD。

（2）字左移和字右移　SHL _ W 和 SHR _ W 为字左移和字右移指令。使能输入有效时，把字型输入数据 IN 左移或右移 N 位后，再将结果输出到 OUT 所指的字存储单元。最大实际可移位次数为 16。其梯形图符号是：

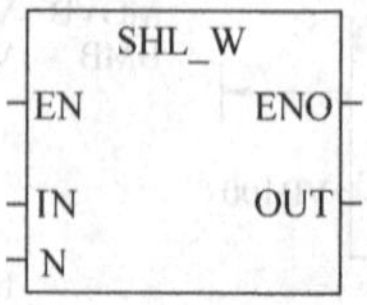

字左移

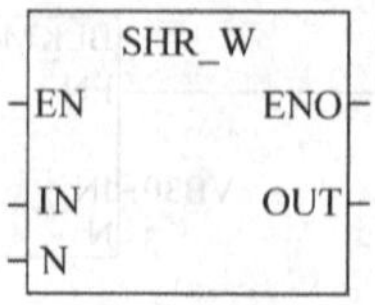

字右移

IN 的操作数范围是：VW，IW，QW，MW，SW，SMW，LW，T，C，AIW，AC，＊VD，＊AC，＊LD 和常数。

OUT 的操作数范围是：VW，IW，QW，MW，SW，SMW，LW，T，C，AC，＊VD，＊AC，＊LD

（3）双字左移和双字右移　SHL _ DW 和 SHR _ DW 为双字左移和双字右移指令。使能输入有效时，把双字型输入数据 IN 左移或右移 N 位后，再将结果输出到 OUT 所指的双字存储单元。最大实际可移位次数为 32。其梯形图符号是：

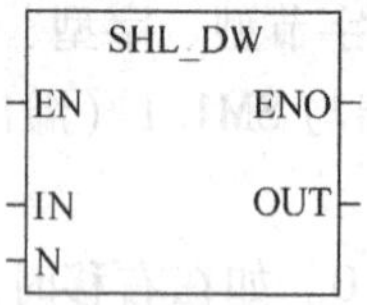

双字左移

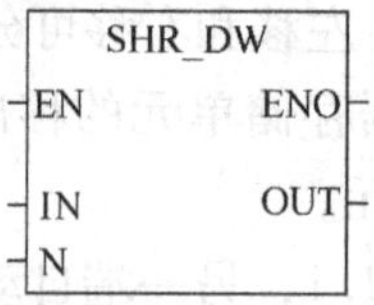

双字右移

IN 的操作数范围是：VD，ID，QD，MD，SD，SMD，LD，AC，HC，＊VD，＊AC，＊LD 和常数。

OUT 的操作数范围是：VD，ID，QD，MD，SD，SMD，LD，AC，＊VD，＊AC，＊LD。

2. 循环左移和循环右移

根据所循环移位的数的长度，循环左移和循环右移可分为字节型、字型、双字型。

循环移位的特点是：移位数据存储单元的移出端与另一端相连，同时又与 SM1.1（溢出）相连，所以最后被移出的位被移到另一端的同时，也被放到 SM1.1 位存储单元。如在循环右移时，移位数据的最右端位移入最左端，同时又进入 SM1.1。SM1.1 始终存放最后一次被移出的位。

移位次数与移位数据的长度有关，如果移位次数设定值大于移位数据的位数，则执行循环移位之前，系统先对设定值取以数据长度为底的模，用小于数据长度的结果作为实际循环移位的次数。如字左移时，若移位次数设定为 36，则先对 36 取以 16 为底的模，得到小于 16 的结果 4，故指令实际循环移位 4 次。

如果移位操作使数据变为 0，则零存储器位（SM1.0）自动置位。

移位指令影响的特殊存储器为：SM1.0（零）；SM1.1（溢出）。

使能流输出 ENO 断开的出错条件：SM4.3（运行时间）。

移位次数 N 为字节型数据，操作数的范围是：VB，IB，QB，MB，SMB，LB，AC，＊VD，

＊AC，SB，＊LD 和常数。

（1）字节循环左移和字节循环右移 ROL _ B 和 ROR _ B 为字节循环左移和字节循环右移指令。使能输入有效时，把字节型输入数据 IN 循环左移或循环右移 N 位后，再将结果输出到 OUT 所指的字节存储单元。实际位移次数为设定值取以 8 为底的模所得的结果。其梯形图符号是：

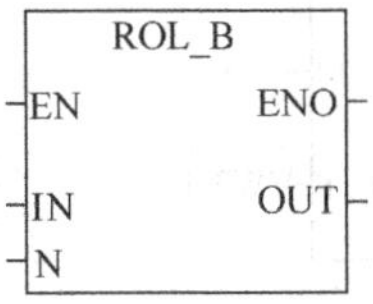

字节循环左移

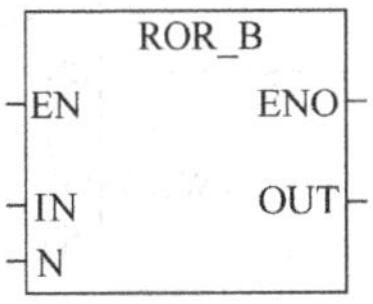

字节循环右移

IN 的操作数范围是：VB，IB，QB，MB，SMB，SB，LB，AC，＊VD，＊AC，＊LD 和常数。

OUT 的操作数范围是：VB，IB，QB，MB，SMB，SB，LB，AC，＊VD，＊AC，＊LD。

（2）字循环左移和字循环右移　ROL _ W 和 ROR _ W 为字循环左移和字循环右移指令。使能输入有效时，把字型输入数据 IN 循环左移或循环右移 N 位后，再将结果输出到 OUT 所指的字存储单元。实际移位次数为设定值取以 16 为底的模所得的结果。其梯形图符号是：

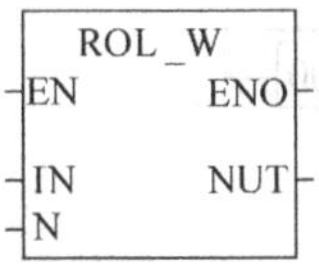

字循环左移

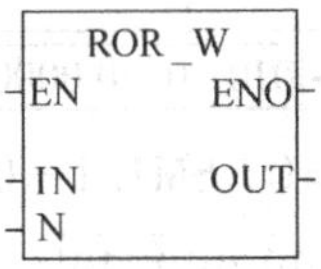

字循环右移

IN 的操作数范围是：VW，T，C，IW，QW，MW，SMW，AC，LW，AIW，＊VD，＊AC，SW，＊LD 和常数。

OUT 的操作数范围是：VW，T，C，IW，QW，MW，SMW，LW，AC，＊VD，＊AC，SW，＊LD。

（3）双字循环左移和双字循环右移　ROL _ D 和 ROR _ D 为双字循环左移和双字循环右移指令。使能输入有效时，把双字型输入数据 IN 循环左移或循环右移 N 位后，再将结果输出到 OUT 所指的双字存储单元。实际移位次数为设定值取以 32 为底的模所得的结果。其梯形图符号是：

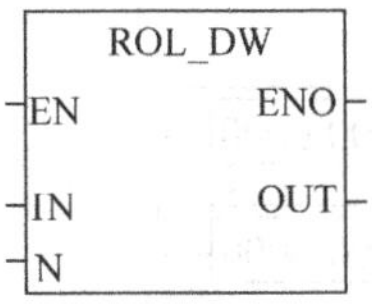

双字循环左移

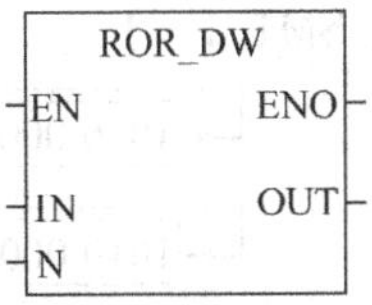

双字循环右移

IN 的操作数范围是：VD，ID，QD，MD，SMD，LD，AC，HC，＊VD，＊AC，SD，＊LD 和常数。

OUT 的操作数范围是：VD，ID，QD，MD，SMD，LD，AC，＊VD，＊AC，SD，＊LD。

例 3-6　如图 3-31 所示，设 AC0 = 0100 0000 0000 0001，VW200 = 1110 0010 1010 1101，试分析执行梯形图程序以后，AC0、VW200 和 SM1.0 和 SM1.1 中的数值变化过程。

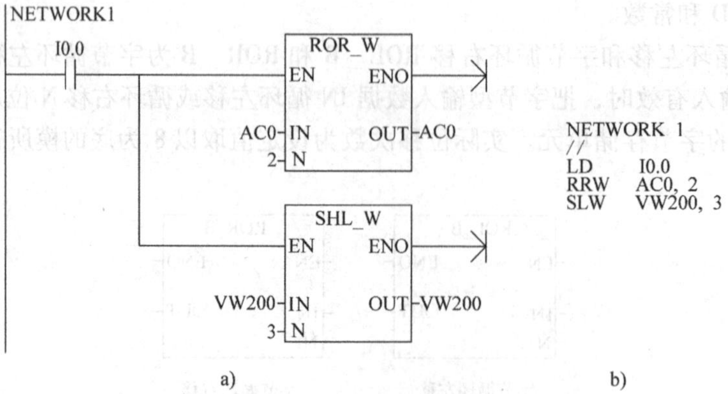

图 3-31　移位指令示例
a）梯形图　b）指令表

解　循环前的 AC0 值：0100 0000 0000 0001

第一次循环后 AC0 值：1010 0000 0000 0000

第二次循环后 AC0 值：0101 0000 0000 0000

完成循环移位后，SM1.0 =0，SM1.1 =0

移位前 VW200 值：1110 0010 1010 1101

第一次左移后 VW200 值：1100 0101 0101 1010　溢出 1

第二次左移后 VW200 值：1000 1010 1011 0100　溢出 1

第三次左移后 VW200 值：0001 0101 0110 1000　溢出 1

完成移位后，SM1.0 =0，SM1.1 =1

1010 0000 0000 0000

1010 0000 0000 0000

第七节　顺序控制指令

除了上述梯形图编程语言外，工业控制中常有顺序控制的要求。所谓顺序控制就是使生产过程按工艺要求事先安排的顺序自动地进行控制。PLC 顺序控制指令是一种由功能图设计梯形图的步进型指令，功能图（即状态转移图）直观地表示了工艺流程，因此，采用这种方法可以使编制程序变得简单容易。

顺序功能图（SFC）编程语言是基于工艺流程的高级语言。顺序控制指令是基于 SFC 的编程方式，它由被控对象的顺序功能图进行编程，将控制程序进行逻辑分段，从而实现顺序控制。用 SCR 指令编制的顺序控制程序，清晰、明了、统一性强，适合于初学者和不熟悉继电器控制系统的人员运用。

一、状态转移图及步进梯形图

状态转移图是用状态描述的工艺流程图。S7—200 系列 PLC 的状态元件为顺序控制继电器 S（S0.0～S31.7）。图 3-32 为其状态转移图及相应的步进梯形图。状态转移图中的每个方框代表一个动作工步，方框中的数字表示该步的状态号。与控制过程的初始状态相对应的步称为初始步，用双线框表示。每步所驱动的负载用线段与方框连接。方框之间用有向连线连接，表示工步转移的方向。有向连线上无箭头标注时方向为自上而下、自左至右。有向连线上的短线表示工步转移条件。

从状态转移图中可见，每一状态提供三个功能：驱动负载、指定转换条件、置位新状态（同时转移源自动复位）。

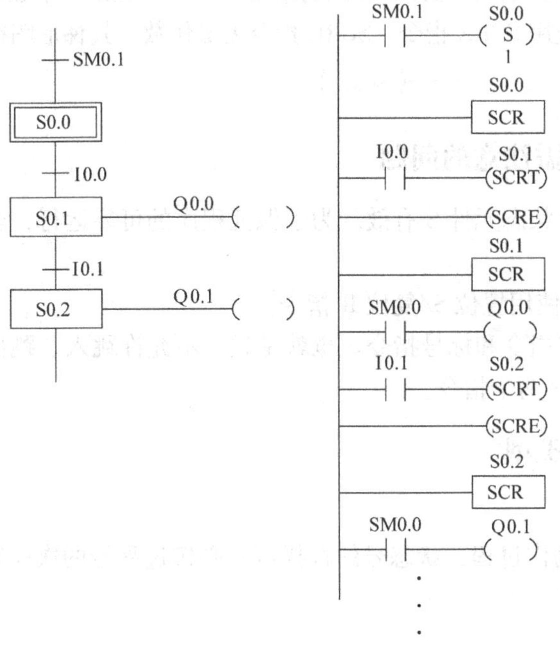


```
LD      SM0.1
S       S0.0,1
LSCR    S0.0
LD      I0.0
SCRT    S0.1
SCRE
LSCR    S0.1
LD      SM0.0
=       Q0.0
LD      I0.1
SCRT    S0.2
SCRE
LSCR    S0.2
LD      SM0.0
=       Q0.1
  ·
  ·
  ·
```

a)　　b)　　c)

图 3-32　顺序控制继电器指令的用法（单流程）

a）状态转移图　b）步进梯形图　c）指令表

图 3-32 中 PLC 一旦运行，SM0.1 的初始化脉冲信号使顺序控制继电器 S0.0 被置位。初始步变为活动步，程序开始执行 S0.0 对应的 SCR 段。当 I0.0 闭合后，满足转换条件，SCRT 指令使 S0.1 被激活（S0.0 对应的 SCR 段自动复位），程序转为执行 S0.1 对应的 SCR

段，在该段中，由于 SM0.0 一直为接通状态，Q0.0 线圈得电；当 I0.1 闭合后，满足转换条件，SCRT 指令使 S0.2 被激活（S0.1 对应的 SCR 段自动复位），Q0.0 线圈失电，程序转为执行 S0.2 对应的 SCR 段……

二、步进控制指令

S7—200 系列 PLC 有三条步进控制指令：

（1）顺序控制装载指令 LSCR　用于表示一个 SCR 段即状态步的开始。其梯形图符号是：

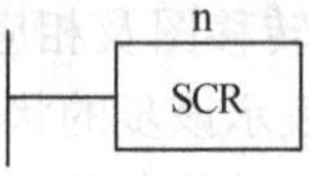

（2）顺序控制转换指令 SCRT　用于表示 SCR 段之间的转换。SCRT 指令有两个功能：一方面使当前激活的 SCR 程序段的 S 位复位，以使该 SCR 程序段停止工作；另一方面是下一个将要执行的 SCR 程序段的 S 位置位，以便下一个 SCR 程序段工作。其梯形图符号是：

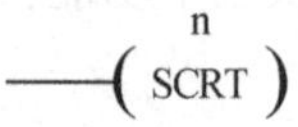

（3）顺序控制结束指令 SCRE　用于表示 SCR 段的结束，使程序退出一个激活的 SCR 程序段。每一个 SCR 段的结束必须使用 SCRE 指令。SCRE 指令无操作数。其梯形图符号是：

三、使用顺序控制指令需注意的问题

1）步进控制指令 SCR 只对状态元件 S 有效。为了保证程序的可靠运行，驱动状态元件 S 的信号应采用短脉冲。

2）当需要保持输出时，可使用置位 S/复位 R 指令。

3）在 SCR 段不能使用跳转指令和标号指令。也就是说，不允许跳入、跳出或在内部跳转，但可以在 SCR 段附近使用这两个指令。

四、状态转移图的主要类型

1. 单流程的编程方法

单流程是指只有一个顺序动作过程，状态号的选择可不必按过程号的次序安排，单流程的状态转移图如图 3-32 所示。

2. 选择分支的编程方法

选择分支与连接的状态转移图如图 3-33a 所示，其特点是各分支状态的转移由各自的条件执行转移，状态不能同时转移。图中 I0.1 和 I0.4 为选择条件，I0.1 和 I0.4 不能同时接通，即两个分支的状态不能同时转移。当 S0.2 或 S0.4 置位时，转移源 S0.1 自动复位。如果 S0.2 置位，则执行 S0.2 起始的步进过程；如果 S0.4 置位，则执行 S0.4 起始的步进过程。S0.6 由 S0.3 或 S0.5 及其后的转移条件置位。

3. 并联分支的编程方法

并联分支与连接的状态转移图如图 3-34a 所示，其特点是各分支的状态转移由同一条件选择执行，状态同时转移。为了强调转移的同步执行，水平连线用双线表示。图中当 I0.1 接通时，两个分支的状态同时转移，即 S0.2 和 S0.4 同时置位，转移源 S0.1 自动复位。当 S0.3 和 S0.5 置位后，I0.4 接通时 S0.6 才置位，此时转移源 S0.3 和 S0.5 自动复位。

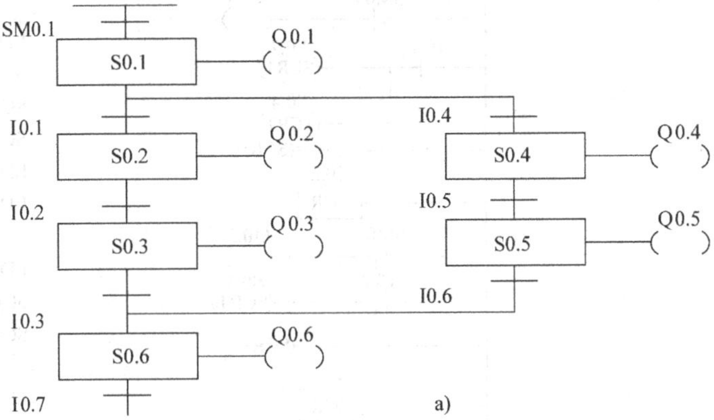

a)

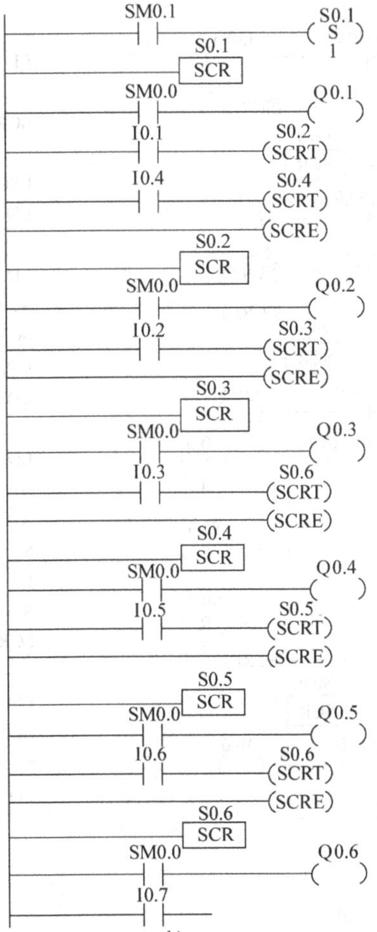

b)

```
LD      SM0.1
S       S0.1,1
LSCR    S0.1
LD      SM0.0
=       Q0.1
LD      I0.1
SCRT    S0.2
LD      I0.4
SCRT    S0.4
SCRE
LSCR    S0.2
LD      SM0.0
=       Q0.2
LD      I0.2
SCRT    S0.3
SCRE
LSCR    S0.3
LD      SM0.0
=       Q0.3
LD      I0.3
SCRT    S0.6
SCRE
LSCR    S0.4
LD      SM0.0
=       Q0.4
LD      I0.5
SCRT    S0.5
SCRE
LSCR    S0.5
LD      SM0.0
=       Q0.5
LD      I0.6
SCRT    S0.6
SCRE
LSCR    S0.6
LD      SM0.0
=       Q0.6
LD      I0.7
⋮
```

c)

图 3-33　选择分支与连接

a）状态转移图　b）步进梯形图　c）指令表

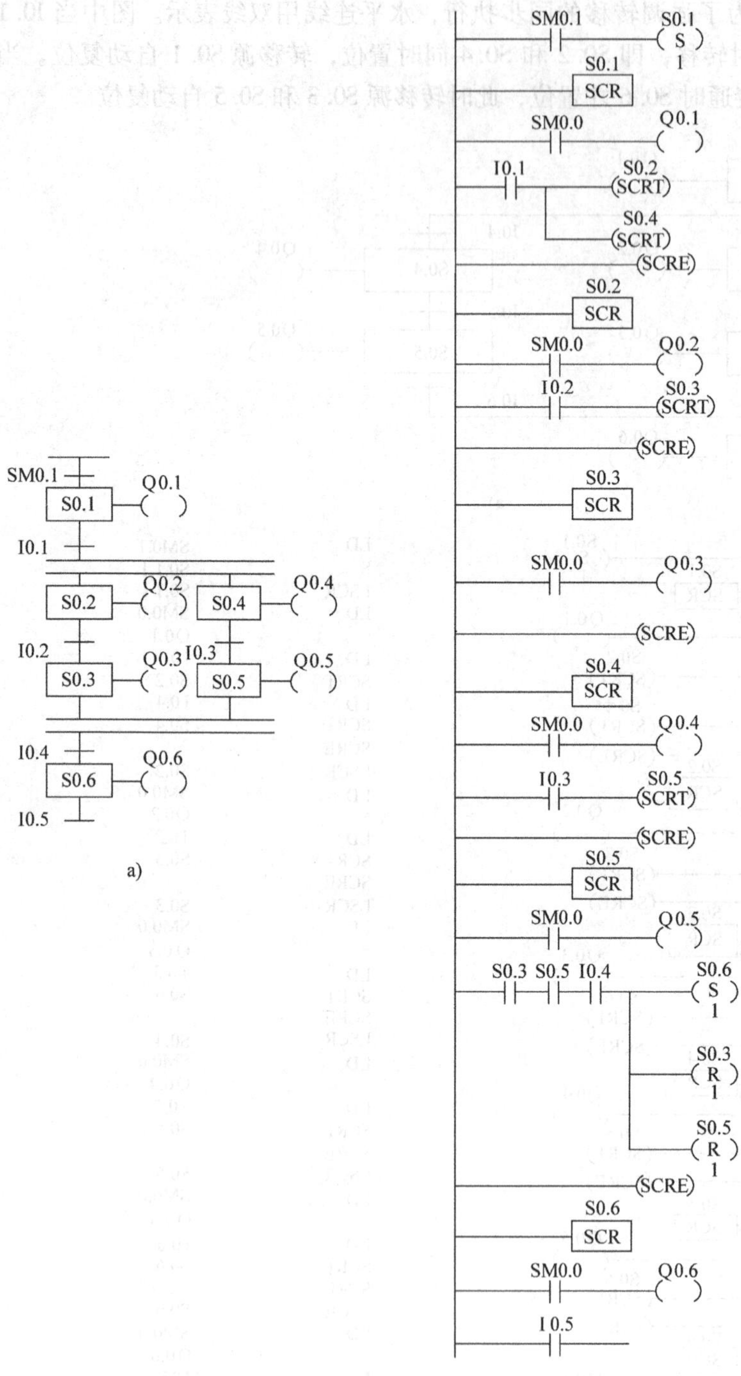


```
LD      SM0.1
S       S0.1,1
LSCR    S0.1
LD      SM0.0
=       Q0.1
LD      I0.1
SCRT    S0.2
SCRT    S0.4
SCRE
LSCR    S0.2
LD      SM0.0
=       Q0.2
LD      I0.2
SCRT    S0.3
SCRE
LSCR    S0.3
LD      SM0.0
=       Q0.3
SCRE
LSCR    S0.4
LD      SM0.0
=       Q0.4
LD      I0.3
SCRT    S0.5
SCRE
LSCR    S0.5
LD      SM0.0
=       Q0.5
LD      S0.3
A       S0.5
A       I0.4
S       S0.6,1
R       S0.3,1
R       S0.5,1
SCRE
LSCR    S0.6
LD      SM0.0
=       Q0.6
LD      I0.5
⋮
```

c)

图 3-34 并联分支与连接

a）状态转移图 b）步进梯形图 c）指令表

技能训练 4　PLC 编程软件的操作

一、训练目的

熟练掌握 PLC 编程软件的操作。

二、训练器材

1）装有 STEP7 Micro/WIN32 编程软件计算机 1 台。

2）联机的 S7-224 1 台。

三、训练内容及步骤

1）熟悉 STEP7 Micro/WIN32 编程软件的操作使用。

2）学会建立计算机与 PLC 的连接。

3）熟练掌握梯形图指令的输入。

4）熟练掌握语句表指令的输入。

技能训练 5　灯泡控制电路的模拟运行与调试

一、训练目的

1）进一步熟练掌握梯形图指令的输入。

2）进一步熟练掌握语句表指令的输入。

3）掌握编写的程序的下传至 PLC。

4）模拟运行并调试。

二、训练器材

1）装有 STEP7 Micro/WIN32 编程软件计算机 1 台。

2）PLC 操作台 1 套。

3）模拟调试输入开关 1 套。

三、训练内容及步骤

一盏灯泡由两个按钮 SB1 和 SB2 来控制，其中 SB1 控制开，SB2 控制关。

训练步骤如下：

1. 分配输入/输出地址，并画出 PLC 外部接线图

根据电路控制要求，输入/输出地址分配情况见表 3-3，PLC 外部接线情况如图 3-35 所示。

表 3-3　输入/输出地址

输入			输出		
符号	地址	功能	符号	地址	功能
SB1	I0.0	开	HL1	Q0.0	显示
SB2	I0.1	关			

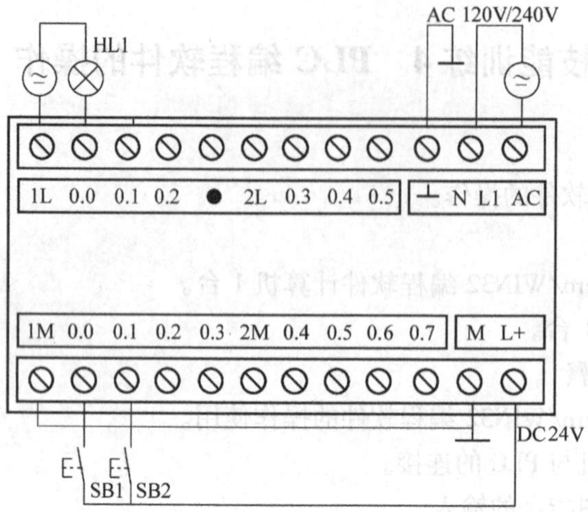

图 3-35 灯泡控制电路 PLC 外部接线

2. 设计程序

根据灯泡控制电路的要求，在计算机编写程序，如图 3-36 所示。

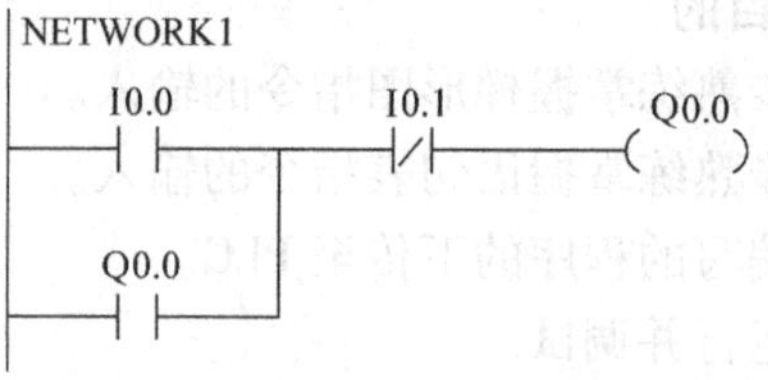

a)

LD	I0.0
O	Q0.1
AN	I0.1
=	Q0.0

b)

图 3-36 灯泡控制程序

a）梯形图 b）指令表

3. 安装配线

首先按图 3-35 进行配线，安装方法及要求与继电器控制电路相同。

4. 运行调试

1）在断电状态下，连接好 PC/PPI 电缆。

2）打开 PLC 的前盖，将运行模式选择开关拨到 STOP 位置，此时 PLC 处于停止状态，或者用鼠标单击工具条中的 STOP 按钮，可以进行程序编写。

3）在作为编程器的 PC 上，运行 STEP 7 Micro/WIN32 编程软件。

4）用菜单命令“文件→新建”，生成一个新项目，或者用菜单命令“文件→打开”，打开一个已有的项目。或者用菜单命令“文件→另存为”，可修改项目的名称。

5）用菜单命令“PLC→类型”，设置 PLC 的型号。

6）设置通信参数。

7）编写控制程序。

8）用鼠标单击工具条中的“编译”按钮或“全部编译”按钮来编译输入的程序。

9）下传程序文件到 PLC。

10）将运行模式选择开关拨到 RUN 位置，或者用鼠标单击工具条的 RUN（运行）按钮使 PLC 进入运行方式。

11）按下起动按钮 SB1，观察灯泡是否亮。如果灯泡亮，则启动程序正确。

12）按下停止按钮 SB2，观察灯泡是否能够熄灭。如果灯泡能够熄灭，则停止程序正确。

13）再次按下起动按钮 SB1，如果灯泡能够重新亮，并能在按下停止按钮后熄灭，则程序调试结束。

注意事项：

①接线要牢固，导线接头不要漏铜过长以及有毛刺。

②通电试车前，要复验一下接线是否正确，并测试绝缘电阻是否符合要求。

③通电运行时，必须有指导教师在现场监护。

技能训练 6 自动门控制电路的模拟运行与调试

一、训练目的

1）进一步熟练掌握梯形图指令的输入。

2）掌握置位/复位指令的应用。

3）模拟运行并调试。

二、训练器材

1）装有 STEP7 Micro/WIN32 编程软件的计算机 1 台。

2）PLC 操作台 1 套。

3）模拟调试输入开关 1 套。

三、训练内容及步骤

1. 原理分析

如图 3-37 所示，利用两套不同的传感系统来完成控制要求。对于超声开关发射声波，当物体进入超声开关的作用范围时，超声开关便检测出物体反射的回波。光电开关由两个元件组成，即内光源和接收器。光源连续地发射光束，由接收器加以接收。若人或其他物体遮断了光束，光电开关便检测到人或物体。

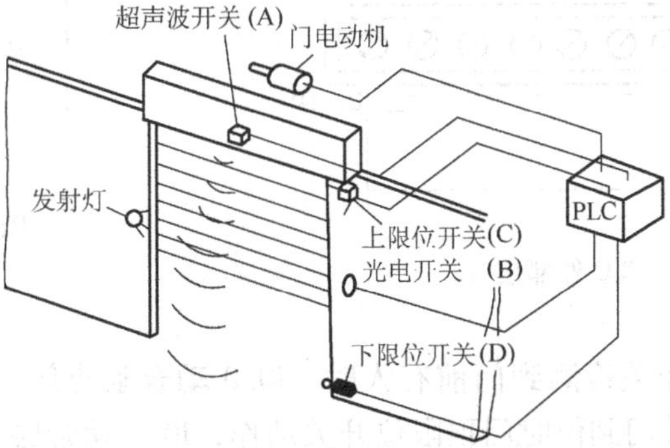

图 3-37 PLC 在自动开关门中的应用

作为对这两个开关的输入信号的响应，PLC 产生输出控制信号去驱动库门电动机，从而实现升门和降门操作。除此之外，PLC 还接受来自门顶和门底两个限位开关的信号输入，用以控制升门动作和降门动作的完成。

2. 操作步骤：

（1）分配输入/输出地址，画出 PLC 外部接线图　根据电路的控制要求，输入/输出地址分配见表 3-4。PLC 外部接线如图 3-38 所示。

表 3-4　分配输入/输出地址

输　入			输　出	
符号	地址	功能	符号	地址
SA1	I0. 0	超声波开关	KM1	Q0. 0
SA2	I0. 1	光电开关	KM2	Q0. 1
SQ1	I0. 2	上限位		
SQ2	I0. 3	下限位		

（2）设计程序　根据控制电路的要求，在计算机编写程序，设计出的梯形图如图 3-39 所示。

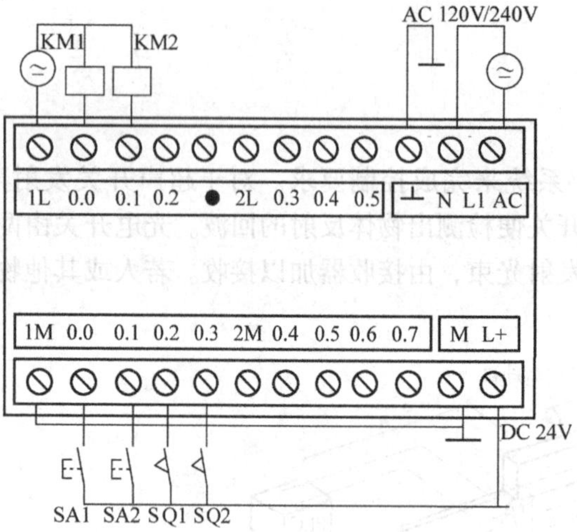

图 3-38　PLC 外部接线

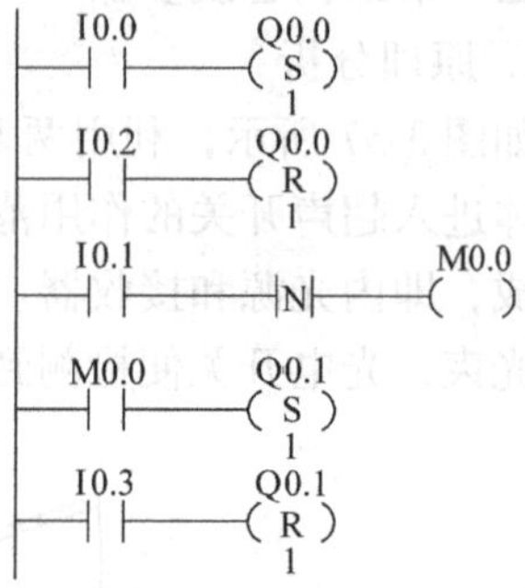

图 3-39　自动开关门控制梯形图

程序分析：当超声开关检测到门前有人时，I0. 0 动合触点闭合，升门信号 Q0. 0 被置位，升门动作开始，当升门到位时门顶限位开关动作，I0. 2 动合触点闭合，升门信号 Q0. 0 被复位，升门动作完成；当人进入到大门遮断光电开关的光束时，光电开关 I0. 1 动作，其动合触点闭合，人继续进入大门后，接收器重新接收到光束，I0. 1 触点由闭合状态变化为断开状态，此时 ED 指令在其后沿使 M0. 0 产生一脉冲信号，其动合触点置位 Q0. 1，降门动作开始，当降门到位时门底限位开关动作，I0. 3 动合触点闭合，降门信号 Q0. 1 被复位，降门动作完成。再次检测到人临门时，又重复开始的动作。

（3）安装配线　首先按图 3-38 进行配线，安装方法及要求与继电器控制电路相同。

（4）运行调试

1）在断电状态下，连接好 PC/PPI 电缆。

2）打开 PLC 的前盖，将运行模式选择开关拨到 STOP 位置，此时 PLC 处于停止状态，或者用鼠标单击工具条中的 STOP 按钮，可以进行程序编写。

3）在作为编程器的 PC 上，运行 STEP 7 Micro/WIN32 编程软件。

4）用菜单命令“文件→新建”，生成一个新项目，或者用菜单命令“文件→打开”，打开一个已有的项目。或者用菜单命令“文件→另存为”，可修改项目的名称。

5）用菜单命令“PLC→类型”，设置 PLC 的型号。

6）设置通信参数。

7）编写控制程序。

8）用鼠标单击工具条中的“编译”按钮或“全部编译”按钮来编译输入的程序。

9）下传程序文件到 PLC。

10）将运行模式选择开关拨到 RUN 位置，或者用鼠标单击工具条的 RUN（运行）按钮使 PLC 进入运行方式。

11）按下按钮 SA1，观察 KM1 启动。手动模拟按下 SQ1 观察电动机停止。

12）按下按钮 SA2，观察 KM2 启动。手动模拟按下 SQ2 观察电动机停止。

技能训练 7　多台电动机起动的模拟运行与调试

一、训练目的

1）进一步熟练掌握梯形图指令应用。

2）掌握跳转指令的输入应用。

3）熟练模拟运行并调试。

二、训练器材

1）装有 STEP7 Micro/WIN32 编程软件的计算机 1 台。

2）PLC 操作台 1 套。

3）模拟调试输入开关 1 套。

三、训练内容及步骤

1. 训练内容

电动机 M1 ~ M3，具有两种起停工作方式：

（1）手动操作方式　分别用每个电动机各自的起停按钮控制 M1 ~ M3 的起停状态。

（2）自动操作方式　按下起动按钮，M1 ~ M3 每隔 5s 依次起动；按下停止按钮，M1 ~ M3 同时停止。

2. 操作步骤

（1）分配输入/输出地址，画出 PLC 外部接线图　根据电路要求，输入/输出地址分配见表 3-5。PLC 外部接线图，如图 3-40 所示。

表 3-5 输入/输出地址分配

输入			输出	
符号	地址	功能	符号	地址
SA	I0.0	方式选择	KM1	Q0.0
SB1	I0.1	自动起动	KM2	Q0.1
SB2	I0.2	自动停止	KM3	Q0.2
SB3	I0.3	M1 手动起动		
SB4	I0.4	M1 手动停止		
SB5	I0.5	M2 手动起动		
SB6	I0.6	M2 手动停止		
SB7	I0.7	M3 手动起动		
SB8	I1.0	M3 手动停止		

（2）设计程序 根据控制电路的要求，在计算机编写程序，程序设计梯形图如图 3-41 所示。

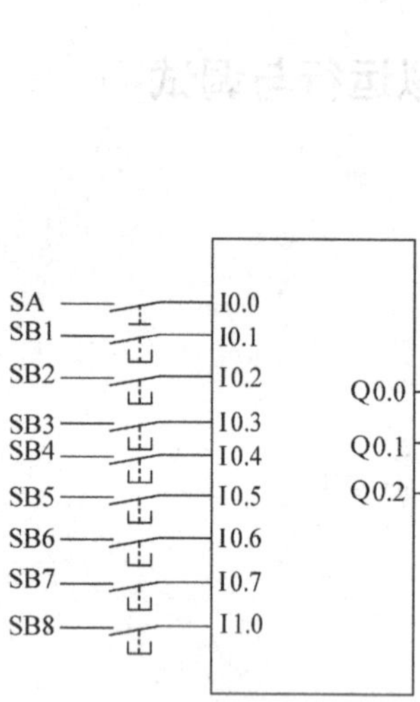

图 3-40 PLC 外部接线

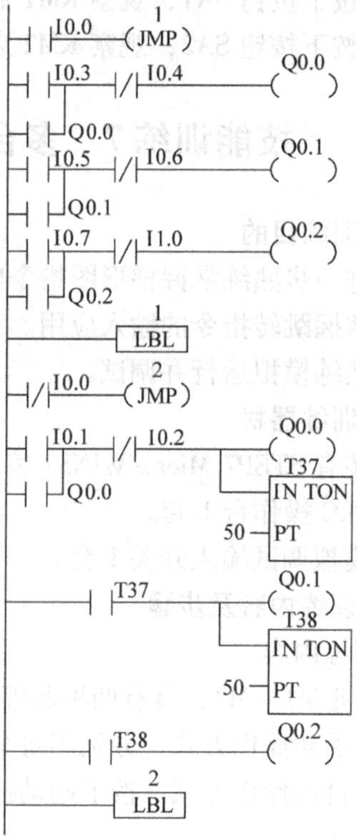

图 3-41 多台电动机起动控制梯形图

程序分析：选择开关闭合时，I0.0 动合触点闭合，跳过手动方式程序段不执行；I0.0 动断触点断开，选择自动方式程序段执行。而操作方式选择开关断开时的情况与此相反，跳过自动方式程序段不执行，选择手动方式程序段执行。具体的手动程序与自动程序这里不再作详细介绍。

（3）安装配线 首先按图 3-40 进行配线，安装方法及要求与继电器控制电路相同。

（4）运行调试

1）在断电状态下，连接好 PC/PPI 电缆。

2）打开 PLC 的前盖，将运行模式选择开关拨到 STOP 位置，此时 PLC 处于停止状态，或者用鼠标单击工具条中的 STOP 按钮，可以进行程序编写。

3）在作为编程器的 PC 上，运行 STEP 7 Micro/WIN32 编程软件。

4）用菜单命令“文件→新建”，生成一个新项目，或者用菜单命令“文件→打开”，打开一个已有的项目。或者用菜单命令“文件→另存为”，可修改项目的名称。

5）用菜单命令“PLC→类型”，设置 PLC 的型号。

6）设置通信参数。

7）编写控制程序。

8）用鼠标单击工具条中的“编译”按钮或“全部编译”按钮来编译输入的程序。

9）下传程序文件到 PLC。

10）将运行模式选择开关拨到 RUN 位置，或者用鼠标单击工具条的 RUN（运行）按钮使 PLC 进入运行方式。

11）自动模式：不按下方式选择开关 SA1。手动模拟按下 SB1，三台电动机顺序起动。手动模拟按下 SB2，三台电动机停止。

12）手动模式：按下方式选择开关 SA1。观察 KM2 启动。手动模拟按下 SB3、SB4 观察 M1 电动机启停控制；手动模拟按下 SB5、SB6 观察 M1 电动机启停控制；手动模拟按下 SB7、SB8 观察 M1 电动机启停控制。

技能训练 8 装配生产线控制的模拟运行与调试

一、训练目的

1）进一步熟练掌握梯形图指令应用。

2）掌握数据传送指令应用。

3）掌握移位指令应用。

4）熟练模拟运行并调试。

二、训练器材

1）装有 STEP7 Micro/WIN32 编程软件的计算机 1 台。

2）PLC 操作台 1 套。

3）模拟调试输入开关 1 套。

三、训练内容及步骤

1. 工作原理

图 3-42 所示为一条假想的装配生产线，该生产线有 8 个工位，完成对产品的装配。为避免无零件时机械空操作，在第一个位置上装有传感器检查有没有零件装入。当发出允许工

作信号后，该生产线每5s移一个工位，在2、4、6、8号位置上分别完成不同的操作。由于受生产线结构的限制，3、5、7号位置仅用于传送零件。

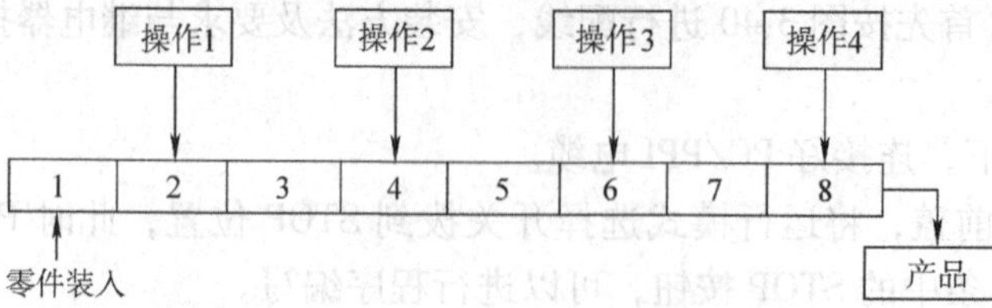

图3-42 装配生产线示意图

2. 操作步骤

（1）分配输入/输出地址，画出PLC外部接线图 根据电路要求，输入/输出地址分配见表3-6。PLC外部接线如图3-43所示。

表3-6 输入/输出地址分配

输入			输出		
符号	地址	功能	符号	地址	功能
SB1	I0.0	起动	KM1	Q0.0	操作1
SQ1	I0.1	零件装入	KM2	Q0.2	操作2
SB2	I0.2	停止	KM3	Q0.4	操作3
			KM3	Q0.6	操作4

（2）设计程序 根据控制电路的要求，在计算机编写程序，程序设计梯形图如图3-44所示。

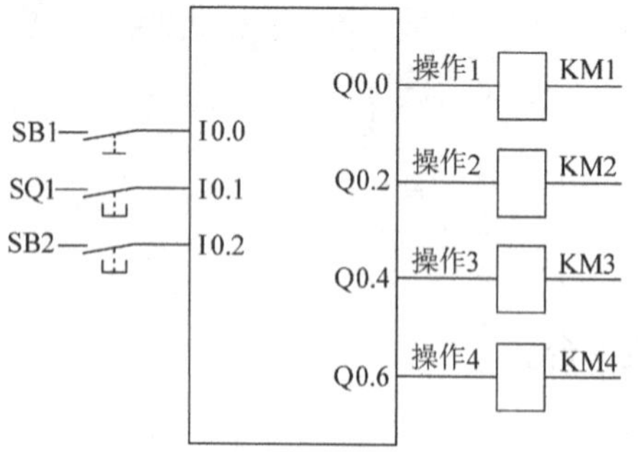

图3-43 装配生产线PLC外部接线

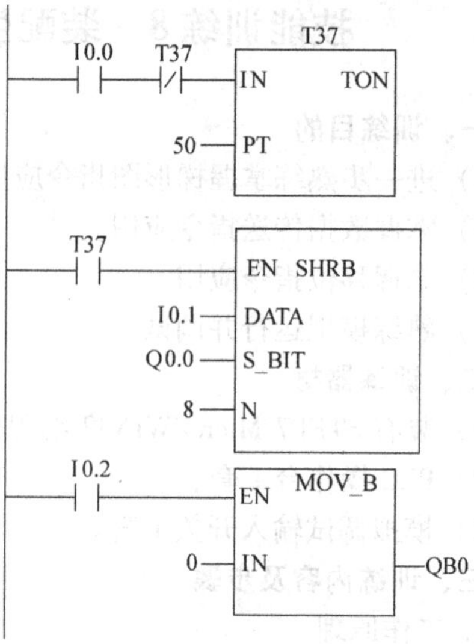

图3-44 装配生产线梯形图

程序分析：当生产线投入工作时，合上工作开关，允许工作信号 I0.0 动合触点闭合，因而定时器 T37 形成了循环计时电路，T37 的动合触点每 5s 闭合一次，即每 5s 产生一个输出脉冲，送入 EN 端作为移位寄存器的移位信号。在正常情况下，零件连续不断地在位置 1 装入，传感器检测到信号使 I0.1 触点闭合，移位脉冲将 DATA 端的“1”信号送入移位寄存器最低位，使 Q0.0 置“1”，对零件作第一种装配操作。5s 后，该信号移人 Q0.1，又过5s。后移入 Q0.2，此时零件正好进人位置 4，Q0.2 线圈得电，对零件作第 2 种操作。在第 5 个 5s时，在位置 6 作第 3 种操作。在第 7 个 5s 时，在位置 8 作第 4 种操作。如果没有零件装入，位置 1 的传感器使 I0.1 动合触点断开，DATA 端为“0”状态，移位脉冲到来时移动的是“0”信号，不执行操作。当断开工作开关时，I0.0 触点断开 T37，移位寄存器 EN 端得不到移位脉冲，以后的操作均处于停止状态。若按下停止按钮，I0.2 触点接通，可随时停止操作。

（3）安装配线 首先按照图 3-43 进行配线，安装方法及要求与继电-接触式电路相同。

（4）运行调试

1）在断电状态下，连接好 PC/PPI 电缆。

2）打开 PLC 的前盖，将运行模式选择开关拨到 STOP 位置，此时 PLC 处于停止状态，或者用鼠标单击工具条中的 STOP 按钮，可以进行程序编写。

3）在作为编程器的 PC 上，运行 STEP 7 Micro/WIN32 编程软件。

4）用菜单命令“文件→新建”，生成一个新项目，或者用菜单命令“文件→打开”，打开一个已有的项目。或者用菜单命令“文件→另存为”，可修改项目的名称。

5）用菜单命令“PLC→类型”，设置 PLC 的型号。

6）设置通信参数。

7）编写控制程序。

8）用鼠标单击工具条中的“编译”按钮或“全部编译”按钮来编译输入的程序。

9）下传程序文件到 PLC。

10）将运行模式选择开关拨到 RUN 位置，或者用鼠标单击工具条的 RUN（运行）按钮使 PLC 进入运行方式。

11）手动模拟按下 SB1，观察装配生产线工作是否正常。

技能训练 9 彩灯顺序控制电路的模拟运行与调试

一、训练目的

1）熟练掌握顺序控制指令应用。

2）模拟运行并调试。

二、训练器材

1）装有 STEP7 Micro/WIN32 编程软件的计算机 1 台。

2）PLC 操作台 1 套。

3）模拟调试输入开关 1 套。

三、训练内容及步骤

1. 训练内容

用PLC控制红、绿、黄三色彩灯。控制要求：红灯先亮，2s后绿灯亮，再过3s后黄灯亮。待红、绿、黄灯全亮3min，然后全部熄灭。试用顺序控制指令设计其控制程序。

2. 操作步骤

（1）分配输入/输出地址，画出PLC外部接线图　根据电路要求，输入/输出地址分配见表3-7。PLC外部接线情况如图3-45所示。

表3-7　输入/输出地址分配

输入			输出		
符号	地址	功能	符号	地址	功能
SB1	I0.0	起动	HL1	Q0.0	红
			HL2	Q0.2	黄
			HL3	Q0.4	绿

（2）设计程序　根据控制电路的要求，在计算机编写程序，程序设计梯形图如图3-46所示。

程序分析：在初始状态下启动，置S0.1=1激活第一SCR程序段，进入第一步序红灯亮，并保持启动2s定时器T37，2s后程序转换到第二SCR段（S0.2=1，S0.1=0）第一SCR段结束，进入第二步序绿灯亮，并保持，同时启动3s定时器T38，3s后程序转换到第三SCR段（S0.3=1，S0.2=0）第二SCR段结束。SM0.3=1，激活第三SCR段，进入第三步序黄灯亮，并保持启动3min定时器3min后程序转换到第四SCR段（S0.4=1，S0.3=0）SM0.4=1，激活第四SCR段，进入第四步序红、绿、黄灯全灭第四SCR段结束。

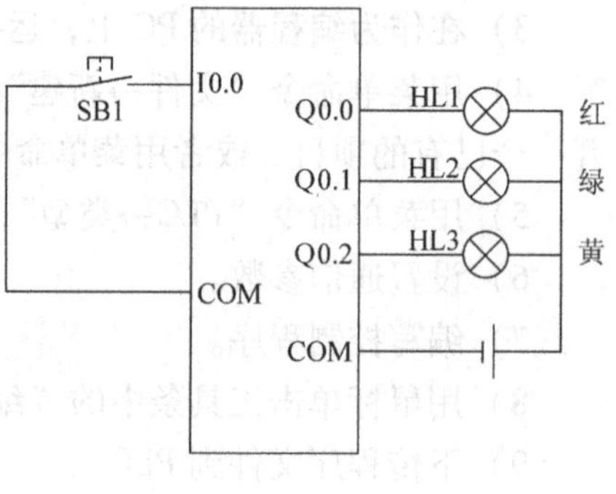

图3-45　彩灯控制PLC外部接线

（3）安装配线　首先按照下图进行配线，安装方法及要求与继电-接触式电路相同。

（4）运行调试

1）在断电状态下，连接好PC/PPI电缆。

2）打开PLC的前盖，将运行模式选择开关拨到STOP位置，此时PLC处于停止状态，或者用鼠标单击工具条中的STOP按钮，可以进行程序编写。

3）在作为编程器的PC上，运行STEP 7 Micro/WIN32编程软件。

4）用菜单命令“文件→新建”，生成一个新项目，或者用菜单命令“文件→打开”，打开一个已有的项目。或者用菜单命令“文件→另存为”，可修改项目的名称。

5）用菜单命令“PLC→类型”，设置PLC的型号。

6）设置通信参数。

7）编写控制程序。

8）用鼠标单击工具条中的“编译”按钮或“全部编译”按钮来编译输入的程序。

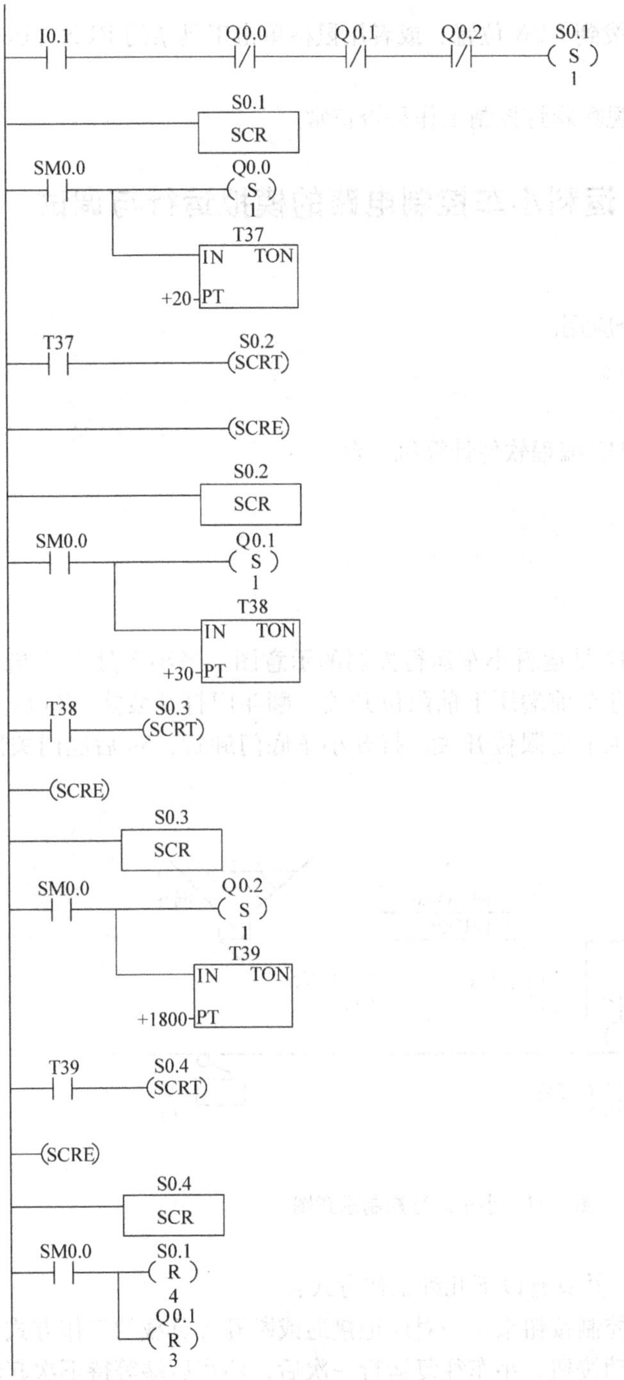

a)

```
LD      I0.1
AN      Q0.0
AN      Q0.1
AN      Q0.2
S       S0.1,1
LSCR    S0.1

LD      SM0.0
S       Q0.0,1
TON     T37,+20
LD      T37
SCRT    S0.2

SCRE

LSCR    S0.2

LD      SM0.0
S       Q0.1,1
TON     T38,+30
LD      T38
SCRT    S0.3

SCRE

LSCR    S0.3

LD      SM0.0
S       Q0.2,1
TON     T39,+1800
LD      T39
SCRT    S0.4

SCRE

LSCR    S0.4

LD      SM0.0
R       S0.1,4
R       S0.1,3
```

b)

图 3-46　彩灯控制梯形图和指令表

a) 梯形图　b) 指令表

9）下传程序文件到PLC。

10）将运行模式选择开关拨到RUN位置，或者用鼠标单击工具条的RUN（运行）按钮使PLC进入运行方式。

11）手动模拟按下SB1，观察彩灯控制工作是否正常。

技能训练10 运料小车控制电路的模拟运行与调试

一、训练目的

1）熟练掌握顺序控制指令应用。

2）模拟运行并调试。

二、训练器材

1）装有STEP7 Micro/WIN32编程软件计算机1台。

2）PLC操作台1套。

3）模拟调试输入开关1套。

三、训练内容及步骤

1. 训练内容

运料小车运行控制。图3-47是运料小车运行控制的示意图。当小车处于后端时，按下起动按钮，小车向前运行，行进至前端压下前限位开关，翻斗门打开装货，7s后关闭翻斗门小车向后运行，行进至后端压下后限位开关，打开小车底门卸货，5s后底门关闭，完成一次动作。

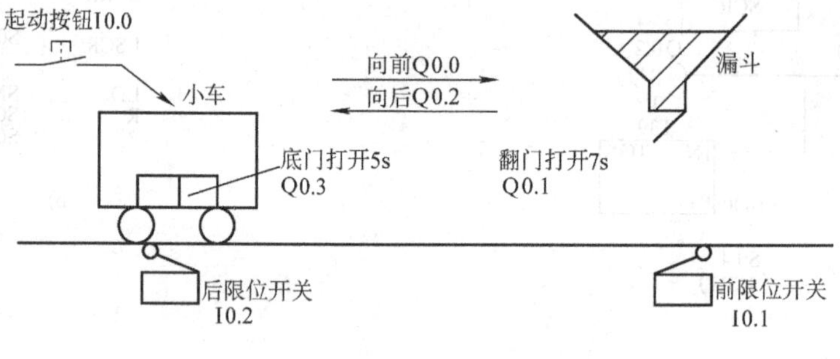

图3-47 小车运行控制示意图

要求控制运料小车的运行，并具有以下几种工作方式：

（1）手动操作 用各自的控制按钮来一一对应地接通或断开各负载的工作方式。

（2）单周期操作 按下起动按钮，小车往复运行一次后，停在后端等待下次起动。

（3）连续操作 按下起动按钮，小车自动连续往复运行。

2. 操作步骤

（1）分配输入/输出地址，画出PLC外部接线图 根据电路要求，输入/输出地址分配见表3-8。PLC外部接线情况如图3-48所示。

表 3-8　输入/输出地址分配

输　入			输　出		
符号	地址	功能	符号	地址	功能
SB1	I0. 0	起动	KM1	Q0. 0	小车向前
SQ1	I0. 1	前限位	KM2	Q0. 1	翻门打开
SQ2	I0. 2	后限位	KM3	Q0. 2	小车向后
SA	I0. 3	手动	KM4	Q0. 3	底门打开
	I0. 4	单周期			
	I0. 5	连续			
SB2	I0. 6	手动向前			
SB3	I0. 7	手动向后			
SB4	I1. 1	翻门打开			
SB5	I1. 2	底门打开			

（2）总程序设计　总程序结构如图 3-49 所示，其中包括手动程序和自动程序两个程序块，由跳转指令选择执行。当方式选择开关接通手动操作方式时，I0. 3 线圈得电，I0. 4、I0. 5 线圈失电，图 3-49 中 I0. 3 动断触点断开，执行手动程序；I0. 4、I0. 5 触点均为闭合状态，跳过自动程序不执行。若方式选择开关接通单周期或连续操作方式时，图中 I0. 3 动断触点闭合，I0. 4 或 I0. 5 动断触点断开，使程序执行时跳过手动程序选择执行自动程序。

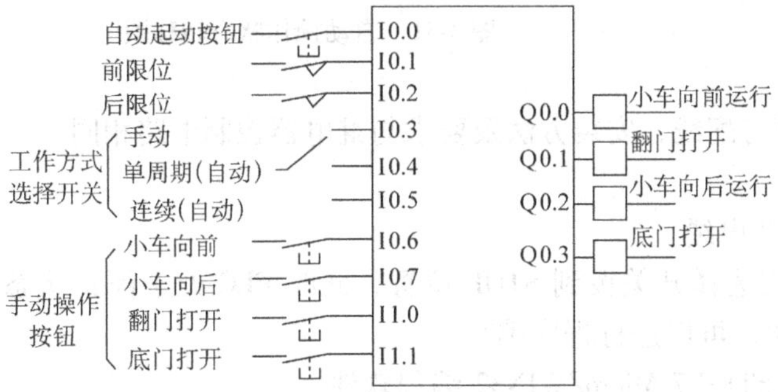

图 3-48　小车运行控制输入输出分配

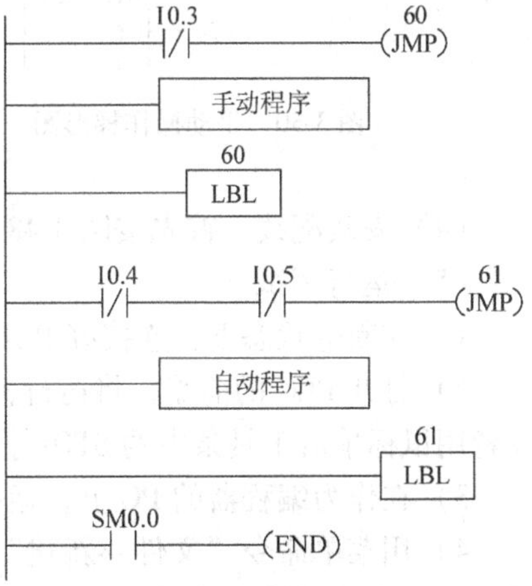

图 3-49　总程序结构

（3）手动程序设计　手动操作方式的梯形图如图 3-50 所示。自动运行方式的状态转移图如图 3-51 所示。当在 PLC 进入 RUN 状态前就选择了单周期或连续操作方式时，程序一开始运行初始化脉冲 SM0. 1 即置位 S0. 0，此时若小车在后限位处且底门关闭（I0. 2、Q0. 3 动断触点闭合），按下起动按钮（I0. 0 触点闭合）则激活 S0. 1（复位 S0. 0），Q0. 0 线圈得电，小车向前行进；小车行进至前限位处（I0. 1 触点闭合），激活 S0. 2，Q0. 1 线圈得电，翻门打开装料，7s后T37触点闭合，激活S0.3（复位S0.2关闭翻门），使Q0.2线圈得电，小车向后行进，小车行进至后限位处（I0.2触点闭合），激活S0.4，Q0.3线圈得电，底门打开卸料；5s后138触点闭合，若为单周期运行方式，I0.4触点接通再次激活S0.0，此时如果再次按下起动按钮（I0.0触点闭合）则开始下一周期的运行；若为连续运行方式，I0.5触点接通激活S0.1，Q0.0线圈得电，小车再次向前行进，实现连续运行。与此对应的步进梯形图如图3-52所示。

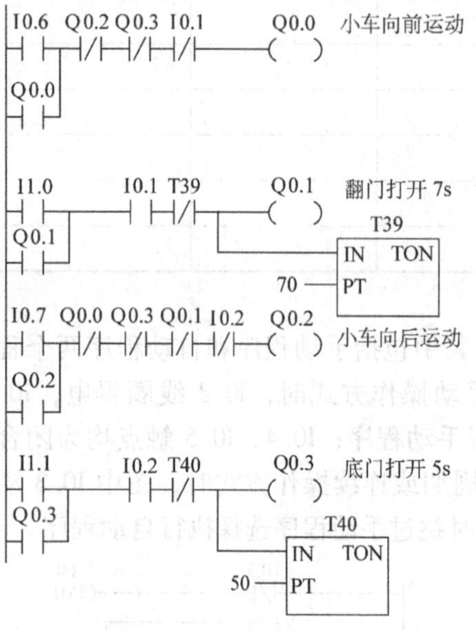

图3-50 手动操作梯形图

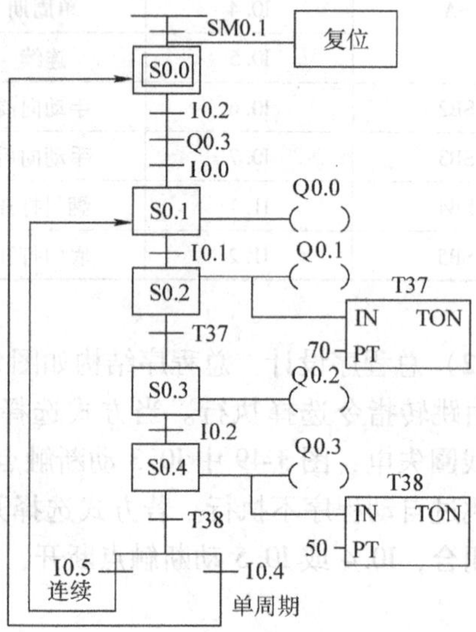

图3-51 自动操作状态转移图

（4）安装配线 首先按图3-48进行配线，安装方法及要求与继电器控制电路相同。

（5）运行调试

1）在断电状态下，连接好PC/PPI电缆。

2）打开PLC的前盖，将运行模式选择开关拨到STOP位置，此时PLC处于停止状态，或者用鼠标单击工具条中的STOP按钮，可以进行程序编写。

3）在作为编程器的PC上，运行STEP 7 Micro/WIN32编程软件。

4）用菜单命令“文件→新建”，生成一个新项目，或者用菜单命令“文件→打开”，打开一个已有的项目。或者用菜单命令“文件→另存为”，可修改项目的名称。

5）用菜单命令“PLC→类型”，设置PLC的型号。

6）设置通信参数。

7）编写控制程序。

8）用鼠标单击工具条中的“编译”按钮或“全部编译”按钮来编译输入的程序。

9）下传程序文件到PLC。

10）将运行模式选择开关拨到RUN位置，或者用鼠标单击工具条的RUN（运行）按钮使PLC进入运行方式。

11）连续操作：将转换开关 SA 转到连续位置 I0.5，按下 SB1，小车从开始位置启动。模拟按下限位开关 SQ1、SQ2 观察小车到位是否正常；到位后翻门和底门打开是否正常。如果正常小车会周而复始的连续运行。

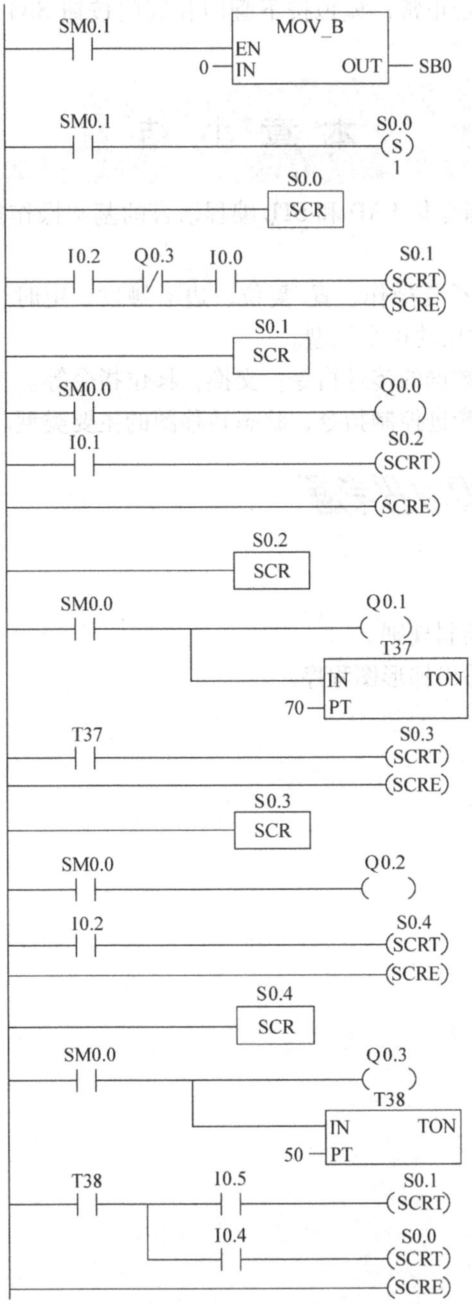

图 3-52　自动操作步进梯形图

12）单周期操作：将转换开关 SA 转到 I0.4，按下 SB1，小车从开始位置起动。模拟按下限位开关 SQ1、SQ2 观察小车到位是否正常；到位后翻门和底门打开是否正常。如果正常小车会运行一周后停止。

13）手动操作：将转换开关 SA 转到 I0.3，按照运料小车工作流程，模拟按下限位开关 SQ1、SQ2 观察小车到位是否正常；模拟按下翻门和底门按钮 SB4、SB5 观察小车翻门和底门是否正常。

本 章 小 结

本章介绍了 SIMATIC 指令集 LAD 和 STL 编程语言的基本操作指令的指令格式、原理分析和使用方法。

1）基本位操作指令包括位操作、置/复位、边沿触发、定时、计数等指令，是梯形图基本指令的基础，也是最常用的指令类型。

2）数据处理指令包括数据的传送指令，交换，移位指令等。

3）顺序控制指令包括步进控制指令，状态转移图的主要类型。

复习思考题

1. 简述梯形图的基本绘制规则。

2. 根据语句表程序，写出梯形图程序。

```
LD   I0.0
AN   I0.1
LD   I0.2
A    I0.3
O    I0.4
A    I0.5
OLD
LSP
A    I0.6
=    Q0.1
LPP
A    I0.7
=    Q0.2
A    I1.1
=    Q0.3
```

3. 改正图 3-53 梯形图中的错误。

4. 写出图 3-54 梯形图的指令程序。

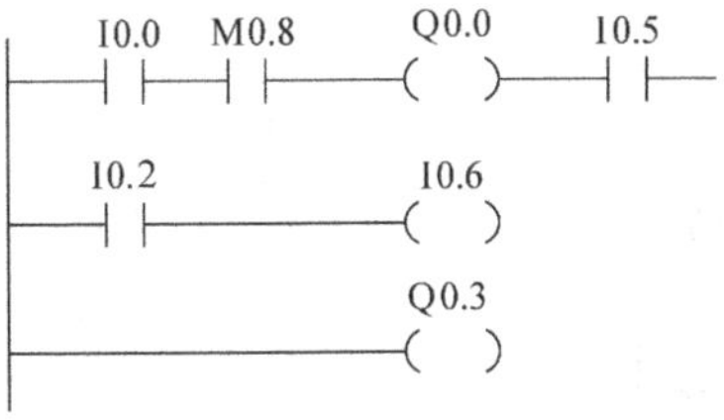

图　3-53

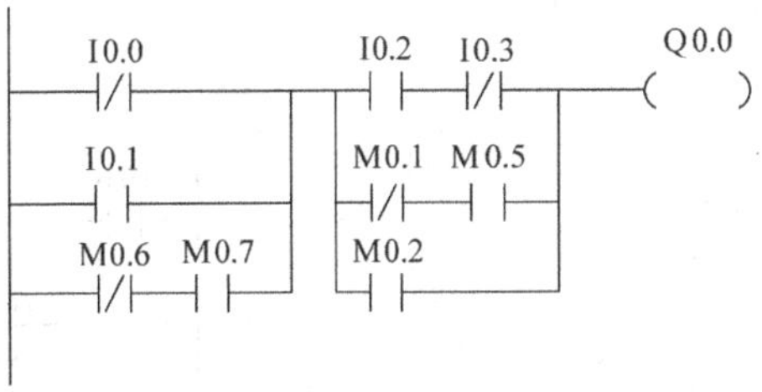

图　3-54

5. 二分频器是一种具有一个输入端和一个输出端的功能单元，输出频率为输入频率的一半。输入为 I0.0，输出为 Q0.1。时序图如图 3-55 所示。

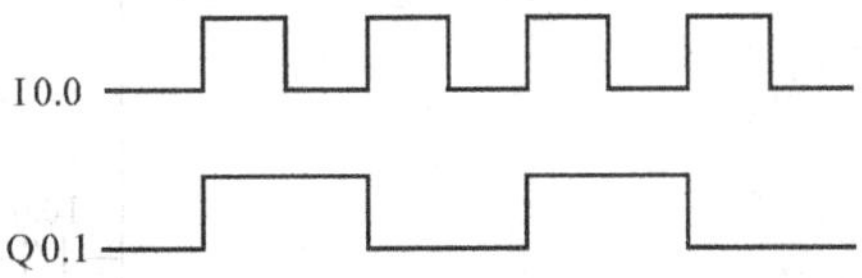

图 3-55　二分频器时序图

6. 设计周期为 5s，占空比为 20% 的方波输出信号。

7. 编写断电延时 5s 后，Q0.0 输出。

8. 使用置位、复位指令，编写两台电动机的控制程序，程序控制要求如下：

1）起动时，电动机 M1 先起动，才能起动电动机 M2，停止时，电动机 M1，M2 同时停止。

2）起动时，电动机 M1，M2 同时起动，停止时，只有电动机 M2 停止后，电动机 M1 才能停止。

9. 两台电动机顺序起动联锁控制的继电器控制电路如图 3-56 所示，请将其改造为 PLC 控制，做出 I/O 配置图、梯形图。

10. 用一个按钮控制组合吊灯三挡亮度的控制功能如图 3-57 所示，试编制程序并调试。

11. 编写断电延时 5s 后，M0.0 置位程序。

12. 根据图 3-58 所给程序结构图分析程序执行情况，并将分析结果填入表 3-9。

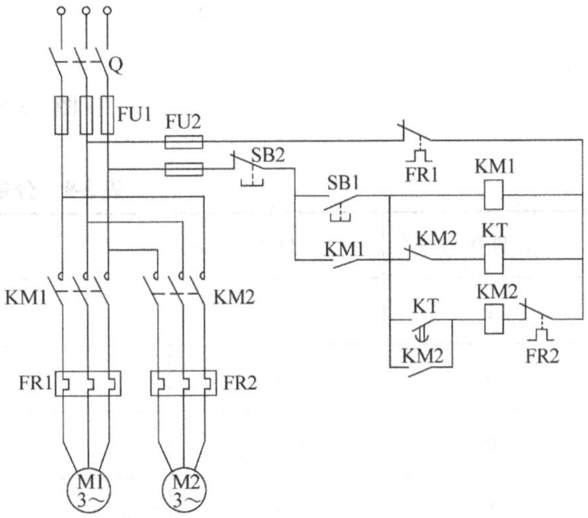

图　3-56

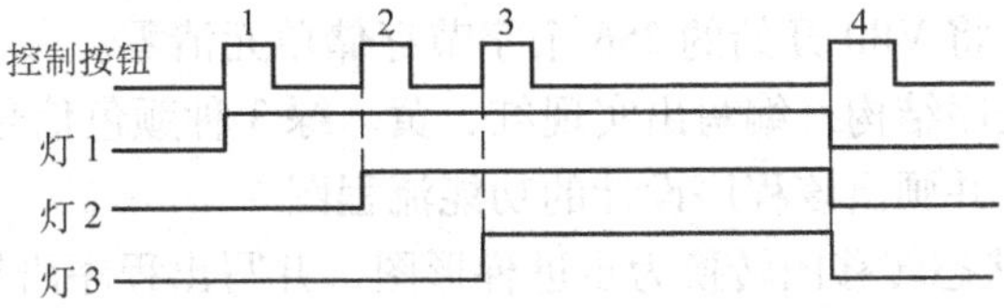

图　3-57

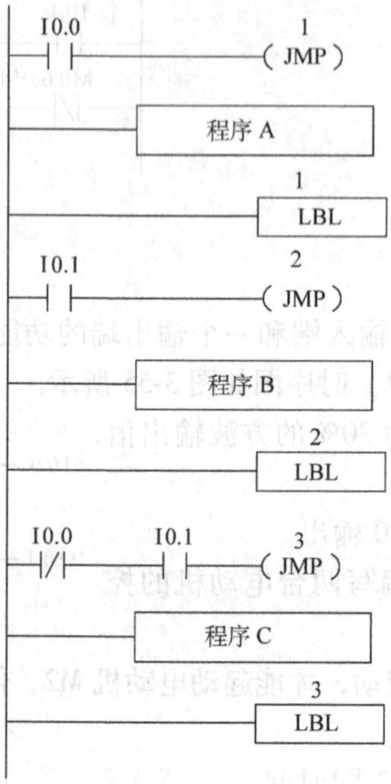

图 3-58

表 3-9 分析结果

I0.0	I0.1	执行的程序段
1	0	
0	1	
0	0	
1	1	

13. 编写一段程序，将 VB100 开始的 50 个字的数据传送到 VB1000 开始的存储区。

14. 编写一段程序，将 VB0 开始的 256 个字节存储单元清零。

15. 使用顺序控制程序结构，编写出实现红、黄、绿 3 种颜色信号灯循环显示程序（要求循环间隔时间为 1s），并画出该程序设计的功能流程图。

16. 将图 3-59 中的状态转移图转换为步进梯形图，并写出程序语句。

17. 使用顺序控制程序结构，编写出实现红、黄、绿 3 种颜色信号灯循环显示程序（要求循环间隔时间为 1s），并画出该程序设计的功能流程图。

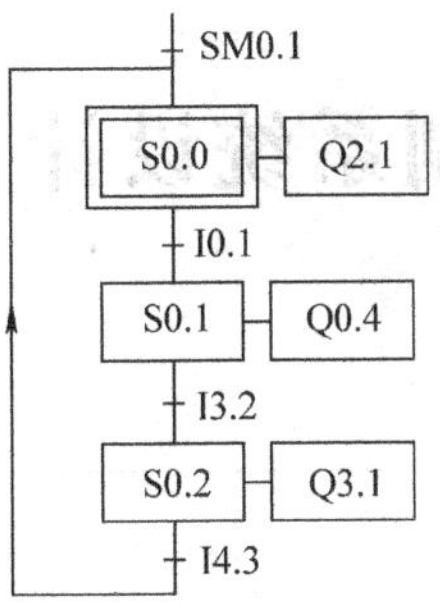
SM0.1
S0.0
Q2.1
I0.1
S0.1
Q0.4
I3.2
S0.2
Q3.1
I4.3

a)

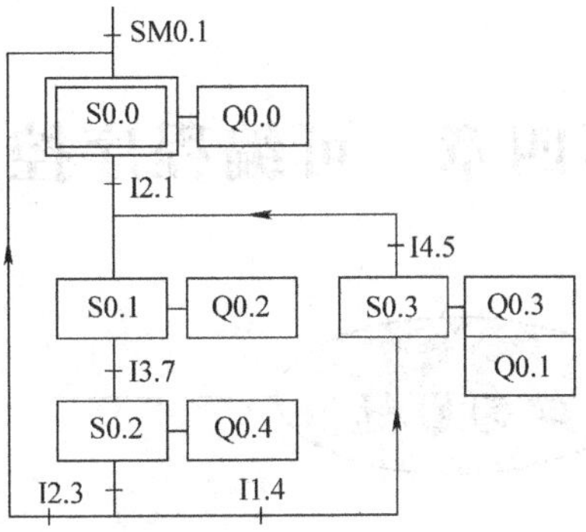
SM0.1
S0.0
Q0.0
I2.1
I4.5
S0.1
Q0.2
S0.3
Q0.3
Q0.1
I3.7
S0.2
Q0.4
I2.3
I1.4

b)

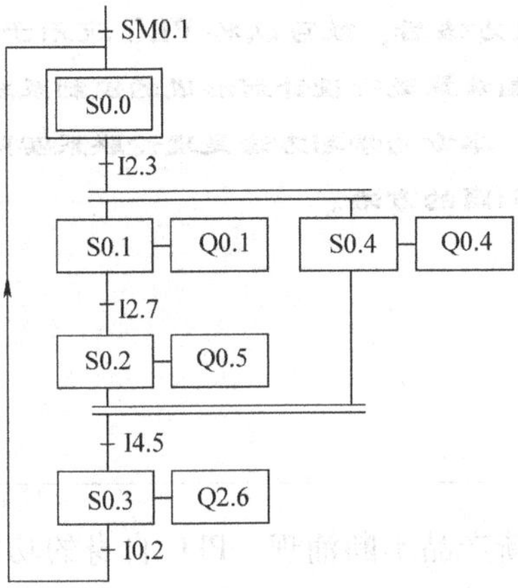
SM0.1
S0.0
I2.3
S0.1
Q0.1
S0.4
Q0.4
I2.7
S0.2
Q0.5
I4.5
S0.3
Q2.6
I0.2

c)

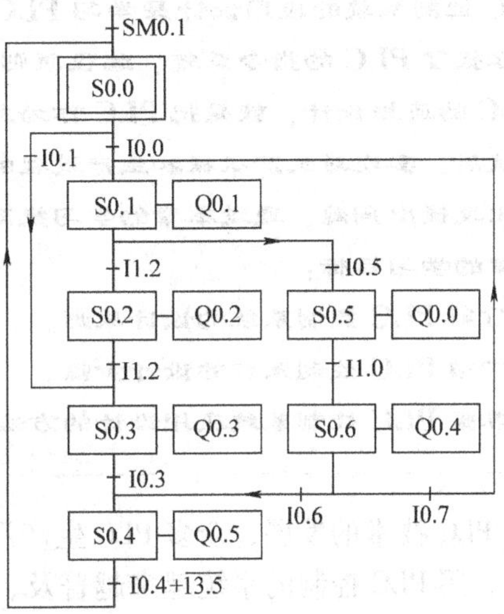
SM0.1
S0.0
I0.1
I0.0
S0.1
Q0.1
I1.2
I0.5
S0.2
Q0.2
S0.5
Q0.0
I1.2
I1.0
S0.3
Q0.3
S0.6
Q0.4
I0.3
I0.6
I0.7
S0.4
Q0.5
I0.4+$\overline{I3.5}$

d)

图　3-59

第四章　可编程序控制器控制系统设计

学习目标

PLC控制系统的应用设计是学习PLC的核心与目的。在熟悉了PLC的结构、基本原理，掌握了PLC的指令系统、编程原则与编程方法后，就可以将PLC应用于实践中。所谓PLC的应用设计，就是把PLC作为主要控制装置进行设计而形成的控制系统，经过安装调试后，实现对生产机械和生产过程的控制。本章的学习方法是理论联系实际，首先从实际出发提出问题，通过本章的学习找到解决问题的方法。

本章的学习目标：

1. 了解PLC控制系统的设计原则。
2. 掌握PLC控制系统的设计步骤。
3. 掌握PLC控制系统应用设计的方法。

随着PLC技术的发展，众多PLC生产厂家的新产品不断涌现，PLC自身的功能也在不断地增强，用PLC控制的系统越来越普及、越来越复杂。现在由最初在工业上局部替代继电器控制已发展渗透到工业控制的各个领域，受到工业界的普遍重视，从单机自动化到工厂自动化，从柔性制造系统、机器人到工业局部网络系统都有PLC涉足之地。面对不同的PLC机型、面对不同的被控对象的要求，必须按照一定的原则和步骤选择合适的PLC硬件和设计相关的程序软件以满足控制系统的控制要求。

第一节　PLC控制系统设计的原则和设计方法

一、PLC控制系统设计的基本原则

PLC控制系统需要经过一系列复杂工作后才能应用于生产实际，所以其设计工作从一开始就应该将生产过程中的各种因素考虑全面，在一定的设计原则指导下，严格按步骤有序地进行。PLC控制系统，经过不同人员的设计，会形成不同的控制风格，作为PLC控制系统的设计人员，必须树立正确的设计指导思想，树立实践的观点和长远的观点，兼顾系统运行的质量、成本、效益等多方面的因素，使所设计的PLC控制系统运行起来经济、实用、先进、可靠、操作简单、维修方便。综合起来，有以下几点：

1）选用的PLC必须满足被控对象的控制要求。考虑将来发展的需要，选用的PLC应是功能较强的新产品，并留有适当的余量。

2）在满足控制要求的前提下，保证 PLC 控制系统安全、可靠。

3）PLC 控制系统尽可能简单。

4）具有高的性能价格比。

二、PLC 控制系统设计的基本步骤

图 4-1 所示为 PLC 控制系统设计步骤的流程。详细步骤如下所述：

1）深入细致地了解和分析被控对象（生产设备、生产线、生产工艺、工作过程等）的控制要求，确定输入、输出设备的类型和数量。

2）根据输入、输出设备的类型和数量，确定 PLC 的输入/输出点数，并选择相应点数的 PLC 机型。

3）系统硬件设计是对 PLC 外部设备的设计。在硬件设计中要合理分配输入/输出点数，以及控制台、控制柜的设计和选择，操作面板的设计，并绘制 PLC 控制系统输入、输出端子接线图。

4）系统软件设计，就是根据控制要求绘制工作循环图或状态流程图。并根据工作循环图或状态流程图设计以梯形图、指令语句、顺序功能图、逻辑符号图、汇编语言或计算机高级语言等形式编写用户程序。

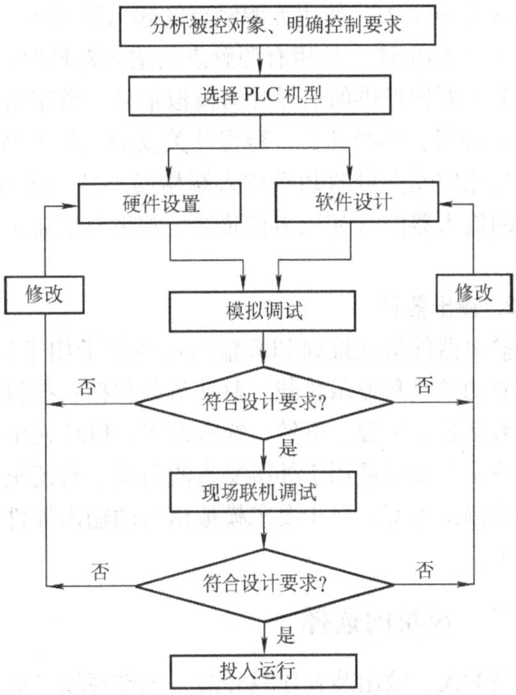

图 4-1　PLC 控制系统设计步骤流程

5）将用户程序输入到 PLC 内部存储器中，进行程序调试。程序调试时，先进行模拟调试，再进行现场联机调试；先进行局部、分段调试，再进行整体、系统调试。

6）调试过程结束，整理技术资料，投入使用。

第二节　PLC 的硬件设计

PLC 硬件的设置要满足控制对象、控制范围对 PLC 的要求，主要包括：PLC 机型的选择、I/O 点的数量和种类、CPU 的速度、内存容量的大小，以及对编程器、打印机、I/O 模块、通信接口模块、通信传输电缆的选择等方面。选择合适的 PLC 机型是使用可编程序控制器的第一步，一般来说，应首选同类产品中功能强的新一代产品。如对于西门子公司的小型 PLC 应选功能强的 S7—22X 系列，而不选 S7—21X 系列。

下面从几方面说明 PLC 硬件设置的要求和具体方法。

一、根据外部输入、输出器件选择PLC的I/O端口

1. 输入器件与PLC输入端口

输入器件指连接到PLC输入接线端子用于产生输入信号的器件。常用的输入器件分主令器件和检测器件两大类。主令器件包括：按钮、选择开关、数字开关等，产生主令输入信号。检测器件包括：行程开关、接近开关、光电开关、继电器触点、接触器辅助触点等，产生检测运行状态的信号。输入器件又可分为有源触点输入器件和无源触点输入器件。对于S7-22X系列PLC，使用无源触点的输入器件时，内部24V电源通过输入器件向输入端提供每点7mA的电流；使用有源触点的输入器件时，PLC上直流24V向外部输入器件提供电流。

输入器件提供的信号分为模拟信号、数字信号和开关信号。对于提供开关信号的输入器件（如按钮、选择开关、行程开关及触点）和数字信号的输入器件（如数字开关），将器件一端与相应元件号的PLC输入端相连，另一端与PLC的COM公共端相连接。对于提供模拟信号的输入器件（如压力传感器、温度传感器）必须通过模拟量输入模块与PLC的输入端相连。

2. 输出器件

输出器件指连接到PLC输出接线端子用于执行程序运行结果的器件。常用的输出器件分为驱动负载和显示负载。驱动负载包括：接触器、继电器、电磁阀。显示负载包括：指示灯、数字显示装置、电铃、蜂鸣器等。PLC输出端口有三种输出类型：继电器、晶体管和晶闸管输出，分别适用于外接交直流负载、直流负载和交流负载。根据外接输出器件确定PLC采用的输出类型。对于要求模拟信号的输出器件，通过用模拟输出模块将输出信号变成模拟量输出。

二、模块的选择

当输入、输出装置比较分散，工作现场又远离控制站时，为了避免由于远距离输送信号引起的干扰和故障，影响控制系统的工作，可选择远程I/O模块。当PLC内部的高速计数器的最高计数频率不能满足要求时，可选择高速计数器模块供用户使用。在机械设备中，为保证加工精度而进行定位时，可采用定位控制模块。对于自动化程度要求高的控制系统，可以选用PLC与PLC之间的通信联网模块，或选用PLC与计算机之间的通信与联网模块。对于模拟控制，通过使用模拟输入模块、输出模块，可以把流量、速度、压力、风力、张力等变换成数字量，以及把数字量变换成模拟量，进行输入、输出，如温度传感器用模拟输入模块等。

三、可编程序控制器输入/输出（I/O）点数的确定

根据被控对象要求将与PLC相连的全部输入、输出器件根据所需的电压、电流的大小、种类分别列表统计，考虑将来发展的需要再相应增加10%～15%的余量，估算PLC所需I/O总点数，最后选择点数相当的可编程序控制器。I/O点数是衡量可编程序控制器规模大小的依据。若I/O点数较小，且由PLC构成单机控制系统，应选用小型的可编程序控制器。若I/O点数过多，且由PLC构成控制系统的控制对象分散、控制级数较多，应选择大、中

型的可编程序控制器。

四、确定内存容量和存储器的种类

CPU 内存容量即是用户程序区的大小，与 I/O 点数的种类、数量和用户编程水平有关。可按下面的经验公式估算：

总内存容量 =（开关量输入点数 + 开关量输出点数）×10 + 模拟量点数 ×150

计算出的总容量再增加 25% ~35% 的余量。

RAM、EPROM 和 EEPROM 是常用的用户程序存储器。用户程序存放于 RAM 中，较方便，但需锂电池保持；用户程序存放于 EEPROM 中，不需电池保持，断电后不会丢失。

五、确定 CPU 的运行速度

由于 PLC 为周期循环扫描工作方式，CPU 的运行速度是指执行每一步用户程序的时间。对于以开关量为主的控制系统，不用考虑扫描速度，一般的 PLC 机型都可使用。对于以模拟量为主的控制系统，则需考虑扫描速度，必须选择合适 CPU 种类的 PLC 机型。

六、确定 PLC 的外围设备

PLC 的外围设备主要是人-机对话装置，用于 PLC 的编程和监控。通过人-机对话装置可以进行编程、调试及显示图形报表、文件复制、报警等。PLC 外围设备有编程器、打印机、EPROM 写入器、显示器等。

七、电源电压的选择

PLC 控制系统供电的电源，我国优先选择 220V 的交流电源电压，特殊情况可选择 24V 直流电源供电。输入信号电源，一般利用 PLC 内部提供的直流 24V 电源。对于带有有源器件的接近开关可外接 220V 交流电源，提高稳定性，避免干扰。选用直流 I/O 模块时，需要外设直流电源。

可编程序控制器生产厂家众多，种类繁多，在实际选用时必须根据控制系统的具体要求合理选择。

第三节　PLC 的软件设计

PLC 的软件设计指 PLC 控制系统中用户程序的设计。用户程序的设计内容包括控制流程图的设计、梯形图或功能图的设计，以及编写对应的指令表。PLC 的程序设计是 PLC 应用最关键的问题，也是整个电气控制的设计核心。对于不同的被控对象和被控范围，PLC 应用不同的用户程序实现不同的控制功能。PLC 的程序设计方法通常有翻译法、经验设计法和顺序功能设计法。

一、翻译设计法

PLC 的梯形图是在继电器控制系统的基础上发展起来的，用所选机型的 PLC 中功能相当的软器件，代替原继电器控制系统中的器件，将继电器控制系统翻译成 PLC 梯形程序图的方法。这是因为原有的继电器控制系统经过长期使用和考验，已经被证明能完成系统要求的控制功能，而继电器电路又与梯形图有很多相似之处，因此可以将继电器电路“翻译”成梯形图，即用 PLC 的外部硬件接线和梯形图软件来实现继电器控制系统的功能，这种方法习惯上也称为翻译法。

1. 设计步骤

1）分析、熟悉原有的继电器控制电路的工作原理。

2）确定 I/O 点数、种类，选择 PLC 机型，并绘制 I/O 端子接线图。

3）确定 PLC 输入/输出的地址，对应继电器控制电路中的元器件，画出 PLC 的外部接线图。

4）继电器控制电路中的时间继电器和中间继电器分别用 PLC 中的定时器和辅助继电器代替。

5）对于不同回路的共用触点，可通过增加软触点来实现。

6）根据上述对应关系画出梯形图。

2. 注意事项

在设计时应注意 PLC 的梯形图与继电器电路图的区别，梯形图是一种软件，是 PLC 图形化的程序。在继电器电路图中，各继电器可以同时动作，而可编程序控制器的 CPU 是串行工作的，即 CPU 同时只能处理 1 条指令。根据继电器控制电路设计 PLC 的外部接线图和梯形图时应注意以下问题：

1）应遵守梯形图语言中的语法规定。在继电器电路图中，触点可以放在线圈的左边，也可以放在线圈的右边，但是在梯形图中，线圈必须放在电路的最右边。

2）某些器件的触点如果在继电器电路图中只出现一次，并且与 PLC 输出端的负载串联（如有保护功能的热继电器的常闭触点），不必将它们作为 PLC 的输入信号，可以将它们放在 PLC 外部的输出回路，仍与相应的外部负载串联。继电器控制系统中某些相对独立且比较简单的部分，可以用继电器电路控制，这样同时减少了所需的 PLC 的输入点和输出点。

3）外部联锁电路的设立。为了防止因控制正反转的两个接触器同时动作而造成三相电源短路，应在 PLC 外部设置硬件联锁电路。图 4-2 中的 KM1、KM2 的线圈不能同时通电，除了在梯形图中设置与它们对应的输出位的线圈串联的常闭触点组成的联锁电路外，还在 PLC 外部设置硬件联锁电路。

翻译法用于将简单的控制电路改造为 PLC 控制，比较简单、方便。对于较复杂的继电器-接触器控制系统，仅用翻译法反而麻烦，且不易修改、整理，这时往往与其他方法相结合，翻译法可对整个控制系统中的某一局部控制线路使用。

3. 设计举例

图 4-2 所示为用翻译法将原有继电器控制电路改用 PLC 进行控制的电路图和梯形图。在图 4-2a 正反转控制电路中共用一个停机按钮 SB，在梯形图中用增加 PLC 内部触点 I0.0 实现这一功能。停机按钮在端子接线图中采用常开按钮，这样使得梯形图中停机触点仍采用常闭触点实现，这样使编程简单。图 4-2b 中原继电器控制电路中的时间继电器在梯形图中用定时器 TON 代替。

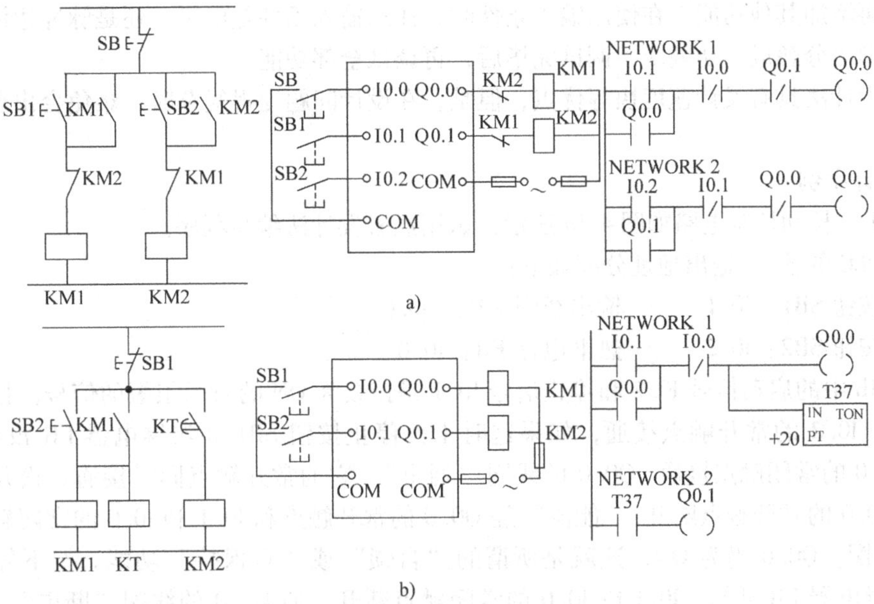

图 4-2　原理图与梯形图

a）正反转控制　b）时间控制

二、经验设计法

沿用了设计继电器控制电路的方法来设计比较简单的 PLC 的梯形图，即在一些典型电路的基础上，根据被控对象对控制系统的具体要求，不断地修改和完善梯形图。有时需要多次反复地调试和修改梯形图，增加一些中间编程元件和触点，最后才能得到一个较为满意的结果。

这种 PLC 梯形图的设计方法没有普遍的规律可以遵循，具有很大的试探性和随意性，最后的结果不是惟一的，设计所用的时间、设计的质量与设计者的经验有很大的关系，所以又叫做经验设计法，它可以用于较简单的梯形图（如手动程序）的设计。

1. 设计步骤

（1）分解控制功能，画输出线圈梯级　根据控制系统的工作过程和工艺要求，将要编制的梯形图程序分解成独立的子梯形图程序。以输出线圈为核心画输出位梯级图，并画出该线圈的得电条件、失电条件和自锁条件。在画图过程中，注意程序的启动、停止、连续运行和分支。

（2）建立辅助位梯级　如果不能直接使用输入条件逻辑组合作为输出线圈的得电和失电条件，则需要使用工作位、定时器或计数器以及功能指令的执行结果作为条件，建立输出线圈的得电和失电条件。

（3）画互锁条件和保护条件　互锁条件是可以避免同时发生互相冲突的动作，保护条件可以在系统出现异常时，使输出线圈动作，保护控制系统和生产过程。

在设计梯形图程序时，要注意先画基本梯形图程序，当基本梯形图程序的功能能够满足要求后，再增加其他功能。在使用输入条件时，注意输入条件是电平，还是脉冲边沿。调试时要将梯形图分解成小功能块，调试完毕后，再调试全部功能。

经验设计法具有设计速度快等优点，但是，在设计问题变得复杂时，难免会出现设计漏洞。

2. 设计举例

例4-1 长动控制电路如图4-3a所示，试用经验设计法编写程序。

解 PLC的输入/输出地址分配如下：

停止按钮SB1：I0.1　　输出线圈KM：Q0.0

起动按钮SB2：I0.2　　热继电器FR：I0.0

图4-3b中的启动信号I0.2和停止信号I0.1是持续为ON的时间很短的信号。按下起动按钮SB2，I0.2的常开触点接通，如果这时未按停止按钮SB1和热继电器FR没有动作，I0.1和I0.0的常闭触点接通，Q0.0的线圈“通电”，它的常开触点同时接通。松开起动按钮SB2，I0.0的常开触点断开，“能流”经Q0.0的常开触点和I0.1和I0.0的常闭触点流过Q0.0的线圈，Q0.0仍为ON，这就是所谓的“自锁”或“自保持”功能。按下停止按钮SB1或热继电器FR动作，I0.1或I0.0的常闭触点断开，使Q0.0的线圈“断电”，其常开触点断开，以后即使松开停止按钮SB1和热继电器FR不动作，I0.1和I0.0的常闭触点恢复接通状态，Q0.0的线圈仍然“断电”。

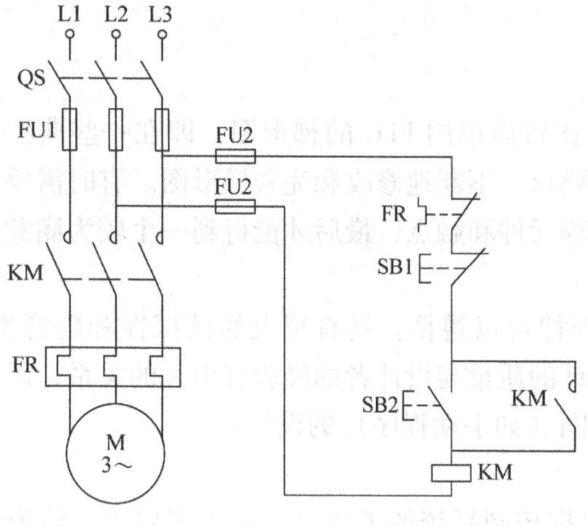

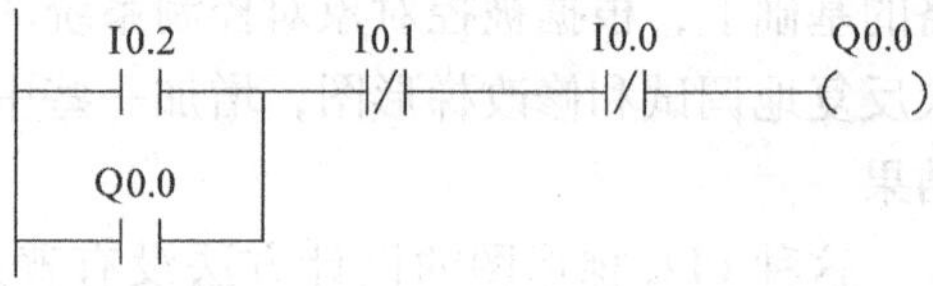

图4-3 长动控制电路设计

a）长动控制电路 b）梯形图

三、功能图法

功能图又称为状态流程图，主要是针对顺序控制方式或步进控制方式的程序设计。使用顺序控制设计法时首先根据系统的工艺过程，画出顺序功能图，然后根据顺序功能图画出梯形图。在程序设计时，首先将系统的工作过程分解成若干顺序相连的阶段，这些阶段称为“工步”或“状态”，编程元件（顺序控制继电器S）来代表各步。从工作过程开始，一步接着一步，一直到工作过程的最后一步结束。控制工步与工步（状态与状态）之间的转换能按工作过程的顺序要求自动进行。在第3章里面，我们已经对顺序功能图和顺序控制指令作了介绍，在这里不再介绍。

1. 设计步骤

1）确定I/O点数、种类，选择PLC机型，并绘制I/O端子接线图。

2）根据工作过程确定工步或状态，并加以编号。

3）画出状态流程图。

4）用步进指令或辅助继电器记忆编写相应的程序。

5）程序调试后，进行现场联机调试。

2. 设计举例

例4-2　电动机顺序起动和停止控制编程。

控制要求：如图4-4所示，三台电动机在按下起动按钮后，每隔一段时间将实现自动按顺序起动。起动完毕后，按下停止按钮，每隔一段时间各电动机又将自动反向顺序停止。在起动过程中，如果按下停止按钮，则立即中止起动过程，对已起动运行的电动机，马上进行反方向顺序停止，直到全部结束。

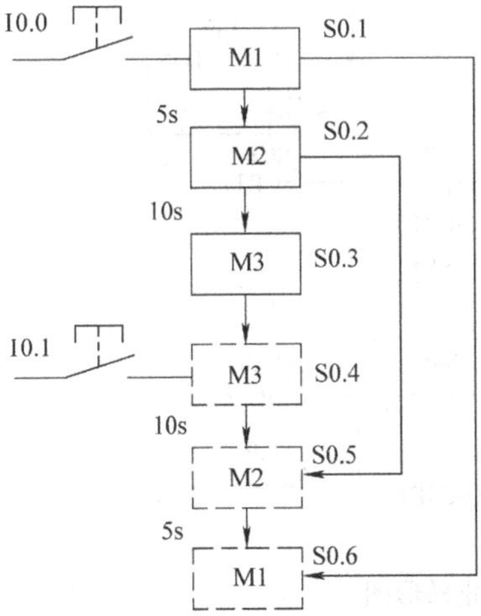

图4-4　电动机起动和停止控制

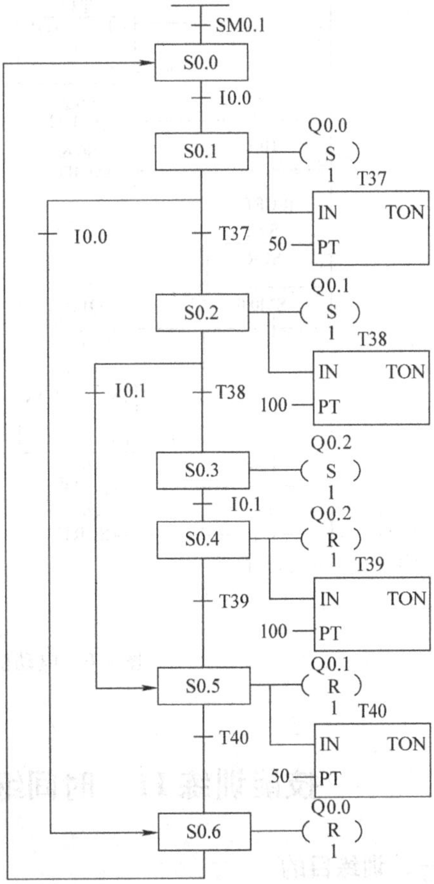

图4-5　电动机起动/停止功能图

解 (1) PLC的输入/输出地址分配如下：

起动按钮：I0.0　　电动机M1、M2、M3：Q0.0、Q0.1、Q0.2

停止按钮：I0.1

(2) 该控制系统的功能如图4-5所示，根据功能图设计的梯形图如图4-6所示。

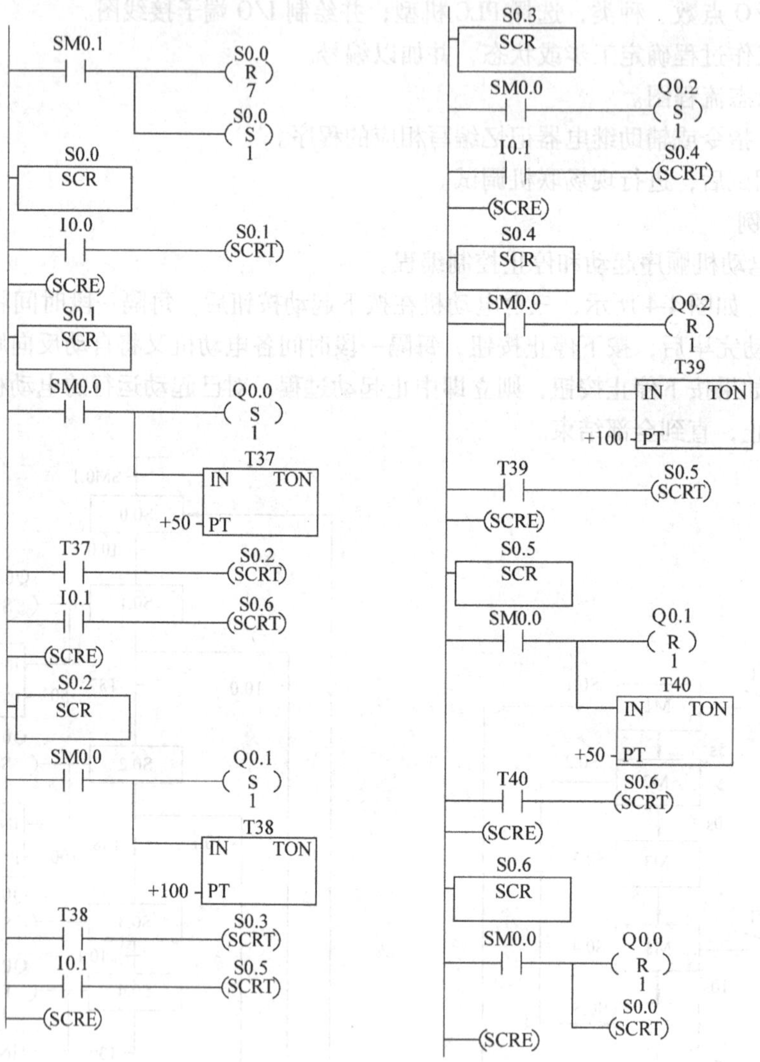

图4-6　电动机顺序起动/停止梯形图

技能训练11　时间继电器顺序控制电路的设计

一、训练目的

1）学习掌握翻译设计法。

2）模拟运行并调试。

二、训练器材

1）装有 STEP7 Micro/WIN32 编程软件的计算机 1 台。

2）PLC 操作台 1 套。

3）模拟调试输入开关 1 套。

三、训练内容及步骤

1. 训练内容

PLC 改造时间继电器控制的顺序起动电路，该控制电路如图 4-7 所示。

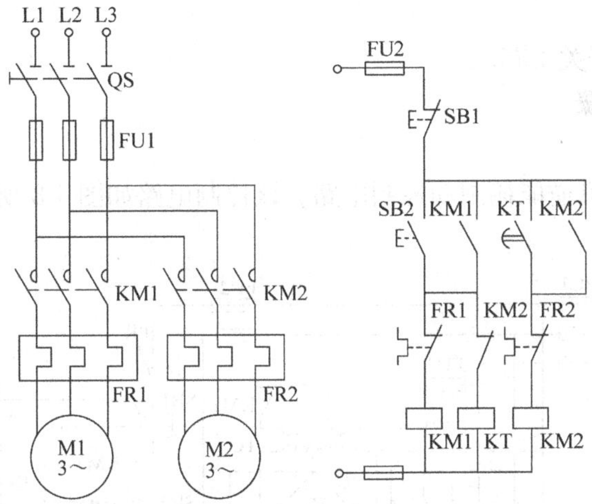

图 4-7　时间继电器控制的顺序起动电路

2. 训练步骤

（1）分配输入/输出地址　根据电路要求，分配 PLC 输入/输出地址，见表 4-1。

表 4-1　输入/输出地址

输　入			输　出		
符号	地址		符号	地址	功能

（2）画出接线图　将原有继电器控制电路改造为 PLC 控制的电路，包括主电路和 PLC 外部接线图。

（3）设计程序　根据控制电路的功能要求，用翻译法设计 PLC 程序。

（4）安装配线　按照 PLC 控制的电路进行配线，安装方法及要求与继电路控制电路相同。

（5）运行调试　通电操作试运行，以检验程序的正确性。

技能训练12　全波整流可逆能耗制动控制电路的设计

一、训练目的

1）学习掌握经验设计法。

2）模拟运行并调试。

二、训练器材

1）装有STEP7 Micro/WIN32编程软件的计算机1台。

2）PLC操作台1套。

3）模拟调试输入开关1套。

三、训练内容及步骤

1. 训练内容

PLC改造全波整流可逆能耗制动控制电路，该控制电路如图4-8所示。

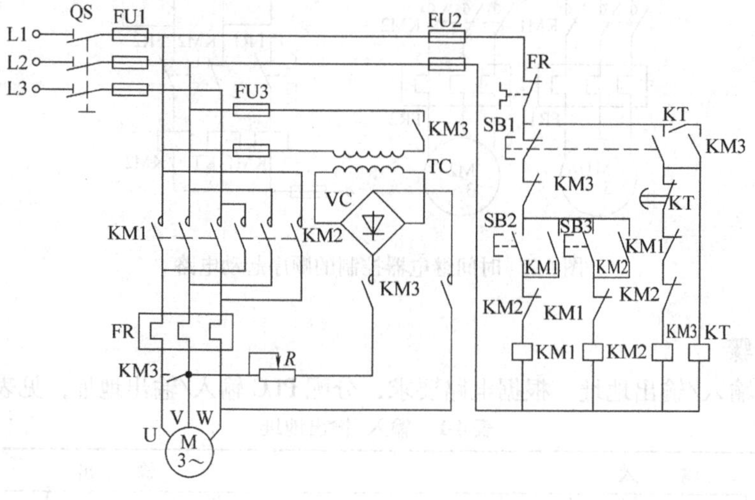

图4-8　全波整流可逆能耗制动控制电路

2. 训练步骤

（1）分配输入/输出地址　根据电路要求，分配PLC输入/输出地址。

（2）画出接线图　将原有继电器控制电路改造为PLC控制的电路，包括主电路和PLC外部接线图。

（3）设计程序　根据控制电路要求，用经验法设计PLC程序。

（4）安装配线　按照PLC控制的电路进行配线，安装方法及要求与继电器控制电路相同。

（5）运行调试　通电操作试运行，检验程序的正确性。

技能训练13　运料小车控制电路的设计

一、训练目的

1）学习掌握功能图设计法。

2）模拟运行并调试。

二、训练器材

1）装有 STEP7 Micro/WIN32 编程软件的计算机 1 台。

2）PLC 操作台 1 套。

3）模拟调试输入开关 1 套。

三、训练内容及步骤

1. 训练内容

某流水线送料小车运行示意图如图 4-9 所示，该小车的控制要求是：当按下 SB1 后，小车由 SQ1 处前进到 SQ2 处停 5s，再后退到 SQ1 处停下。当按下 SB2 后，小车由 SQ1 处前进到 SQ3 处停 5s，再后退到 SQ1 处停下。

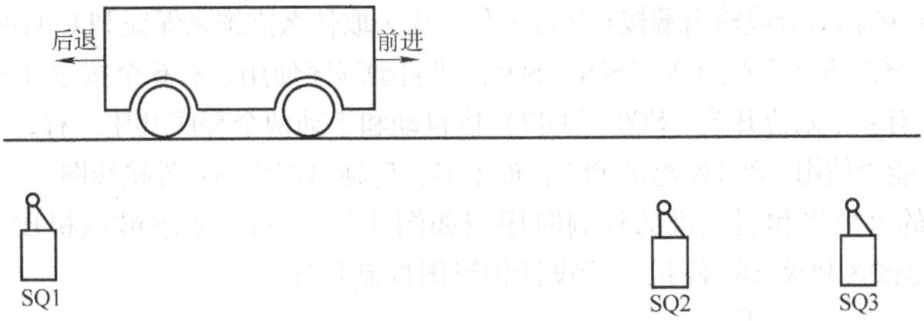

图 4-9　送料小车示意图

2. 训练步骤

（1）分配输入/输出地址　根据电路要求，分配 PLC 输入/输出地址。

（2）画出接线图　将原有继电器控制电路改造为 PLC 控制的电路，包括主电路和 PLC 外部接线图。

（3）设计程序　根据控制电路的功能要求，用功能图法设计 PLC 程序。

1）根据运料小车工作流程，画出状态流程图。

2）根据状态流程图编写程序。

（4）安装配线　按照 PLC 控制的电路进行配线，安装方法及要求与继电器控制电路相同。

（5）运行调试　通电操作运行，检验程序的正确性。

本 章 小 结

PLC 控制系统的应用设计是学习 PLC 的核心和目的，系统设计是应用设计的关键。PLC 应用系统设计方面有以下几点：

1）PLC 梯形图的经验设计法是在一些典型电路的基础上，根据被控对象对控制系统的具体要求，不断地修改和完善梯形图，同时增加一些中间编程元件和触点，最后才能得到一个较为满意的 PLC 控制程序。

2）PLC 梯形图的翻译法是在继电器控制系统的基础上，根据继电器与 PLC 控制逻辑关系，改造继电器控制系统，翻译法是设计梯形图的一条捷径。

3）PLC 梯形图的顺序控制设计法是根据控制系统的工艺过程，画出顺序功能图，然后根据顺序功能图画出梯形图。它是一种先进的设计方法，不但能提高设计的效率，而且程序的调试、修改和阅读都很方便。

复习思考题

1. 简述 PLC 系统设计的基本原则。

2. 简述 PLC 控制系统的一般设计步骤。

3. 如何进行 PLC 机型选择？

4. 如果 PLC 的输入端或输出端接有感性元件，应采取什么措施来保证 PLC 的正常运行？

5. 某控制系统有 8 个限位开关（SQ1～SQ8）供自动程序使用，有 6 个按钮（SB1～SB6）供手动程序使用，有 4 个限位开关（SQ9～SQ12）供自动和手动两个程序共用，有 5 个接触器线圈（KM1～KM5）。能否使用 CPU224 型的 PLC？如果能，请画出相应的硬件接线图。

6. 某锅炉的鼓风机和引风机的控制时序图如图 4-10 所示，要求鼓风机比引风机晚 10s 起动，引风机比鼓风机晚 18s 停机，请设计梯形图控制程序。

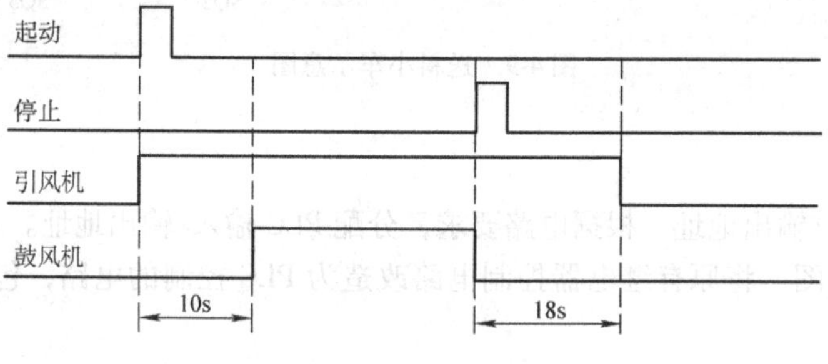

图 4-10　控制时序图

7. 试设计一个粉末冶金制品压制机控制系统，如图 4-11 所示，其控制要求如下：

装好粉末后，按下起动按钮 SB1，冲头下行，将粉末压紧后，压力继电器 KA 动作（其动合触点闭合），延时 5s 后，冲头上行，至 SQ1 处停止后，模具下行，至 SQ3 处停止；操作工人取走成品后，按下 SB2 按钮，模具上行至 SQ2 处停止，系统回到初始状态。

可随时按下紧急停止按钮 SB3，使系统停车。

8. 有 2 台绕线转子异步电动机，为限制电动机的起动电流，在每台电动机的转子回路中串接三段起动电阻，2 台电动机分别操作。试编写程序，实现下述要求：

1）电动机 M1 采用时间控制原则进行控制（如按下起动按钮后，间隔 5s，依次切除转子电阻)。

2)电动机 M2 采用电流控制原则进行控制(3 只过电流继电器线圈的吸合值相同,释放值不同)。

9. 电动葫芦起升机构的动负荷试验,试设计用 PLC 控制的系统。控制要求如下:

1)可手动上升、下降。

2)自动运行时,上升 6s 后停 9s,然后下降 6s 停 9s,反复运行 1h,然后发出声光信号,并停止运行。

10. 按下起动按钮后,能根据图 4-12 所示依次完成下列动作,用 PLC 实现并画出梯形图。

1)A 部件从位置 1 到 2。

2)B 部件从位置 3 到 4。

3)A 部件从位置 2 回到 1。

4)B 部件从位置 4 回到 3。

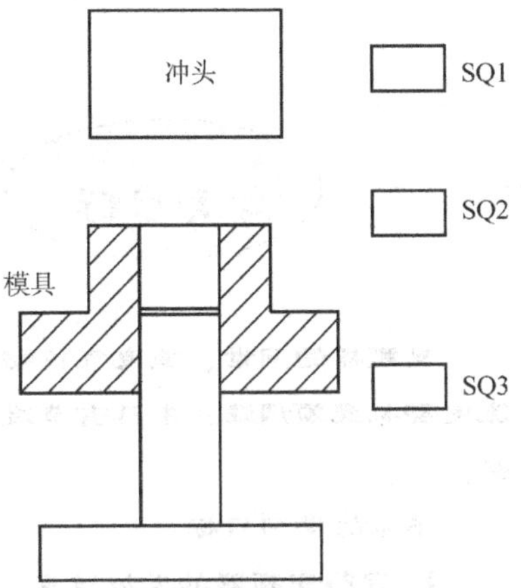

图 4-11

11. 试设计一个剪板机控制系统,如图 4-13 所示,其控制要求如下:

1)初始状态:压钳和剪刀在上限位置,SQ1,SQ2 被压下。

2)按下起动按钮 SB1,板料右行,至 SQ3 处停止;此时压钳下行,压紧板料后,压力继电器 KA 动作(其动合触点接通),压钳保持压紧状态,剪刀开始下行。

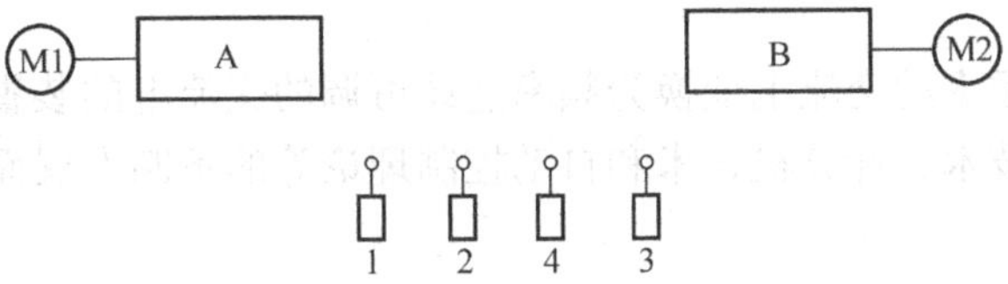

图 4-12

3)剪断板料后,SQ4 被压下,压钳和剪刀同时上行,分别碰到 SQ1、SQ2 时停止,回到初始状态。

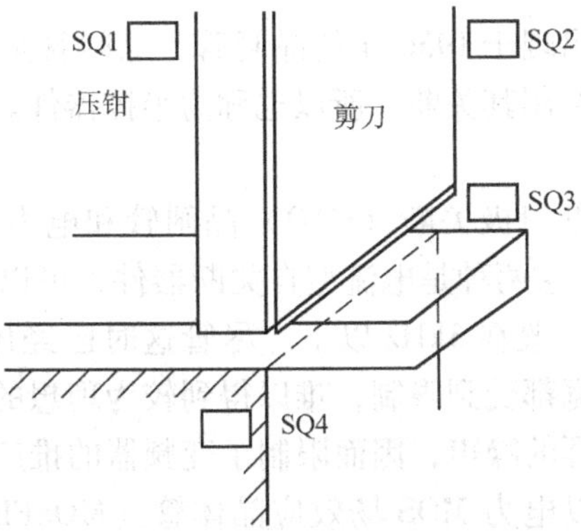

图 4-13

第五章　变频器概述

学习目标

变频器的问世，使电气传动领域发生了一场技术革命，即交流调速取代直流调速。交流电动机变频调速技术具有节能、改善工艺流程、提高产品质量和便于自动控制等诸多优势。

本章的学习目标：

1. 了解变频器的发展过程。
2. 知道变频器的分类。
3. 了解变频器的控制应用方面。

第一节　变频器技术的发展

变频器是将固定频率的交流电变换为频率连续可调的交流电的装置。变频器技术随着微电子技术、电力电子技术、计算机技术和自动控制理论等的不断发展而发展，其应用也越来越普遍。

一、变频器发展概述

纵观变频技术的发展，变频器的主电路是以电力电子器件作为开关器件。因此，电力电子器件是变频器发展的基础。

第一代电力电子器件是出现于1956年的晶闸管。晶闸管是电流控制型开关器件，只能通过门极控制其导通而不能控制其关断，所以也称为半控器件。由晶闸管组成的变频器工作频率较低，应用范围很窄。

第二代电力电子器件是以门极关断（GTO）晶闸管和电力晶体管（GTR）为代表，在20世纪60年代发展起来的。这两种是电流型自关断器件，可以方便地实现逆变和斩波，然而，其开关频率仍然不高，一般在5kHz以下。尽管这时已经出现了脉宽调制（PWM）技术，但因斩波频率和最小脉宽都受到限制，难以得到较为理想的正弦脉宽调制波形，使异步电动机在变频调速时产生刺耳的噪声，因而限制了变频器的推广和应用。

第三代电力电子器件是以电力MOS场效应晶体管（MOSFET）和绝缘栅双极型晶体管（IGBT）为代表，在20世纪70年代开始应用。这两种是电压型自关断器件，基极（栅极、门极）信号功率小，其开关频率可达到20kHz以上，采用PWM的逆变器谐波噪声大大降低。低压变频器的容量在380V级达到了540kV·A；而600V级则达到了700kV·A，最高输出频率可达400~600Hz，能对中频电动机进行调频控制。利用IGBT构成的高压（3kV/6.3kV）变频器最大容量可达7460kW。

第四代是以智能功率模块（IPM）为代表，IPM是以IGBT为开关器件，但集成有驱动电路和保护电路。由IPM组成的逆变器只需对桥臂上各个IGBT提供隔离的PWM信号即可。而IPM的保护功能有过电流、短路、过电压、欠电压和过热等，还可以实现再生制动。简单的外部控制电路，使变频器的体积、重量和连接导线的数量大为减少，而功能却大幅提高，可靠性也有较大改善。

二、变频器发展的趋势

经过40多年的发展，电力电子器件进入到高电压、大容量化、高频化、组件模块化、微小型化、智能化和低成本化，多种适宜变频调速的新型电动机正在开发研制之中，IT技术的迅猛发展，以及控制理论的不断创新，这些与变频器相关的技术都将影响其发展的趋势。

1. 网络智能化

智能化的变频器安装到系统上后，不必进行过多的功能设定，就可以方便地操作使用，有明显的工作状态显示，而且能够实现故障诊断与故障排除，甚至可以进行部件自动转换。利用互联网可以进行遥控监视，实现多台变频器按工艺程序联动，形成最优化的变频器综合管理控制系统。

2. 专门化

根据某一类负载的特性，有针对性地制造专门化的变频器，这不但利于对负载的电动机进行经济有效的控制，而且可以降低制造成本。例如：风机、水泵专用变频器、超重机械专用变频器、电梯控制专用变频器、张力控制专用变频器和空调专用变频器等。

3. *U/f*

变频器将相关的功能部件（如参数辨识系统、PID调节器、PLC和通信单元等）有选择性地集成到内部组成一体化机，不仅使功能增强，系统可靠性增加，而且可有效缩小系统体积，减少外部电路的连接。现在已经研制出变频器和电动机的一体化组合机，从而使整个系统体积更小，控制更方便。

总之，变频器技术的发展趋势是朝着智能、操作简便、功能健全、安全可靠、环保低噪、低成本和小型化的方向发展。

第二节 变频器的基本类型

变频器的种类很多，下面根据不同的分类方法对变频器进行简单介绍。

一、按变频的原理分类

1. 交-交变频器

单相交-交变频器的工作原理如图5-1所示。它只有一个变换环节就可以把恒压恒频

（CVCF）的交流电源转换为变压变频（VVVF）的电源，因此，称为直接变频器，或称为交-交变频器。

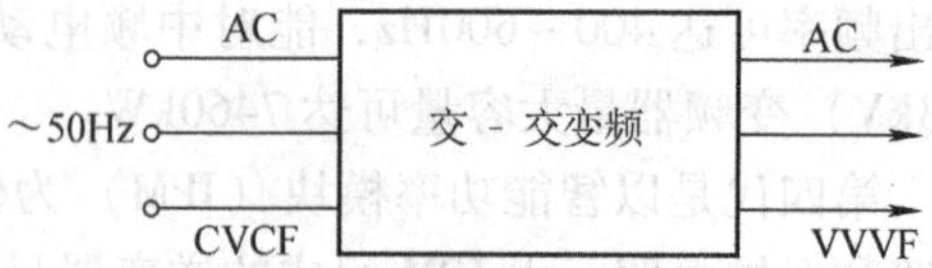

图 5-1 交-交变频器

交-交变频器输出的每一相都是一个两组晶闸管整流反并联的可逆电路，如图 5-2a 所示。

电路由正组和反组并联的晶闸管变流电路构成，两组变流电路接在同一个交流电源上。两组变流电路都是相控电路，正组工作时，负载电流自上而下，规定为正向；反组工作时，负载电流自下而上，方向为负。让两组变流电路按一定的频率交替工作，负载就得到该频率的交流电，如图 5-2b 所示。改变两组变流电路的切换频率，就可以改变输出到负载上的交流电压频率，改变交流电路工作时的触发延迟角 α，就可以改变交流输出电压的幅值。

对于三相负载，需用三套反并联的可逆电路。平均输出电压的相位依次相差120°。这样，如果每个整流环节都采用桥式电路，共需要 36 个晶闸管。交-交变频器虽然在结构上只有一个变换环节，但所用元器件数量多，总设备较为庞大，最高输出频率不超过电网频率的 1/3 ~1/2，交-交变频器一般只用于低转速、大容量的调速系统，例如轧钢机、球磨机、水泥回转窑等。

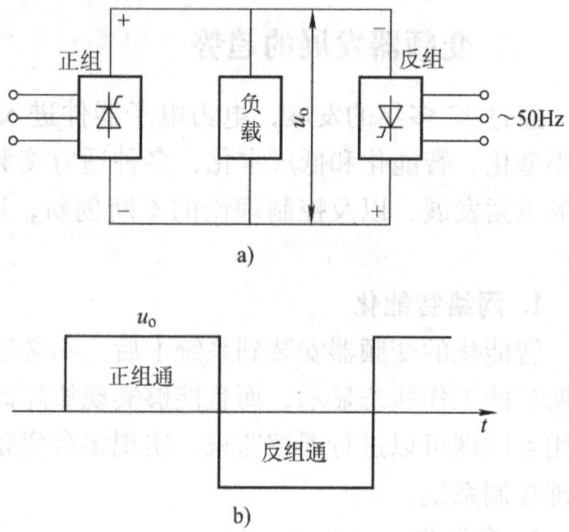

图 5-2 单相交-交变频器电路及波形
a）电路原理 b）方波输出电压

2. 交-直-交变频器

交-直-交变频器又称为间接变频器，主要由整流电路和逆变电路两部分组成。其中，整流电路将工频交流电整流成直流电，逆变电路再将直流电逆变成频率可调节的交流电。根据变频电源的性质可分为电压型变频和电流型变频。图 5-3 所示为交-直-交变频器的原理框图。

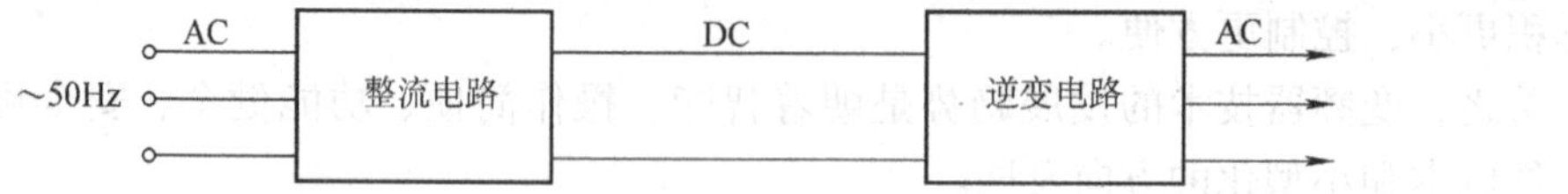

图 5-3 交-直-交变频器的原理框图

（1）电压型变频器 在电压型变频器中，整流电路产生的直流电压，通过电容进行滤波后供给逆变电路。由于采用大电容滤波，故输出电压的波形比较平直。在理想情况下，它可以看成是一个内阻为零的电压源，逆变电路输出的电压为矩形波或阶梯波。电压型变频器多用于不要求正反转或快速加减速的通用变频器中。电压型变频器的基本结构如图 5-4a 所示。

（2）电流型变频器 当交-直-交变频器的中间直流环节采用大电感滤波时，直流电流波形比较平直，因而电源内阻很大，对负载来说基本上是一个电流源，逆变电路输出的电流为矩形波。电流型变频器适用于频繁可逆运转的变频器和大容量的变频器中。电流型变频器的基本结构如图 5-4b 所示。

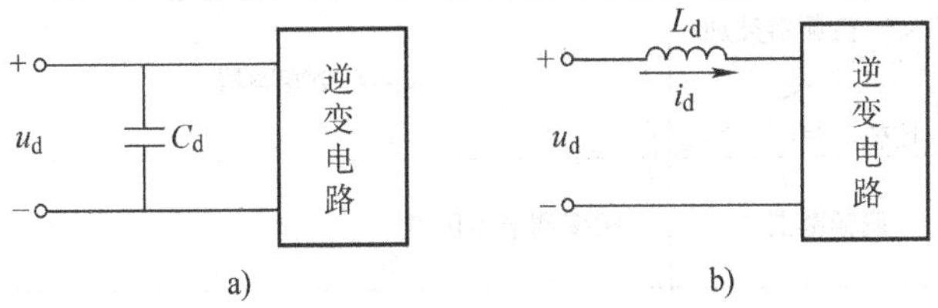

图 5-4　电压型和电流型变频器的基本结构

a）电压型变频器　b）电流型变频器

3. 变频器主要特点的比较

（1）电压型、电流型变频器的比较　对于变频调速系统来说，由于异步电动机是感性负载，不论它是处于电动状态还是处于发电制动状态，功率因数都不会等于 1.0，所以在中间直流环节与电动机之间总存在无功功率的交换，这种无功能量只能通过直流环节中的储能元件来缓冲，电压型和电流型变频器的主要区别是用什么储能元件来缓冲无功能量。表 5-1 列出了电压型和电流型交-直-交变频器主要特点。

表 5-1　电压型与电流型交-直-交变频器的主要特点

比较项目 \ 变频器类别	电压型	电流型
直流回路滤波环节（无功功率缓冲环节）	电容器	电抗器
输出电压波形	矩形波	决定于负载，对异步电动机负载近似为正弦波
输出电流波形	决定于负载的功率因数，有较大的谐波分量	矩形波
输出阻抗	小	大
回馈制动	需在电源侧设置反并联逆变器	方便，主电路不需附加设备
调速动态响应	较慢	快
对晶闸管的要求	关断时间要短，对耐压要求一般较低	耐压高，对关断时间无特殊要求
适用范围	多电动机拖动，稳频稳压电源	单电动机拖动，可逆拖动

（2）交-交和交-直-交变频器的比较　为了更清楚地表明交-交变频器和交-直-交变频器的特点，见表 5-2。

表 5-2　交-直-交变频器与交-交变频器的主要特点

比较项目 \ 变频器类别	交-直-交变频器	交-交变频器
换能形式	两次换能，效率略低	一次换能，效率较高
换流方式	强迫换流或负载谐振换流	电源电压换流
装置元器件数量	元器件数量较少	元器件数量较多

（续）

变频器类别 / 比较项目	交-直-交变频器	交-交变频器
调频范围	频率调节范围宽	一般情况下，输出最高频率为电网频率的1/3 ~1/2
电网功率因数	用可控整流调压时，功率因数在低压时较低；用斩波器或PWM方式调压时，功率因数高	较低
适用场合	可用于各种电力拖动装置、稳频稳压电源和不停电电源	特别适用于低速大功率拖动

4. 交-直-交变频器分类

根据调压方式的不同，交-直-交变频器又分为脉幅调制和脉宽调制两种。

（1）脉幅调制（PAM） 是改变电压源的电压 E_d 或电流源的电流 I_d 的幅值进行输出控制的方式。因此，在逆变器部分只控制频率，整流器部分只控制电压或电流。采用PAM调压时，变频器的输出电压波形如图5-5所示。

（2）脉宽调制（PWM） 指变频器输出电压的大小是通过改变输出脉冲的占空比来实现的。目前使用最多的是占空比按正弦规律变化的正弦波脉宽调制方式，即SPWM方式。用PWM方式调压输出的波形如图5-6所示。

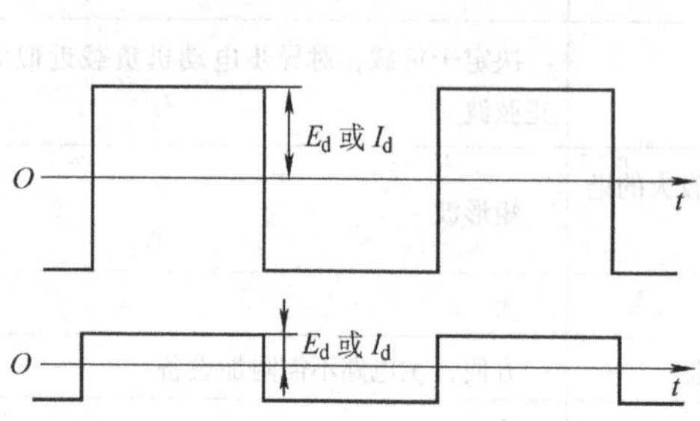

图5-5 脉幅调制方式调压

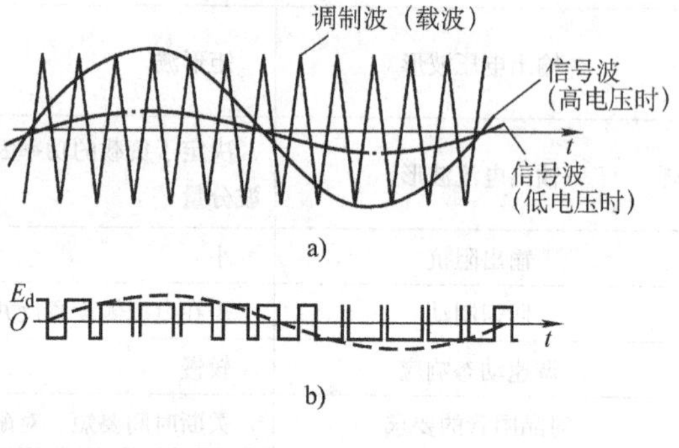

图5-6 用PWM方式调压输出的波形
a）调制原理 b）输出电压波形

二、按变频的控制方式分类

按控制方式不同变频器可以分为 *U/f* 控制、SF控制和矢量控制（VC）三种类型。

1. *U/f* 控制变频器

U/f 控制即压频比控制。它的基本特点是对变频器输出的电压和频率同时进行控制，通过保持 *U/f* 恒定使电动机获得所需的转矩特性。基频以下可以实现恒转矩调速，基频以上则可以实现恒功率调速。这种方式控制电路成本低，多用于精度要求不高的通用变频器。

2. SF控制变频器

SF控制即转差频率控制，是在 *U/f* 控制基础上的一种改进方式。在 *U/f* 控制的基础下，如果负载变化，转速也会随之变化，转速的变化量与转差率成正比。采用 U/f 控制时，其静态调速精度较差，而采用转差频率控制方式可以提高调速精度。采用转差频率控制方式，变频器通过电动机、速度传感器构成速度反馈闭环调速系统。变频器的输出频率由电动机的实际转速与转差频率之和来自动设定，从而达到在调速控制的同时也使输出转矩得到控制。这种方式属于闭环控制，故与 U/f 控制相比，在调速精度与转矩特性两方面都较好。但是由于这种控制方式需要在电动机轴上安装速度传感器，并需要依据电动机特性调节转差频率，所以通用性较差。

3. 矢量控制（VC）变频器

矢量控制是 20 世纪 70 年代提出来的对交流电动机一种新的控制思想和控制技术，也是异步电动机的一种理想调速方法。采用 U/f 和转差频率控制方式的控制思想是建立在异步电动机静态数学模型基础上的，因此这两种方式的动态性能指标不高。而采用矢量控制方式可以大大提高变频调速的动态性能。矢量控制的基本思想是将异步电动机的定子电流分解为产生磁场的电流分量（励磁电流）和与其相垂直的产生转矩的电流分量（转矩电流），并分别加以控制，即模仿直流电动机的控制方式对电动机的磁场和转矩分别进行控制，可获得类似于直流调速系统的动态性能。由于在这种控制方式中必须同时控制异步电动机定子电流的幅值和相位，即控制定子电流矢量，故这种控制方式被称为 VC。

VC 方式使异步电动机的高性能成为可能。VC 变频器不仅在调速范围上可以与直流电动机相匹敌，而且可以直接控制异步电动机转矩的变化，所以已经在许多需要精密或快速控制的领域得到应用。

变频器三种控制方式的特性比较见表 5-3。

表 5-3 变频器三种控制方式的特性比较

比较项目＼类别		U/f 控制	SF 控制	矢量控制（VC）
加减速特性		加减速控制有限度，四象限运转时在零速度附近有空载时间，过电流抑制能力小	加减速控制有限度（比 U/f 控制有一定提高），四象限运转时通常在零速度附近有空载时间，过电流抑制能力中	加减速时的控制无限度，可以进行连续四象限运转，过电流抑制能力大
速度控制	范围	1:10	1:20	1:100 以上
	响应	—	5～10rad/s	30～100rad/s
	控制精度	根据负载条件转差频率发生变动	与速度检出精度、控制运算精度有关	模拟最大值的 0.5% 数字最大值的 0.05%
转矩控制		原理上不可能	除车辆调速等外，一般不适用	适用 可以控制静止转矩
通用性		基本上不需要因电动机特性差异进行调整	需要根据电动机特性给定转差频率	按电动机不同的特性需要给定磁场电流、转矩电流、转差频率等多个控制量
控制构成		最简单	较简单	稍复杂

三、按变频的用途分类

1. 通用变频器

通用变频器的特点是其通用性。随着变频技术的发展和市场需要的不断扩大，通用变频器也在朝着两个方向发展：一是低成本的简易型通用变频器；二是高性能的多功能通用变频器。

（1）简易型通用变频器　它是一种以节能为主要目的且简化了一些系统功能的通用变频器。它主要应用于水泵、风扇、鼓风机等对于系统调速性能要求不高的场合，并具有体积小、价格低等方面的优势。

（2）高性能的多功能通用变频器　就是在设计过程中充分考虑了应用时可能出现的各种需要，并为满足这些需要而在系统软件和硬件方面都做了相应的准备。在使用时，用户可以根据负载特性选择算法并对变频器的各种参数进行设定，也可以根据系统的需要选择厂家所提供的各种备用选件来满足系统的特殊需要。高性能的多功能通用变频器除了可以应用于简易型变频器的所有应用领域之外，还可以广泛应用于电梯、数控机床、电动车辆等对调速系统的性能有较高要求的场合。

过去，通用变频器基本上采用的是电路结构比较简单的 *U/f* 控制方式，与 VC 方式相比，在转矩控制性能方面要差一些。但是，随着变频技术的发展，目前一些厂家已经推出采用 VC 的通用变频器，以适应竞争日趋激烈的变频器市场的需求。这种多功能通用变频器可以根据用户需要切换为“*U/f* 控制运行”或“VC 运行”，但价格方面却与 *U/f* 控制方式的通用变频器持平。因此，可以相信，随着电力电子技术和计算机技术的不断发展，今后变频器的性能价格比将会不断提高。

2. 专用变频器

（1）高性能专用变频器　随着控制理论、交流调速理论和电力电子技术的发展，异步电动机的 VC 得到发展，VC 变频器及其专用电动机构成的交流伺服系统已经达到并超过了直流伺服系统。此外，由于异步电动机还具有环境适应性强、维护简单等许多直流伺服电动机所不具备的优点，在要求高速、高精度的控制中，这种高性能交流伺服变频器正在逐步代替直流伺服系统。

（2）高频变频器　在超精密机械加工中常要用高速电动机。为了满足其驱动的需要，出现了采用 PAM 控制的高频变频器，其输出主频可达 3kHz，驱动两极异步电动机时的最高转速为 180000r/min。

（3）高压变频器　高压变频器一般是大容量的变频器，最高功率可做到 5000kW，电压等级为 3kV、6kV、10kV。

第三节　变频器的应用

一、在节能方面的应用

变频调速已被认为最理想、最有发展前途的调速方式之一。

风机、泵类负载采用变频调速后，节电率可以达到20% ~60%，这是因为风机、泵类负载的耗电功率基本与转速的三次方成正比。当用户需要的平均流量较小时，风机、泵类采用变频调速后其转速降低，节能效果非常可观。而传统的风机、泵类采用挡板和阀门进行流量调节，电动机转速基本不变，耗电功率变化不大。由于风机、水泵、压缩机在采用变频调速后，可以节省大量电能，所需的投资在较短的时间内就可以收回，因此，在这一领域中变频调速应用的最多。目前应用较成功的有恒压供水、各类风机、中央空调和液压泵的变频调速。

二、在自动化控制系统方面的应用

由于变频器内置有32位或16位的微处理器，具有多种算术逻辑运算和智能控制功能，输出频率精度高达0.01% ~0.1%，还设置有完善的检测、保护环节。因此，变频器在自动化控制系统中获得了广泛的应用。例如：化纤工业中的卷绕、拉伸、计量、导丝；玻璃工业中的平板玻璃退火炉、玻璃窑搅拌、拉边机、制瓶机；电弧炉自动加料、配料系统以及电梯的智能控制等。

三、在产品工艺和质量方面的应用

变频器还可以广泛应用于传送、起重、挤压和机床等各种机械设备控制领域，它可以提高工艺水平和产品质量，减少设备的冲击和噪声，延长设备的使用寿命。采用变频调速控制后，使机械系统简化，操作和控制更加方便，有的甚至可以改变原有的工艺规范，从而提高了整个设备的功能。

技能训练14 变频器的认识

一、训练目的

了解变频器在现代工业自动化控制中的应用。

二、训练器材

1）视频播放设备和变频器实物。

2）变频器的生产线设备或加工机械。

三、训练内容及步骤

1）播放相关视频资料。

2）进行变频器多媒体课件的讲解。

3）参观相关的生产、制造工厂，了解变频器的生产线设备或加工机械。

本章小结

1. 变频器的发展

电力电子器件是变频器发展的基础。电力电子器件由最初的半控器件SCR，发展为全控器件的门极关断（GTO）晶闸管、GTR、MOSFET、IGBT，近年来又研制出IPM，单个器件的电压值和电流值的定额越来越大，工作速度越来越高，驱动功率和管耗越来越小。这些新技术和自动控制新理论使变频器的容量越来越大，功能越来越强。变频器技术的发展趋势为：网络智能化、专门化、一体化。

2. 变频器的基本类型

1）按变频的原理分类交-交变频器、交-直-交变频器。

2）按变频器的控制方式分类压频比（*U/f*）控制变频器、转差频率（SF）控制变频器、矢量控制（VC）变频器。

3）按用途分类通用变频器、专用变频器。

3. 变频器的应用

变频调速已被公认为最理想、最有发展前途的调速方式之一，它的应用主要在节能、自动化系统及提高工艺水平和产品质量等方面。

复习思考题

1. 什么叫变频器？
2. 为什么说电力电子器件是变频器发展的基础？
3. 变频器的发展趋势如何？
4. 按工作原理变频器分为哪几种类型？按用途变频器分为哪几种类型？
5. 交-交变频器与交-直-交变频器在主电路的结构和原理方面有何区别？两者中哪种变频器得到广泛应用？
6. 按控制方式变频器分为哪几种类型？
7. 简述变频器的应用。
8. 为什么说采用变频器后可以节能？

第六章　变频器的选择与操作

学习目标

变频器系统包括变频器、电动机和负载等，了解变频器的结构，合理选择系统设备和规范操作，是实现系统安全、可靠和经济运行的保证。

本章的学习目标：

1. 了解变频器的结构和性能。
2. 了解变频器的特点和主要功能。
3. 熟悉变频器的功能参数。
4. 掌握根据负载工作要求选择变频器。

第一节　变频器的结构

前一章在介绍变频器的分类时已经讲到，变频器按照不同分类可以有多种类型，由于不同类型的主电路工作方式和控制方式的不同组合将形成不同的变频器，所以变频器类型也很多。

虽然变频器的种类很多，其内部结构各有不同，但它们的基本结构是相似的。下面以交-直-交电压型通用变频器为例，介绍变频器的基本结构和各部分电路的主要功能。

一、变频器的基本结构

交-直-交电压型通用变频器由主电路和控制电路组成，其基本结构如图 6-1 所示。主电路包括整流器、中间直流环节和逆变器。控制电路由运算电路、检测电路、控制信号的输入/输出电路和驱动电路组成。

1. 整流电路

整流电路的主要作用是把三相（或单相）交流电转变成直流电，为逆变电路提供所需的直流电源，在电压型变频器中整流电路的作用相当于一个直流电压源。在中小容量变频器中，一般整流电路采用整流二极管或整流模块，如图 6-2 中的 VD1 ~ VD6。

2. 滤波及限流电路

滤波电路通常由若干个电解电容并联成一组，如图 6-2 中 C_1 和 C_2。由于电解电容的电容量有较大的离散性，可能使各电容承受的电压不相等，为了解决电容 C_1 和 C_2 均压问题，在两电容旁各并联一个阻值相等的均压电阻 R_1 和 R_2。

在图 6-2 中，串接在整流桥和滤波电容之间的限流电阻 R_S 和短路开关 S（虚线所划开关）组成了限流电路。当变频器接入电源的瞬间，将有一个很大的冲击电流经整流桥流向滤波电容，整流桥可能因电流过大而在接入电源的瞬间受到损坏，限流电阻 R_S 可以削弱该冲击电流，起到保护整流桥的作用。

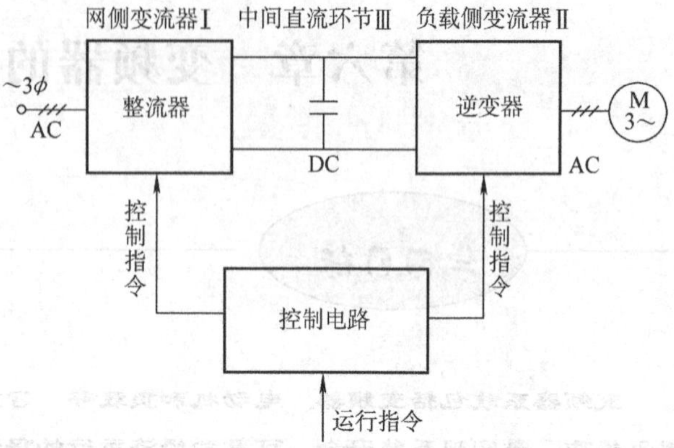

图 6-1 电压型通用变频器的基本结构

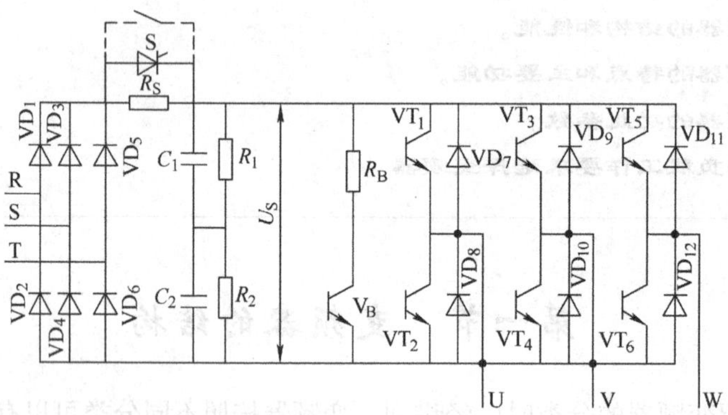

图 6-2 交-直-交电压型变频器主电路

限流电阻 R_S 和短路开关 S

如果限流电阻 R_S 长期连接在电路中，会影响直流电压和变频器输出电压的大小，所以当直流电压增大到一定值时，接通短路开关 S，切除 R_S。短路开关 S 大多由晶闸管构成，小容量变频器中，也常由继电器的触点构成。

小知识

3. 直流中间电路

由整流电路可以将电网的交流电源整流成直流电压或直流电流，但这种电压或电流含有电压或电流纹波，将影响直流电压或电流的质量。为了减小这种电压或电流的波动，需要加电容器或电感器作为直流中间环节。

对电压型变频器来说，直流中间电路通过大容量的电容对输出电压进行滤波，如图 5-4 所示。

4. 逆变电路

逆变电路是变频器最主要的部分之一，它的功能是在控制电路的控制下将直流中间电路输出的直流电压，转换为电压频率均可调的交流电压，实现对异步电动机的变频调速控制。

在中小容量的变频器中多采用 PWM 开关方式的逆变电路，换流器件为大功率晶体管（GTR）、绝缘栅双极晶体管（IGBT）或功率场效应晶体管（P-MOSFET）。随着门极关断（GTO）晶闸管容量和可靠性的提高，在中大容量的变频器中采用 PWM 开关方式的门极关断（GTO）晶闸管逆变电路逐渐成为主流。

在图 6-2 中，由开关管器件 VT1 ~ VT6 构成的电路称为逆变桥，由 VD7 ~ VD12 构成续流电路。续流电路的作用如下：

1）为电动机绕组的无功电流返回直流电路提供通路。

2）当频率下降使同步转速下降时，为电动机的再生电能反馈至直流电路提供通路。

3）为电路的寄生电感在逆变过程中释放能量提供通路。

5. 能耗制动电路

在变频调速中，电动机的降速和停机是通过减小变频器的输出频率，从而降低电动机的同步转速的方法来实现的。当电动机减速时，在频率刚减小的瞬间，电动机的同步转速随之降低，由于机械惯性，电动机转子转速未变，使同步转速低于电动机的实际转速，电动机处于发电制动运行状态，负载机械和电动机所具有的机械能量被回馈给电动机，并在电动机中产生制动力矩，使电动机的转速迅速下降。

电动机再生的电能经过图 6-2 中的续流二极管 VD7 ~ VD12 全波整流后，反馈到直流电路，由于直流电路的电能无法回馈给电网，在 C_1 和 C_2 上将产生短时间的电荷堆积，形成“泵生电压”，使直流电压升高，当直流电压过高时，可能损坏换流器件。变频器的检测单元检测到直流回路电压 U_S 超过规定值时，控制功率管 V_B 导通，接通能耗制动电路，使直流回路通过 R_B 电阻释放电能。

二、变频器控制电路

为变频器主电路提供通断控制信号的电路，称为控制电路。其主要任务是完成对逆变器开关器件的开关控制和提供多种保护功能。其控制方式有模拟控制和数字控制两种。目前已广泛采用了以微处理器为核心的全数字控制技术，主要依靠软件完成各种控制功能，以充分发挥微处理器计算能力强和软件控制灵活性高的特点，完成许多模拟控制方式难以实现的功能。

控制电路主要由以下部分组成：

（1）运算电路　运算电路的主要作用是将外部的速度、转矩等指令信号同检测电路的电流、电压信号进行比较运算，决定变频器的输出频率和电压。

（2）信号检测电路　将变频器和电动机的工作状态反馈至微处理器，并由微处理器按事先确定的算法进行处理后为各部分电路提供所需的控制或保护信号。

（3）驱动电路　驱动电路的作用是为变频器中逆变电路的换流器件提供驱动信号。当逆变电路的换流器件为晶体管时，称为基极驱动电路；当逆变电路的换流器件为 IGBT 或 GTO 时，称为门极驱动电路。

（4）保护电路　保护电路的主要作用是对检测电路得到的各种信号进行运算处理，以判断变频器本身或系统是否出现异常。当检测到出现异常时，进行各种必要的处理，如使变频器停止工作或抑制电压、电流值等。

三、变频器与外部连接端子

1. 主电路端子

变频器通过主电路端子与外部连接，主电路端子及其功能见表 6-1。

表 6-1 变频器的主电路端子及其功能

端子符号	端子名称	功能说明
L1、L2、L3	交流电源输入端子	连接三相交流电源
U、V、W	变频器输出端子	连接三相电动机
PE	变频器接地端子	变频器机壳接地

使用主电路端子进行连接时应注意以下几点：

1）L1、L2、L3 主电路电源输入端子，经接触器和断路器与电源连接，不用考虑相序。

2）变频器的保护功能动作时，继电器的常闭触点控制接触器电路，会使接触器断开，从而切断变频器的主电路电源。

3）不应以主电路的通断来操作变频器的运行和停止。需要用控制面板上的运行键（RUN）和停止键（STOP）或用控制电路端子 FWD（REV）来操作。

4）变频器输出端子 U、V、W 直接接至三相电动机上，当旋转方向与设定不一致时，可以调换 U、V、W 三相中的任意两相。当电动机设置有变频和工频两种工作状态时，电动机前应串接热继电器。

5）变频器的输出端子不要连接到电力电容器或浪涌吸收器上。

6）从安全及降低噪声的需要出发，为防止漏电和干扰侵入或辐射电磁波，变频器必须接地。根据电气设备技术标准规定，接地电阻应小于 10Ω，且用较粗的短线接到变频器的专用接地端子 PE 上。当变频器和其他设备，或有多台变频器一起接地时，每台设备应分别和地相接，而不允许将一台设备的接地端和另一台设备的接地端相接后再接地，如图 6-3 所示。

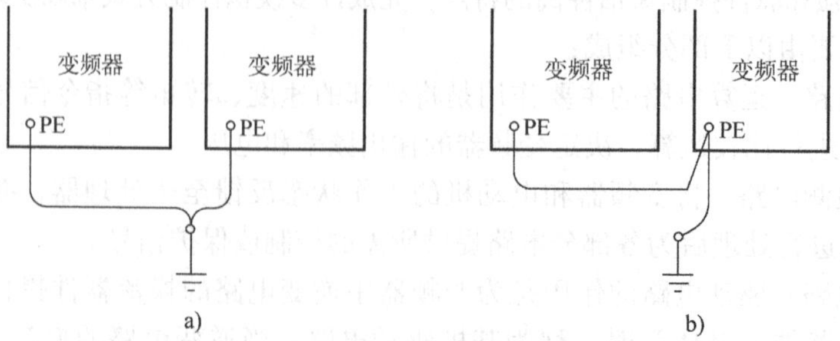

图 6-3 多台变频器的接地
a）正确 b）错误

2. 控制电路端子

变频器具有多种控制端子，不同类型的变频器控制端子也不尽相同，各控制端的功能常可以任意设定，一般有以下配置。

（1）运行控制端　主要有正转（FWD）、反转（REV）、运行（RUN）、停止（STOP）、点动（JOG）等。

（2）多段频率控制端　通常用变频器的数字输入端作为开关，设定多段工作频率，以便在程序控制的不同程序段，得到不同的转速。如用两个数字输入端可实现3段工作频率控制，用3个数字输入端可实现7段工作频率控制，用4个数字输入端可实现15段工作频率控制。

（3）其他功能控制端　如紧急停机（EMS）、复位（RST）、外接保护（THR）等。

控制电路端子上的连接电线用0.75mm^{2}及以下规格的屏蔽线。屏蔽线的一端连接到各自的共用端子上；另一端不用连接，如图6-4所示。

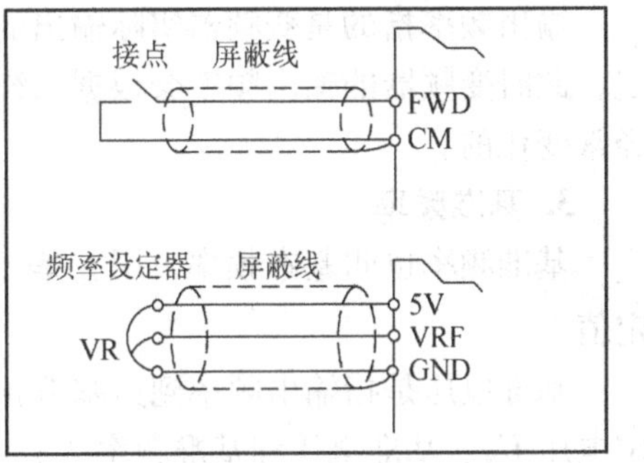

图6-4　屏蔽线接线示意图

3. 外接输出电路

变频器的外接输出电路是用于对外部提供输出信号，一般配置如下：

（1）状态信号端　为晶体管输出，包括运行信号端和频率达到信号端。运行信号端的工作状态为变频器在运行过程中晶体管导通。频率达到信号端的工作状态为当变频器工作频率达到某设定值时，晶体管导通。

（2）报警信号端　为继电器输出，当变频器发生故障时，继电器动作。

（3）测量信号端　测量信号端供外接显示仪表用，包括频率信号端和电流信号端等。尽管测量信号端一般只有2～3个，但测量的内容可以很多，用户可自行设定。

第二节　变频器的频率参数

随着变频技术的发展，变频器的功能越来越多，性能不断提高，由最初的模拟控制，到微型单片机的全数字控制，变频控制技术已经发展到了一个较为成熟的阶段。变频器的运行涉及到多项频率参数，需要对各参数进行功能预置，才能使电动机变频调速后的特性满足生产机械的要求。本节介绍一些和频率有关的参数。

一、基本频率参数

1. 给定频率

用户根据生产工艺的需求所设定的变频器输出频率称为给定频率。例如：原来工频供电的风机电动机现改为变频调速供电，就可设置给定频率为50Hz，其设置方法有两种：一种是用变频器的操作面板来输入频率的数字量50；另一种是从控制接线端上用外部给定（电压或电流）信号进行调节，最常见的形式就是通过外接电位器来完成。

（1）给定频率方式的选择功能　频率给定有三种方式可供用户选择：

1）面板给定方式：通过面板上的键盘设置给定频率。

2）外接给定方式：通过外部的模拟量或数字输入给定端口，将外部频率给定信号输入变频器。

3）通信接口给定方式：由计算机或其他控制器通过通信接口进行给定。

（2）外接给定信号的选择　外接给定信号有以下两种：

1）电压信号：一般有 0～5V、0～±5V、0～10V、0～±10V 等几种。

2）电流信号：一般有 0～20mA、4～20mA 两种。

2. 输出频率

输出频率指的是变频器实际输出的频率。当电动机所带的负载变化时，为使拖动系统稳定，此时变频器的输出频率会根据系统情况不断地调整。因此，输出频率是在给定频率附近经常变化的。

3. 基准频率

基准频率也叫基本频率，用 f_b 表示。一般以电动机的额定频率 f_N 作为基准频率 f_b 的给定值。

基准电压是指输出频率到达基准频率时变频器的输出电压，基准电压通常取电动机的额定电压 U_N。基准电压和基准频率的关系如图 6-5 所示。

4. 上限频率和下限频率

上限频率和下限频率是指变频器输出的最高、最低频率，常用 f_H 和 f_L 来表示。根据拖动系统所带的负载不同，有时要对电动机的最高、最低转速给予限制，以保证拖动系统的安全和产品的质量，另外，由操作面板的误操作及外部指令信号的误动作引起的频率过高和过低，设置上限频率和下限频率可起到保护作用。常用的方法就是给变频器的上限频率和下限频率赋值。当变频器的给定频率高于上限频率 f_H 或者是低于下限频率 f_L 时，变频器的输出频率将被限制在上限频率或下限频率，如图 6-6 所示。

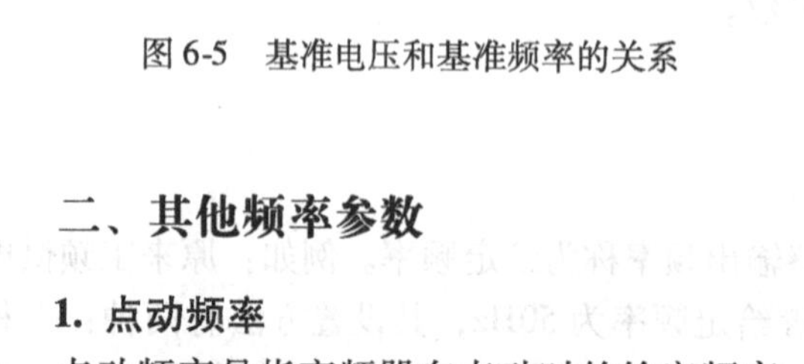

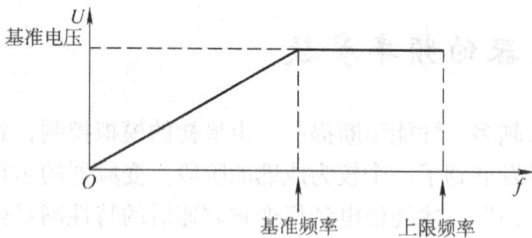

图 6-5　基准电压和基准频率的关系

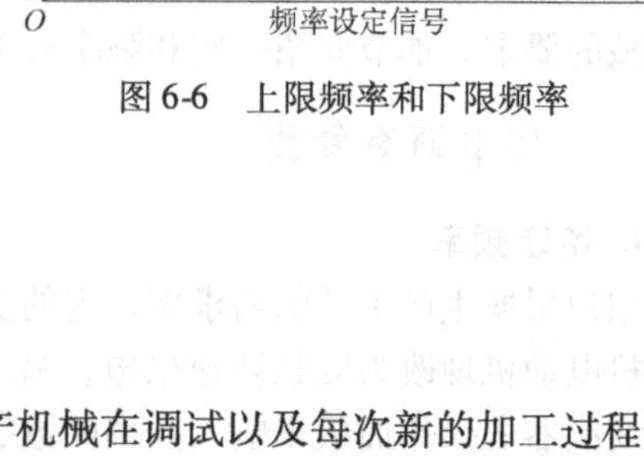

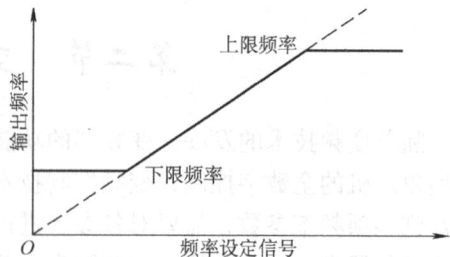

图 6-6　上限频率和下限频率

二、其他频率参数

1. 点动频率

点动频率是指变频器在点动时的给定频率。生产机械在调试以及每次新的加工过程开始前常需进行点动，以观察整个拖动系统各部分的运转是否良好。为防止意外，大多数点动运转的频率都较低。如果每次点动前都需将给定频率修改成点动频率是很麻烦的，所以一般的变频器都提供了预置点动频率的功能。如果预置了点动频率，则每次点动时，只需要将变频器的运行模式切换至点动运行模式即可，不必再改动给定频率了。

2. 载波频率（PWM 频率）

在第五章中，阐述了 PWM 变频器的输出电压是一系列脉冲，脉冲的宽度和间隔均不相等，其大小取决于调制波（基波）和载波（三角波）的交点。载波频率越高，一个周期内脉冲的个数越多，也就是说脉冲的频率越高，电流波形的平滑性就越好，但是对其他设备的干扰也越大。如果载波频率预置不合适，还会引起电动机铁心的振动而发出噪声，因此一般的变频器都提供了 PWM 频率调整的功能，使用户在一定的范围内可以调节该频率，从而使得系统的噪声最小，波形平滑性最好，同时干扰也最小。变频载波频率与性能的关系见表 6-2。

表 6-2　变频器载波频率与性能的关系

载波频率	电磁噪声	噪声、泄漏电流	电流波形
1kHz	大	小	
8kHz	中	中	介于两者之间
15kHz	小	大	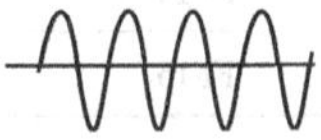

3. 起动频率

起动频率是指电动机开始起动时的频率，常用 f_S 表示；这个频率可以从 0 开始，但是对于惯性较大或是摩擦转矩较大的负载，需要加大起动转矩。此时可使起动频率加大至 f_S，此时起动电流也较大。一般的变频器都可以预置起动频率，一旦预置该频率，变频器对小于起动频率的运行频率将不予理睬。

给定起动频率的原则是：在起动电流不超过允许值的前提下，拖动系统能够顺利起动为宜。

4. 多挡转速频率

由于工艺上的要求不同，很多生产机械在不同的阶段需要在不同的转速下运行。为方便这种负载，大多数变频器均提供了多挡频率控制功能。它是通过几个开关的通、断组合来选择不同的运行频率。常见的形式是用 4 个输入端来选择 16 挡频率。

在变频器的控制端子中设置有 4 个开关 DIN1、DIN2、DIN3、DIN4，用其开关状态的组合来选择各挡频率，一共可选择 16 个频率挡。它们之间的对应关系见表 6-3。

表 6-3　DIN 状态组合与转速频率对应关系

状态 / 频率	DIN4 状态	DIN3 状态	DIN2 状态	DIN1 状态
OFF	0	0	0	0
FF1	0	0	0	1

（续）

频率 \ 状态	DIN4 状态	DIN3 状态	DIN2 状态	DIN1 状态
FF2	0	0	1	0
FF3	0	0	1	1
FF4	0	1	0	0
FF5	0	1	0	1
FF6	0	1	1	0
FF7	0	1	1	1
FF8	1	0	0	0
FF9	1	0	0	1
FF10	1	0	1	0
FF11	1	0	1	1
FF12	1	1	0	0
FF13	1	1	0	1
FF14	1	1	1	0
FF15	1	1	1	1

将表 6-2 中开关状态的组合与各挡频率之间的关系画成曲线，如图 6-7 所示。

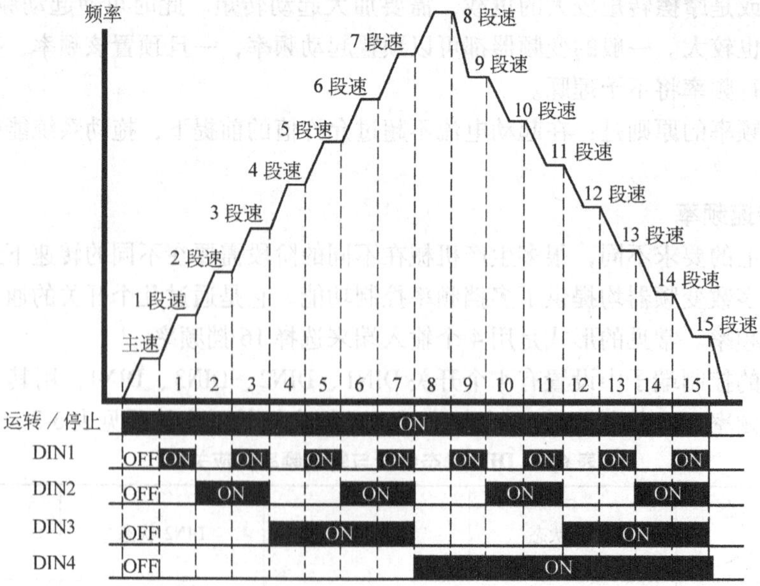

图 6-7　开关状态的组合与各挡频率之间的关系

第三节　变频器的主要功能

一、运行功能

1. 加速时间

变频起动时，起动频率可以很低，加速时间可以自行给定，这样就能有效地解决起动电流大和机械冲击的问题。

加速时间是指工作频率从0Hz上升至基本频率f_b所需要的时间，各种变频器都提供了在一定范围内可任意给定加速时间的功能。用户可根据拖动系统的情况自行给定一个加速时间。加速时间越长，起动电流就越小，起动也越平缓，但却延长了拖动系统的过渡过程，对于某些频繁起动的机械来说，将会降低生产效率。因此给定加速时间的基本原则是在电动机的起动电流不超过允许值的前提下，尽量地缩短加速时间。由于影响加速过程的因素是拖动系统的惯性，故系统的惯性越大，加速难度就越大，加速时间也应该长一些。但在具体的操作过程中，由于计算非常复杂，可以将加速时间先设置的长一些，观察起动电流的大小，然后再慢慢缩短加速时间。

2. 加速模式

不同的生产机械对加速过程的要求是不同的。根据各种负载的不同要求，变频器给出了各种不同的加速曲线（模式）供用户选择。常见的曲线形式有线性方式、S形方式和半S形方式等，如图6-8所示。

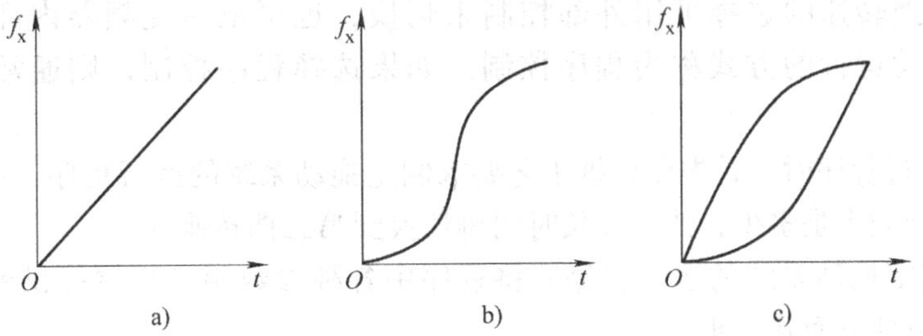

图6-8　变频器的加速曲线

a）线性方式　b）S形方式　c）半S形方式

1）线性方式在加速过程中，频率与时间成线性关系，如图6-8a所示，如果没有什么特殊要求，一般的负载大都选用线性方式。

2）S形方式的初始阶段加速较缓慢，中间阶段为线性加速，尾段加速逐渐减为零，如图6-8b所示。这种曲线适用于带式输送机一类的负载。这类负载往往满载起动，传送带上的物体静摩擦力较小，刚起动时加速较慢，以防止输送带上的物体滑倒，到尾段加速减慢也是这个原因。

3）半S形方式加速时一半为S形方式，另一半为线性方式，如图6-8c所示。对于风机和泵类负载，低速时负载较轻，加速过程可以快一些。随着转速的升高，其阻转矩迅速增加，加速过程应适当减慢。反映在曲线上，就是加速的前半段为线性方式，后半段为S形方式。而对于一些惯性较大的负载，加速初期加速过程较慢，到加速的后期可适当加快其加速过程。反映在图上，就是加速的前半段为S形方式，后半段为线性方式。

3. 减速时间

变频调速时，减速是通过逐步降低给定频率来实现的。在频率下降的过程中，电动机将处于再生制动状态。如果拖动系统的惯性较大，频率下降又很快，电动机将处于强烈的再生制动状态，从而产生过电流和过电压，使变频器跳闸。为避免上述情况的发生，可以在减速时间和减速方式上进行合理的选择。

减速时间是指变频器的输出频率从基本频率f_b减至0Hz所需的时间。减速时间的给定方法同加速时间一样，其值的大小主要考虑系统的惯性。惯性越大，减速时间就越长。一般情况下，加、减速选择同样的时间。

4. 减速模式

减速模式设置与加速模式相似，也要根据负载情况而定，减速曲线也有线性和S形、半S形等几种方式。

5. 多功能端子

多功能端子，有些变频器称为可编程输入输出控制端子。多功能端子的功能由用户根据需要通过功能代码进行设置，以节省变频器控制端子的数量。

6. 程序控制

程序控制，有些变频器中也称简易PLC控制。对于一个需要多挡转速操作的拖动系统来说，多挡转速的选择可用外部控制来切换，也可依靠变频器内部定时器来自动执行。这种自动运行的方式称为程序控制。如果选择程序控制，则通常需要经过下面几个步骤：

1）制定运行程序时，首先要根据工艺要求制定拖动系统的运行程序。如第一挡转速从何时开始，运行频率是多少，持续多长时间再切换到第二挡转速等。

2）根据制定拖动系统的运行程序，将程序中各种参数用变频器提供的功能码进行预置。预置通常包括下面几个步骤：

①选择程序运行的时间单位可以在“分/秒”之间选择。

②选择一个运行组，将运行程序中各程序段的旋转方向、运行频率、持续时间（或开始时间）输入到所对应的指令中去。

③运行组的选择和切换例如在变频器的控制端子中选择3个开关DIN1、DIN2、DIN3、DIN4在各运行组之间进行切换，若DIN1闭合，选择第一运行组；若DIN3闭合，选择第三运行组。

二、优化特性功能

1. 节能功能

很多变频器都提供了自动节能功能，只需用户加以选择，变频器就可以自动搜寻最佳工作点，以达到节能的目的。需要说明的是，节能运行功能只有在 U/f 控制时才起作用，如果变频器选择了矢量控制，则该功能将被自动取消，因为在所有的控制功能中，矢量控制的优先级最高。

2. 自动电压调整

变频器的输出电压会随着输入电压的变化而变化，如果输入电压下降，则会引起变频器的输出电压也下降。那么就会影响电动机的带负载能力，而这种影响是不可控制的。若选择了自动电压调整功能有效，遇到这种情况，变频器就会适当提高其输出电压，以保证电动机的带负载能力不变。

3. 瞬间停电再起动

该功能的作用是在发生瞬时停电又复电时，使变频器仍然能够根据原定的工作条件自动进入运行状态，从而避免进行复位、再起动等繁琐操作，保证整个系统的连续运行。

该功能的具体实现是在发生瞬时停电时，利用变频器的自动跟踪功能，使变频器的输出频率能够自动跟踪与电动机实际转速相对应的频率，然后再升速，返回至预先给定的速度。通常当瞬时停电时间在 2s 以内时，可以使用变频器的这个功能。

4. 电动机参数的自动调整

当变频器的配用电动机符合变频器说明书的使用要求时，用户只需要输入电动机的极数、额定电压等参数，变频器就可以在自已的存储器中找到该类电动机的相关参数。当选用的变频器和电动机不配套（诸如电动机型号不配套）时，变频器往往不能准确地得到电动机的参数。

在采用开环 U/f 控制时，这种矛盾并不突出；而选择矢量控制时，系统的控制是以电动机参数为依据的，此时电动机参数的准确性就显得非常重要。为了提高矢量控制的效果，很多变频器都提供了电动机参数的自动调整功能，对电动机的参数进行测试。

测试时，首先将变频器和配套电动机按要求接线，然后按以下步骤操作：

1）选择矢量控制。

2）输入电动机额定值，如额定电压、电流、频率等。

3）选择自动调整的方式为“用”或“不用”。

通过进行以上选择，将变频器通入电源后空转一段时间；也有的变频器需先后对电动机实施加速、减速、停止等操作，从而将电动机的定子电阻、转子电阻、电感等参数计算出来并自动保存。

5. 变频器和工频电源的切换

当变频器出现故障或电动机需要长期在工频频率下运行时，需要将电动机切换到工频电源下运行。变频器和工频电源的切换有手动和自动两种，这两种切换方式都需要配加外电路。

如果采用手动切换，则只需要在适当的时候用人工来完成，控制电路比较简单；如果采用自动切换方式，则除控制电路比较复杂外，还需要对变频器进行参数预置。大多数变频器常有下面两项选择：

1）报警时的工频电源/变频器切换选择。

2）自动变频器/工频电源切换选择。

三、保护功能

1. 过电流保护

过电流是指变频器的输出电流的峰值超出了变频器的容许值。由于逆变器的过载能力很差，大多数变频器的过载能力都只有150%，允许持续时间为1min。因此，对变频器实施过电流保护，就显得尤为重要。

产生过电流的原因较多，大致可分为以下两种：一种就是在加、减速过程中，由于加减速时间设置过短而产生的过电流；另一种是在恒速运行时，由于负载或变频器的工作异常而引起的过电流。例如：电动机遇到了冲击、变频器输出短路等。

在大多数的拖动系统中，由于负载的变动，短时间的过电流是不可避免的。为了避免频繁跳闸给生产带来的不便，一般的变频器都设置了失速防止功能，只有在该功能不能消除过电流或过电流峰值过大时，变频器才会跳闸，停止输出。

可以通过对变频器失速防止功能的设置来限制过电流，用户根据电动机的额定电流I_{MN}和负载的情况，给定一个电流限值I（通常该电流给定为150%I_{MN}）。

如果过电流发生在加、减速过程中，当电流超过I时，变频器暂停加、减速（即维持不变），待过电流消失后再进行加、减速，如图6-9所示。

如果过电流发生在恒速运行时，变频器会适当降低其输出频率，待过电流消失后再使输出频率返回原来的值，如图6-10所示。

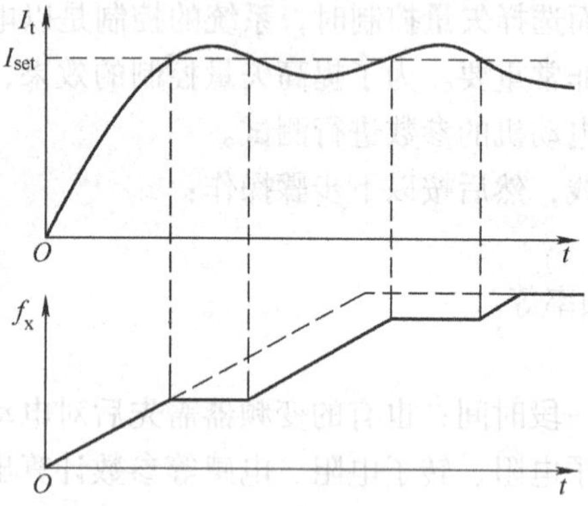

图6-9 加、减速时的失速防止

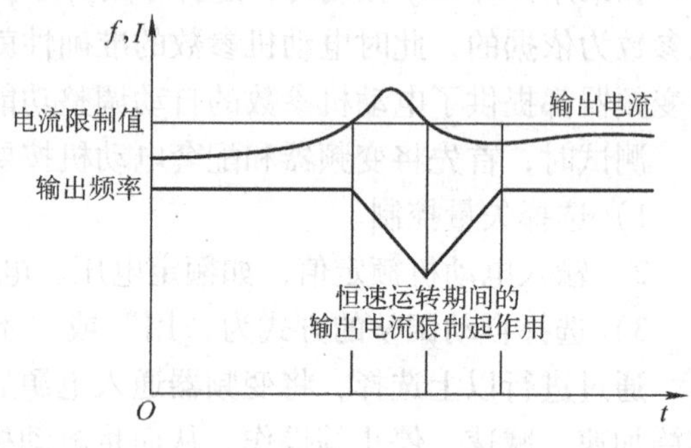

图6-10 恒速时的失速防止

2. 电动机过载保护

在传统的电力拖动系统中，通常采用热继电器对电动机进行过载保护。热继电器具有反时限特性，即电动机的过载电流越大，电动机的温升增加越快，容许电动机持续运行的时间就越短，热继电器的跳闸也越快。

变频器中的电子热敏器，可以很方便地实现热继电器的反时限特性。检测变频器的输出电流，并和存储单元中的保护特性进行比较。当变频器的输出电流大于过载保护电流时，电子热敏器将按照反时限特性进行计算，算出允许电流持续的时间，如果在此时间内过载情况消失，则变频器工作依然是正常的，但若超过此时间过载电流仍然存在，则变频器将跳闸，停止输出。使用变频器的该功能，只适用于一个变频器带一台电动机的情况，

如果一个变频器带有多台电动机，则由于电动机的容量比变频器小得多，变频器将无法对电动机的过载进行保护，通常在每个电动机上再加装一个热继电器。

3. 过电压保护

产生过电压的原因，大致可分为两大类：一类是在减速制动的过程中，由于电动机处于再生制动状态，若减速时间设置得太短，因再生能量来不及释放，引起变频器中间电路的直流电压升高而产生过电压；另一类是由于电源系统的浪涌电压而引起的过电压。对于电源过电压的情况，变频器规定：电源电压的上限一般不能超过电源电压的10%。如果超过该值，则变频器将会跳闸。

对于在减速过程中出现的过电压，也可以采用暂缓减速的方法来防止变频器跳闸。可以由用户给定一个电压的限值，在减速的过程中若出现直流电压大于设定电压时，则暂停减速，如图6-11所示。

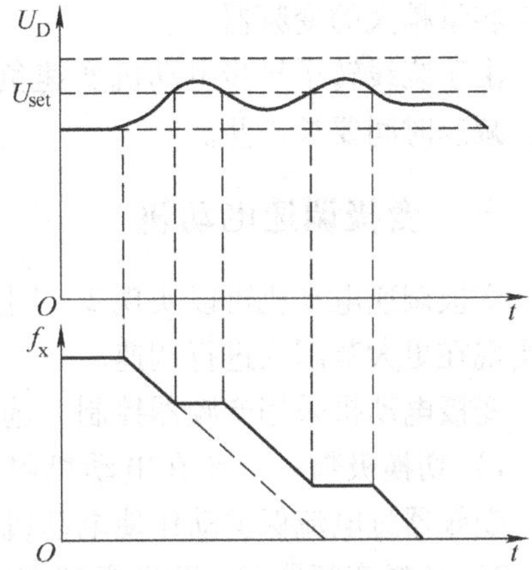

图6-11　减速时防止跳闸功能

4. 欠电压保护和瞬间停电的处理

当电网电压过低时，会引起变频器直流中间电路的电压下降，从而使变频器的输出电压过低并造成电动机输出转矩不足和过热现象；而欠电压保护的作用，就是在变频器的直流中间电路出现欠电压时，使变频器停止输出。

当电源出现瞬间停电时，直流中间电路的电压也将下降，并可能出现欠电压的现象。为了使系统在出现这种情况时，仍能继续正常工作而不停车，现在的变频器大部分都提供了瞬时停电再起动功能。

第四节　变频器的选择

变频器的选择与电动机的结构形式及容量有关，还与电动机所带负载的类型有关。

一、笼型异步电动机

对于笼型异步电动机选择变频器拖动时，主要依据以下几项要求：

1. 依据负载电流选择变频器

电动机采用变频器运转同采用工频电源运转相比，由于输出电压、电流中所含高次谐波的影响，电动机的效率、功率因数将降低，电流增加10%。

标准电动机在额定电压、额定电流和额定频率下运行时电流为最大，温升也为最大，不允许超负载转矩使用。额定频率为50Hz的电动机在60Hz下运转时温度有裕量，可以在额定电流（额定转矩）下使用。

选择变频器的额定电流应大于标准电动机的额定电流，变频器的容量应大于或等于标准电动机的功率。

二、绕线转子异步电动机

绕线转子异步电动机采用变频器控制运行，大多是对老设备进行改造，利用已有的电动机。改用变频器调速时，可将绕线转子异步机的转子短路，去掉电刷和起动器。考虑电动机输出时的温升问题，所以容量要降低 10% 以上。由于绕线转子异步电动机转子内阻较小，是一种高效的笼形异步电动机，但容易发生谐波电流引起的过电流跳闸现象，所以应选择比通常容量稍大的变频器。

由于绕线转子异步电动机变速负载的 GD^2（飞轮矩）一般比较大，因此设定变频器的加、减速时间要长一些。

三、变极调速电动机

变极调速电动机可以实现 2 ~4 极变速，仅通过改接引线即可。而采用变频器控制后可以实现在更大范围内进行调速。

变极电动机采用变频器控制，选择时应注意以下几点：

1）切换极数一定要在电动机停止后进行，如果在旋转中切换，切换时将流过很大电流，变频器过电流保护动作使电动机处于自由停车状态，不能继续运转。

2）选择变频器时，要考虑到变极电动机的机座比一般电动机大，电流也大，所以需要选择大容量的变频器。

3）在工频电源下使用的变极电动机改为变频器控制时，转动部分的强度、轴承寿命等都有限制。特别要注意在高极数下、工频以上运转时最高频率的设置。

四、带制动器的电动机

在生产设备中，为了电动机定位、安全急停车和停止中的保持，必须使用带机械式制动器的电动机。

机械式制动器有各种结构，带圆盘形制动器有交流电磁铁式和直流电磁铁式两种。

带制动器的电动机用变频器传动时，需要注意以下几点：

1. 制动器电源一定要接在变频器的输入端

由于变频器的输出电压在低速时为低电压，所以电磁铁的吸引力减弱，制动器将不能松开，因此，制动器电源不能同电动机一样接在变频器的输出侧。

2. 从工频以上频率的速度停止

这种制动器是将机械能利用摩擦变为热能消耗掉，制动能量与转速的二次方成正比，为了防止制动盘的异常磨损、烧伤，因此，通用制动器电动机用变频器控制时必须充分注意从工频以上频率开始的制动。最好先用变频器内置再生制动回路或者选用制动单元减速到工频以下频率，然后再用制动器制动。

第五节 变频器的容量计算

变频器容量的选择由很多因素决定，例如电动机容量、电动机额定电流、电动机加速时间等。其中最主要的是电动机额定电流。

一、驱动一台电动机

对于连续运转的变频器必须同时满足下列三项要求：

1）满足负载输出要求，即

$$P_{变} \geqslant \frac{kP_{电}}{\eta\cos\varphi}$$

2）满足电动机容量要求，即

$$P_{变} \geqslant 10^{-3}\sqrt{3}kU_{E}I_{E}$$

3）满足电动机电流要求，即

$$I_{变} \geqslant kI_{E}$$

式中　$P_{变}$——变频器容量（kV·A）；

$P_{电}$——负载要求的电动机轴输出功率（kW）；

U_{E}——电动机额定电压（V）；

I_{E}——电动机额定电流（A）；

η——电动机效率（通常约为0.85）；

$\cos\varphi$——电动机功率因数（通常约为0.75）；

k——电流波形补偿系数（PWM控制方式时，取1.05～1.1）。

二、驱动多台电动机

1）当变频器同时驱动多台电动机时，一定要保证变频器的额定输出电流大于所有电动机额定电流的总和。当变频器短时过载能力为150%、1min时，如果电动机加速时间在1min以内，必须满足以下要求：

满足驱动时容量为

$$1.5P_{变} \geqslant \frac{kP_{电}}{\eta\cos\varphi}[N_{T}+N_{S}(k_{S}-1)] = P_{C}[1+(k_{S}-1)]\frac{N_{S}}{N_{T}}$$

满足电动机电流为

$$1.5I_{变} \geqslant N_{T}I_{E}\left[1+(k_{S}-1)\frac{N_{S}}{N_{T}}\right]$$

2）当电动机加速时间在1min以上时，必须满足以下要求：

满足驱动时容量为

$$P_{变} \geqslant \frac{kP_{电}}{\eta\cos\varphi}[N_{T}+N_{S}(k_{S}-1)] = P_{C}[1+(k_{S}-1)]\frac{N_{S}}{N_{T}}$$

满足电动机电流为

$$1.5I_{变} \geqslant N_T I_E\left[1+(k_S-1)\frac{N_S}{N_T}\right]$$

式中 $P_{变}$——变频器容量（kV·A）；

$P_{电}$——负载要求的电动机轴输出功率（kW）；

I_E——电动机额定电流（A）；

η——电动机效率（通常约为0.85）；

$\cos\varphi$——电动机功率因数（通常约为0.75）；

N_T——电动机并联的台数（台）；

N_S——电动机同时起动的台数（台）；

k_S——电动机起动电流/电动机额定电流；

P_C——连续容量（kV·A）。

技能训练15 变频器的选用

一、训练目的

1）了解变频器分类特点。

2）掌握变频器容量的计算。

二、训练器材

（1）工具 螺钉旋具、电工刀、尖嘴钳、直尺。

（2）仪表 MF47型万用表。

（3）材料 导线、按钮、接触器、小容量电动机、MM440系列变频器、A4纸。

三、训练内容与步骤

1）所带负载的类型，选择变频器。

2）根据电动机的结构型式及功率大小，计算变频器的容量。

本 章 小 结

1）从了解变频器的结构入手，介绍了交-直-交电压型通用变频器由主电路和控制电路的组成。主电路包括整流器、中间直流环节和逆变器。控制电路由运算电路、检测电路、控制信号的输入/输出电路和驱动电路组成。

2）变频技术的发展，变频器的控制功能越来越多。变频器的运行涉及到多项频率参数，需要对各参数进行功能预置，才能使电动机变频调速后的特性满足生产机械的要求。基本频率中，介绍了给定频率、输出频率、基准频率、上限频率和下限频率；此外还介绍了点动频率、载波频率、起动频率和多挡转速频率。

3）为保证变频器系统的正常安全、可靠运行。应对生产机械中电动机的工作特性分析，合理的设置变频器的运行功能、优化特性功能、变频器的保护功能

4）从工作原理、控制方式和用途等几个方面，变频器分为各种类型，在实际应用中，要根据实际要求，合理的选择变频器。

复习思考题

1. 简述变频器基本结构的组成。
2. 简述变频器控制电路的组成。
3. 变频器控制端子分为哪几类？
4. 变频器接地有何要求？
5. 说明变频器的基本频率参数，如何预置？
6. 变频器有哪些运行功能需要进行设置？
7. 变频器有哪些保护功能需要进行设置？

第七章　MM440变频器

学习目标

MICROMASTER 440变频器，简称MM440变频器。它由微处理器控制，采用IGBT作为功率输出器件，用于控制三相交流电动机速度的通用型变频器系列。MM440变频器具有很高的运行可靠性和功能的多样性。MM440变频器具有默认的工厂设置参数，它是数量众多的简单的电动机控制系统供电的理想变频驱动装置。由于MM440变频器具有全面而完善的控制功能，在设置相关参数以后，它也可用于更高级的电动机控制系统。通过学习，应当了解MM440变频器的结构，掌握MM440变频器的参数调试，熟悉MM440变频器的故障显示和保护。

本章的学习目标：

1. 了解MM440变频器的结构。
2. 掌握MM440变频器的参数调试。
3. 熟悉MM440变频器的故障显示和保护。

第一节　MM440变频器概述

一、MM440变频器简介

MICROMASTER 440变频器简称MM440变频器，是用于控制三相交流电动机速度的变频器，本系列有多种型号供用户选用，恒定转矩（CT）控制方式额定功率范围从120W～200kW，可变转矩（VT）控制方式可达到250kW。MM440系列变频器的外形如图7-1所示。

MM440变频器由微处理器控制，采用绝缘栅双极型晶体管（IGBT）作为功率输出器件。因此，它们具有很高的运行可靠性和功能的多样性。其脉冲宽度调制的开关频率是可选的，因而降低了电动机的运行噪声，具有全面而完善的保护功能，为变频器和电动机提供了良好的保护。

MM440变频器具有默认的工厂设置参数，它是数量众多的简单的电动机控制系统供电的理想变频驱动装置。由于MM440变频器具有全面而完善的控制功能，在设置相关参数以后，它也可用于更高级的电动机控制系统。

1. MM440 通用型变频器的特点

1）易于安装和调试，易于参数设置。

2）具有良好的 EMC 设计功能。

3）可用于 IT（中性点不接地）系统电源供电。

4）对控制信号的快速响应。

5）设计先进，适用范围广。

6）电缆连接简便。

7）具有多个继电器输出。

8）具有两个模拟输入和多个模拟量输出，即

模拟输入：AIN1 0～10V，0～20mA 和 -10～+10V

AIN2 0～10V，0～20mA

模拟输出：0～20mA

9）采用模块化设计，配置非常灵活。

10）脉宽调制的频率高，因而电动机运行的噪声低。

11）具有详细的变频器状态信息和全面的信息功能。

图 7-1 MM440 系列变频器的外形

2. MM440 变频器的性能特征

1）具有矢量控制性能，有两种矢量控制方式：

①无传感器矢量控制。

②带编码器的矢量控制。

2）具有 *U/f* 控制性能：

①磁通电流控制，改善了动态响应和电动机的控制特性。

②多点 *U/f* 特性。

3）具有快速电流限制功能，避免运行中出现不应有的跳闸。

4）具有内置的直流注入制动功能。

5）具有复合制动功能，改善了制动特性。

6）具有内置的制动单元（仅限外形尺寸为 A～F 型的 MM440 变频器）。

7）加速/减速斜坡特性具有可编程的平滑功能：

①起始和结束段带平滑圆弧。

②起始和结束段不带平滑圆弧。

8）具有比例、积分和微分（PID）控制功能的闭环控制。

9）各组参数的设定值可以相互切换：

①电动机数据组。

②命令数据组和设定值信号源。

10）具有自由功能块。

11）具有动力制动的缓冲功能。

12）具有定位控制的斜坡下降曲线。

3. MM440 变频器的保护特性

1）具有过电压/欠电压保护功能。

2）具有变频器过热保护功能。

3）具有接地故障保护功能。

4）具有短路保护功能。

5）具有 I^2t 电动机过热保护功能。

6）具有 PTC/KTY 电动机保护功能。

二、MM440 变频器的外形尺寸及电路结构

1. MM440 变频器的外形尺寸

MM440 变频器的外形有 8 种规格，即：A～F，FX，GX。其中部分规格变频器的主要参数见表 7-1。

A 型、B 型变频器的外形和尺寸如图 7-2 和图 7-3 所示。

表 7-1 MM440 变频器规格参数

型号 \ 参数	输入电压（AC）	输出电压（相数）	功率（*P*）
A	单相 200～240V	三相	0.12～0.75kW
	三相 380～480V		0.37～1.5kW
B	单相 200～240V	三相	1.1～2.2kW
	三相 380～480V		2.2～4.0kW
C	单相 200～240V	三相	3～5.5kW
	三相 380～480V		5.5～11kW
D	单相 200～240V	三相	7.5～15kW
	三相 380～480V		15～22kW
	三相 500～600V		15～22kW
E	单相 200～240V	三相	18.5～22kW
	三相 380～480V		30～37kW
	三相 500～600V		30～37kW
F	单相 200～240V	三相	30～37kW
	三相 380～480V		45～75kW
	三相 500～600V		45～75kW

2. MM440 变频器的电路结构

MM440 变频器的电路分为两大部分：一部分是完成电能转换（整流、逆变）的主电路；另一部分是处理信息的收集、变换和传输的控制电路，如图 7-4 所示。

（1）主电路　主电路是由电源输入单相或三相恒压恒频的正弦交流电压，经整流电路

转换成恒定的直流电压，供给逆变电路。逆变电路在 CPU 的控制下，将恒定的直流电压逆变成电压和频率均可调的三相交流电供给电动机负载。MM440 变频器直流环节是通过电容进行滤波的，因此属于电压型交-直-交变频器。

（2）控制电路　控制电路是由 CPU、模拟输入、模拟输出、数字输入、输出继电器触点、操作板等组成。在图 7-4 中，端子 1、2 是变频器为用户提供的 10V 直流稳压电源。当采用模拟电压信号输入方式输入给定频率时，为了提高交流变频调速系统的控制精度，必须配备一个高精度的直流稳压电源作为模拟电压输入的直流电源。MM440 变频器端子 1、2 为用户提供了一个高精度的直流电源。

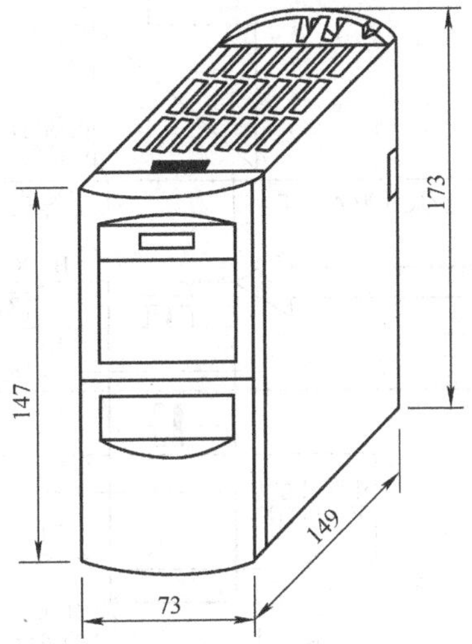

图 7-2　A 型 MM440 变频器的外形和尺寸

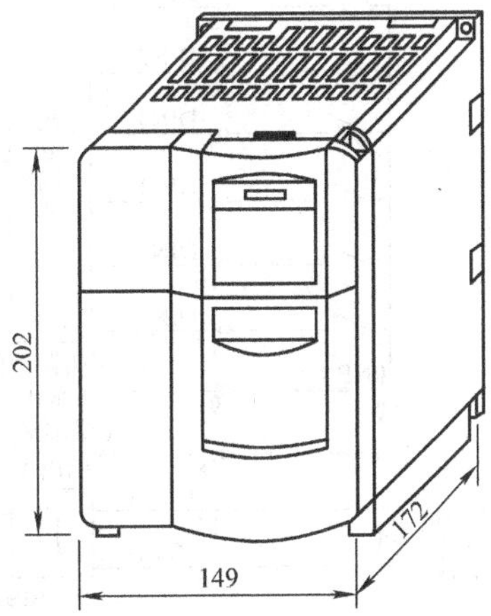

图 7-3　B 型 MM440 变频器的外形和尺寸

模拟输入端子 3、4 和 10、11 为用户提供了两对模拟电压给定输入端作为频率给定信号，经变频器内的模/数转换器将模拟量转换成数字量，并传输给 CPU 来控制系统。

数字输入端子 5、6、7、8、16、17 为用户提供了 6 个完全可编程的数字输入端，数字输入信号经光耦隔离输入 CPU，对电动机进行正反转、正反向点动、固定频率设定值控制等。

输入端子 9、28 是 24V 直流电源端，用户为变频器的控制电路提供 24V 直流电源。

输入端子 14、15 为电动机过热保护输入端；输入端子 29、30 为 RS-485（USS 一协议）端。

输出端子 12、13 和 26、27 为两对模拟输出端；输出端子 18、19、20、21、22、23、24、25 端为输出继电器的触点。

三、MM440 变频器的安装

变频器是全晶体管设备，所以它对周围环境的要求也和其他晶体管设备一样。为了使变频器能稳定地工作，发挥其所具有的性能，必须确保周围环境能充分满足电气标准对变频器所规定环境的允许值。

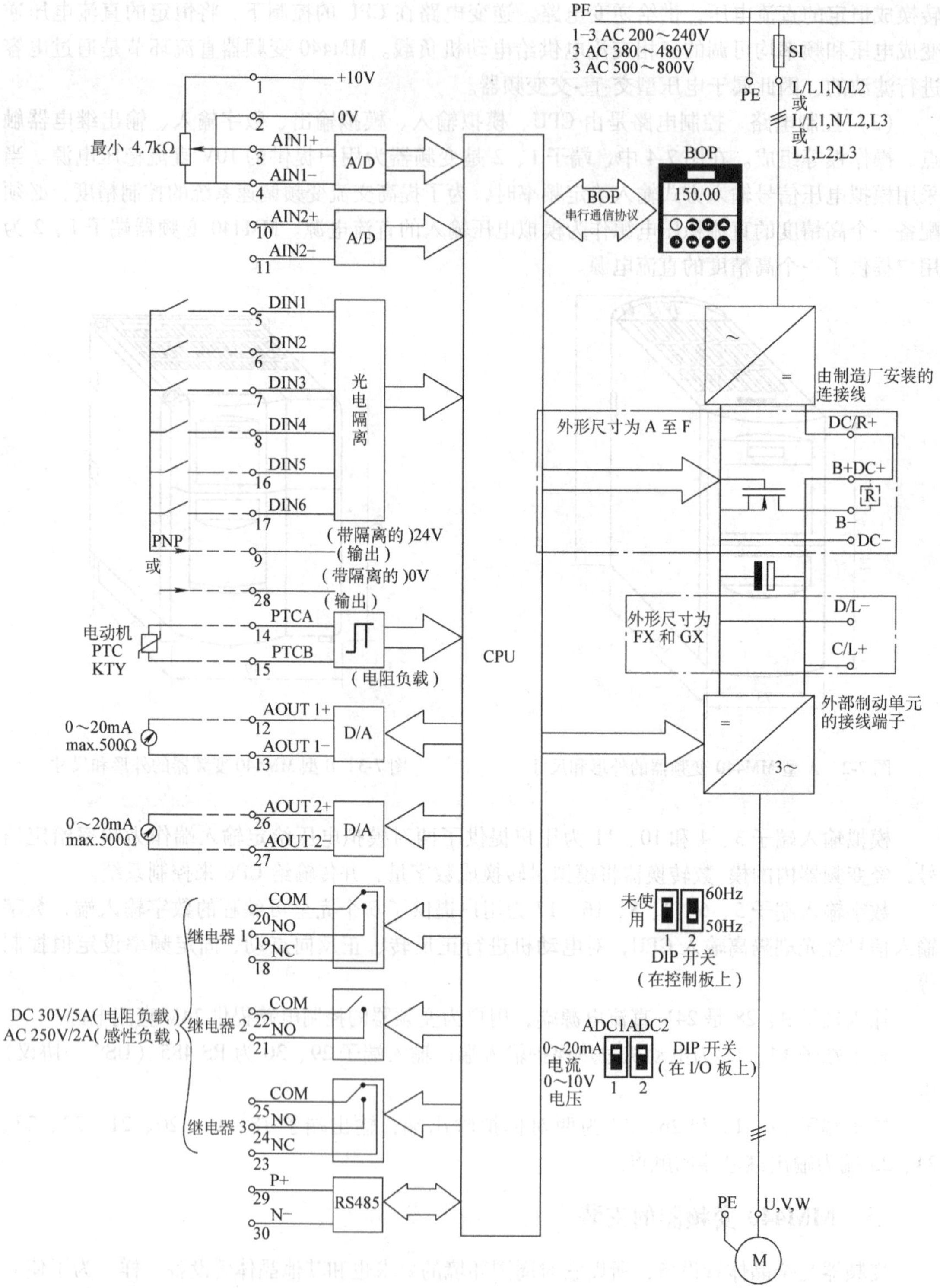

图 7-4 MM440 变频器电路

1. 在电气控制箱（柜）内的安装

通常西门子变频器在控制柜中的安装位置如图 7-5 所示。

由于变频器内部存在着功率损耗，因而工作过程中会导致变频器发热。在设计配电柜时，必须考虑变频器工作时的周围环境温度要控制在允许范围以内。不能达到时，可采取加大配电柜的尺寸或增加换气风量等方法。若采用增加风量法时，其冷却风量的计算公式为

$$风量(m^3/h)=\frac{变频器的额定功率\times 0.3}{控制箱(柜)内允许的温升}\times 3.1$$

变频器在控制箱（柜）内的布局如图 7-6 所示。

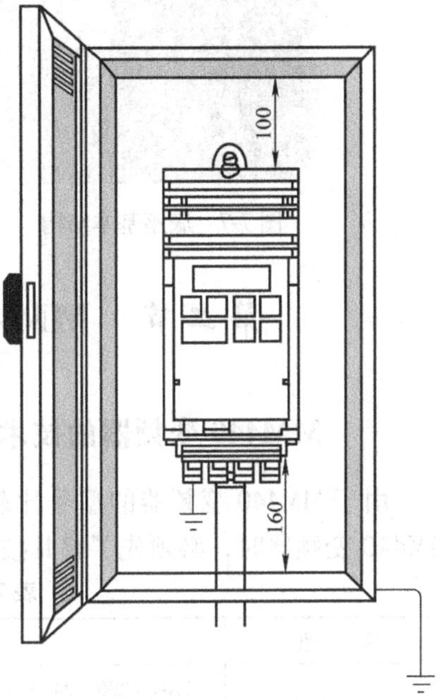

图 7-5　西门子变频器在控制箱（柜）中的安装位置

2. 在标准导轨上的安装

对于外形尺寸为 A 型的 MM440 变频器，其底座由释放机构、导轨上闩销和导轨下闩销组成，如图 7-7 所示。

当将变频器安装到 35mm 标准导轨上时，首先用标准导轨的上闩销把变频器固定到导轨的安装位置上；然后用力按压变频器，直到导轨的下闩销嵌入到位，如图 7-8 所示。

安装变频器时应注意以下几点：

①不要将变频器安装在经常发生振动的地方或电磁干扰源附近。

②不要将变频器安装在有灰尘、腐蚀性气体等恶劣环境里。

③不要将变频器安装在潮湿环境中或潮湿管道下面，以避免引起凝结。

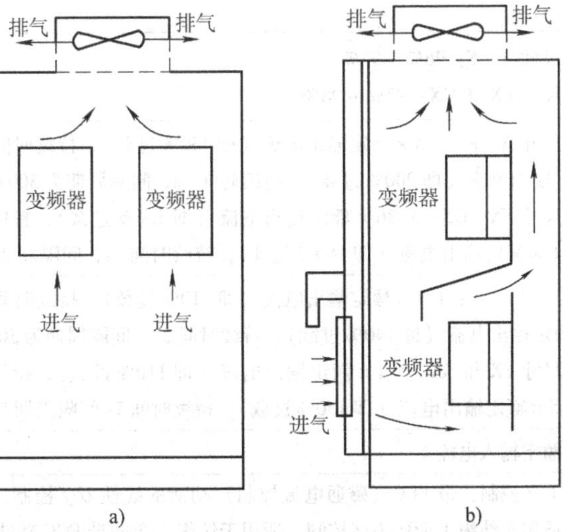

图 7-6　变频器在控制箱（柜）内的布置

a）变频器横向布置　b）变频器纵向布置

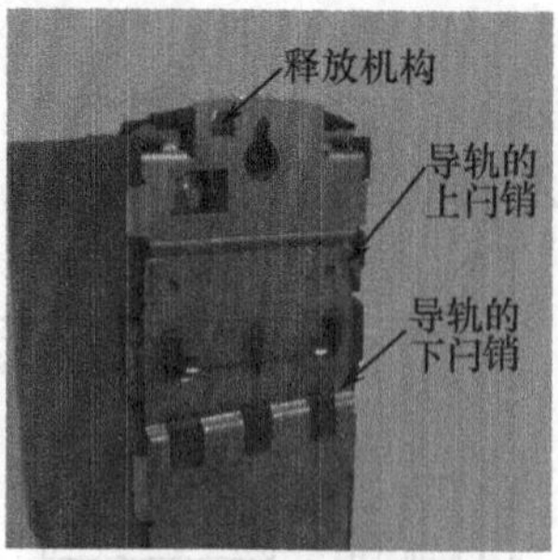

图 7-7 底座基本结构

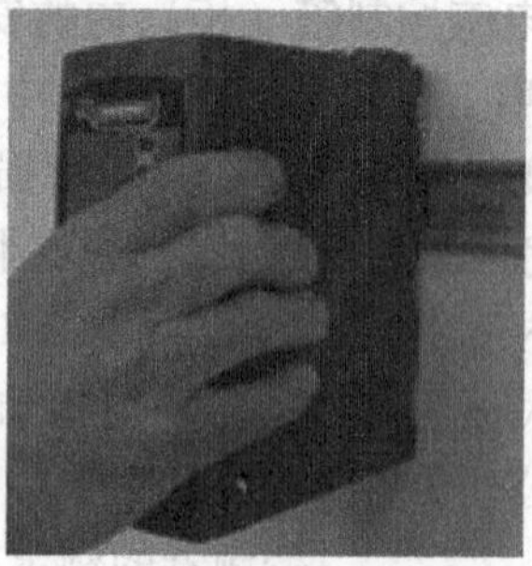

图 7-8 将变频器固定到导轨上

第二节 MM440 变频器的技术规格与安装

一、MM440 变频器的技术规格

由于 MM440 变频器的型号比较多，使用时应和拖动系统相匹配，所以在选择和使用 MM440 变频器时，必须先了解其技术规格。MM440 变频器技术规格见表 7-2。

表 7-2 MM440 变频器技术规格

特性		技术规格
电源电压和功率范围		1AC（200～240）（1±10%）V CT：0.12～3.0kW 3AC（200～240）（1±10%）V CT：0.12～45.0kW VT：5.50～45.0kW 3AC（380～480）（1±10%）V CT：0.37～200kW VT：7.5～250kW 3AC（500～600）（1±10%）V CT：0.75～75.0kW VT：1.50～90.0kW
输入频率		47～63Hz
输出频率		0～650Hz
功率因数		0.98
变频器的效率		外形尺寸 A～F：96%～97% 外形尺寸 FX 和 GX：97%～98%
过载能力	恒定转矩（CT）	外形尺寸 A～F：1.5×额定输出电流（即 150% 过载），持续时间 60s，间隔周期为 300s 以及 2×额定输出电流（即 200% 过载），持续时间 3s，间隔周期为 300s 外形尺寸 FX～GX：1.36×额定输出电流（即 136% 过载），持续时间 57s，间隔周期为 300s 以及 1.6×额定输出电流（即 160% 过载），持续时间 3s，间隔周期为 300s
	可变转矩（VT）	外形尺寸 A～F：1.1×额定输出电流（即 110% 过载），持续时间 60s，间隔周期为 300s 以及 1.4×额定输出电流（即 140% 过载），持续时间 3s，间隔周期为 300s 外形尺寸 FX 和 GX：1.1×额定输出电流（即 110% 过载），持续时间 59s，间隔周期为 300s 以及 1.5×额定输出电流（即 150% 过载），持续时间 1s 间隔周期为 300s
冲击电流		小于额定输入电流
控制方法		线性 U/f 控制，带 FCC（磁通电流控制）功能的线性 U/f 控制，抛物线 U/f 控制，多点 U/f 控制，适用于纺织工业的 U/f 控制，适用于纺织工业的带 FCC 功能的 U/f 控制，带独立电压设定值的 U/f 控制，无传感器矢量控制，无传感器矢量转矩控制，带编码器反馈的速度控制，带编码器反馈的转矩控制

（续）

特　性	技 术 规 格
固定频率	15 个，可编程
跳转频率	4 个，可编程
设定值的分辨率	0.01Hz 数字输入，0.01Hz 串行通信输入，10 位二进制模拟输入（电动电位计 0.1Hz）
数字输入	6 个，可编程（带电位隔离），可切换为高电平/低电平有效（PNP/NPN）
模拟输入	2 个，两个输入可以作为第 7 和第 8 个数字输入进行参数化： 0～10V，0～20mA 和 -10～+10V（AIN1） 0～10V 和 0～20mA（AIN2）
继电器输出	3 个，可编程 DC 30V 5A（电阻性负载），AC 250V 2A（电感性负载）
模拟输出	2 个，可编程（0～20mA）
串行接口	RS-485，可选 RS-232
制动	直流注入制动、复合制动、动力制动 外形尺寸 A～F 带内置制动单元 外形尺寸 FX 和 GX 带外接制动单元
温度范围	外形尺寸 A～F：-10～+50℃（CT）；-10～+40℃（VT） 外形尺寸 FX 和 GX：0～55℃
存放温度	-40～+70℃
相对湿度	<95%RH，无结露
工作地区的海拔	外形尺寸 A～F：海拔 1000m 以下不需要降低额定值运行 外形尺寸 FX 和 GX：海拔 2000m 以下不需要降低额定值运行
保护特征	欠电压、过电压、过负载、接地、短路、电动机失步保护、电动机锁定保护、电动机过温、变频器过温、参数联锁

二、电气线路的选择

1. 主电路电线

对于变频器输入电流的有效值，根据变频器的输入功率因数往往比电动机的电流大。变频器与电动机间的电线铺设距离越长，则电压降越大，有时会导致电动机的转矩不足。特别是变频器输出频率较低时，其输出电压也较低，而电压降所占的比例增大。变频器与电动机间的压降以额定电压的 2% 为允许值，可依此选择电线。在采用专用变频器时，如有条件补偿变频器的输出电压时，取额定电压的 5% 左右为允许值。允许压降给定时，主电路电线的电阻值必须满足：

$$R_C \leqslant (1000 \times \Delta U)/(\sqrt{3}LI)$$

式中　R_C——单位长电线的电阻值（Ω/km）；

ΔU——允许线间电压降（V）；

L——一相电线的铺设距离（m）；

I——电流（A）。

实际进行变频器与电动机之间的电缆铺设时，根据计算出的 R_C 值，从厂家提供的相关资料中选用电缆。其中表7-3列出了的几种常用电缆可供选择。

表7-3 几种常用电缆的电阻

电缆截面积/mm^2	2	3.5	5.5	9	14	22	30	50	90	100	125
导体电阻/(Ω/km)	9.24	5.20	3.33	2.31	1.30	0.924	0.624	0.379	0.229	0.190	0.144

2. 控制电路

变频器控制电路的控制信号均为微弱的电压、电流信号，因而，控制电路容易受到外界强电场或高频杂散电磁波的影响，也容易受到主电路的高次谐波的辐射及电源侧振动的影响，因此，必须对控制电路采取适当的屏蔽措施。

（1）电缆截面积　控制电缆的截面选择必须考虑机械强度、线路压降、费用等因素。建议使用截面积为 $1.25mm^2$ 或 $2mm^2$ 的电缆。当铺设距离短、线路压降在允许值以下时，使用截面积为 $0.75mm^2$ 的电缆较为经济。

（2）主、控电缆分离　主电路电缆与控制电路电缆必须分开铺设，相隔距离按电器设备技术标准执行。

（3）电缆的屏蔽　如果控制电缆确实在某一很小区域与主电路电缆无法分开或分开距离太小以及即使分离了，但干扰仍然存在，此时应对控制电缆进行屏蔽。

（4）采用绞合电缆弱电压、电流回路（4～20mA，1～5V）用电缆，特别是长距离的控制电路电缆采用绞合线，绞合线的绞合间距最好尽可能的小，并且都使用屏蔽铠装电缆。

三、MM440变频器的电气安装

1. 电源和电动机的连接

在拆下变频器前盖以后，可以看见连接MM440变频器与电源和电动机的接线端子，如图7-9所示。

当变频器的前盖已经打开并露出接线端子时，电源和电动机端子的接线方法，如图7-10所示。

在变频器与电动机和电源线连接时，必须注意以下几点：

①三相交流输入电源与主电路端子（R/L1，S/L2，T/L3）之间的连线一定要接一个无熔丝的开关。最好能串接一个接触器，以便在交流电动机保护功能动作时可同时切断电源。

②在变频器与电源线连接或更换变频器的电源线之前，就应完成电源线的绝缘测试。

③确保电动机与电源电压的相匹配。

④变频器接地线不可以和电焊机等大电流负载共同接地，而必须分别接地。

⑤确保供电电源与变频器之间已经正确接入与其额定电流相应的断路器、熔断器。

⑥变频器的输出端不能接浪涌吸收器。

⑦变频器和电动机之间的连线过长时，由于线间分布电容产生较大的高频电流，引起变频器过流故障。因此，对于小于或等于3.7kW的变频器，其至电动机的配线应小于20m；对更大容量的变频器，至电动机的配线应小于50m。

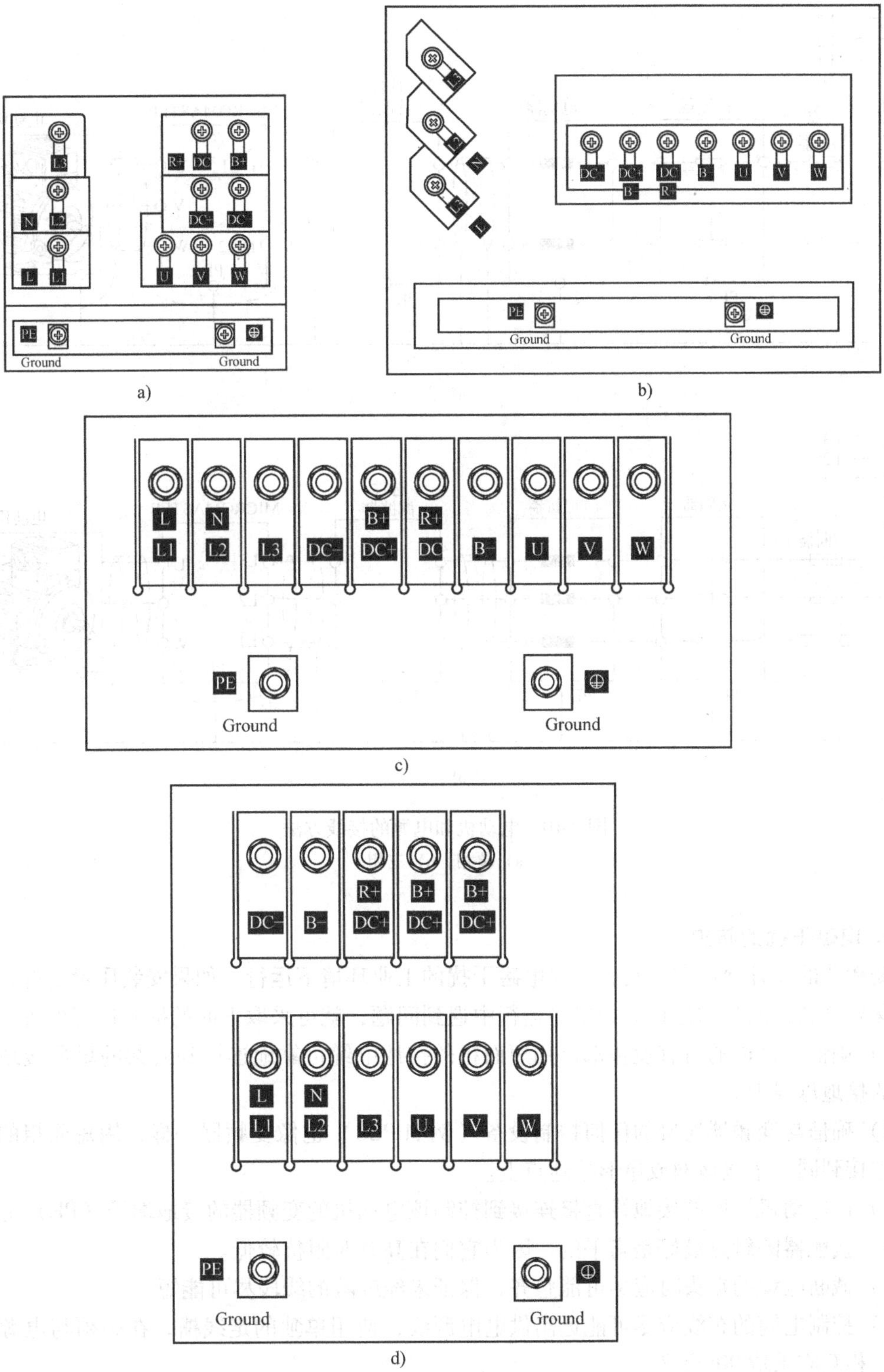

图 7-9　MM440 变频器的接线端子

a）A 型　b）B 和 C 型　c）D 和 E 型　d）F 型

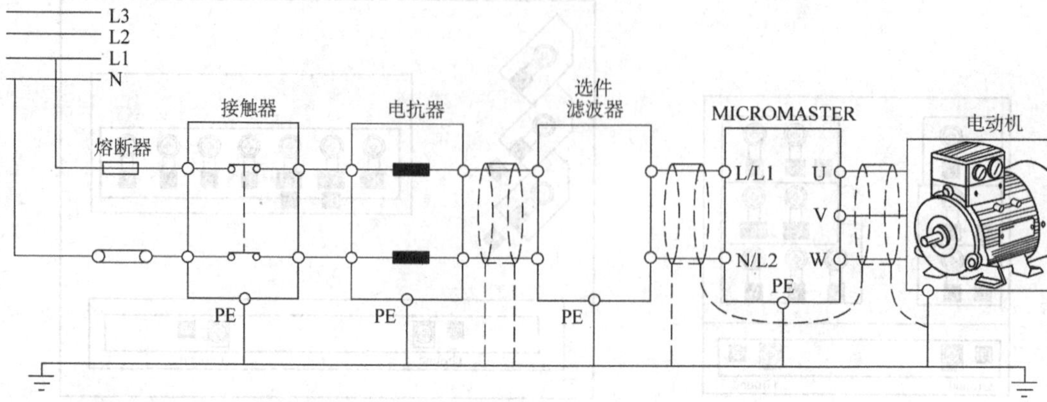

a)

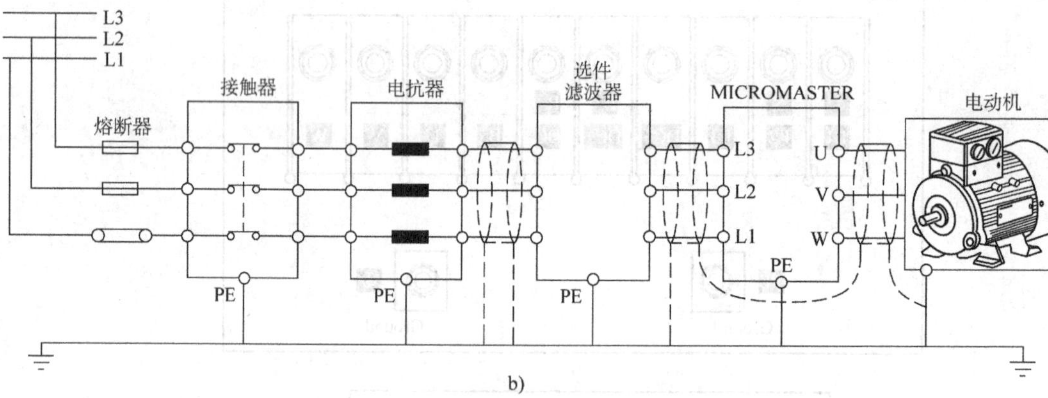

b)

图 7-10 电动机和电源的接线方法

a）单相 b）三相

2. 电磁干扰的防护

变频器的设计允许它在具有很强电磁干扰的工业环境下运行。如果安装质量良好，就可以确保安全和无故障的运行。如果在运行中遇到问题，就可采取下面的措施进行处理：

1）确信机柜内的所有设备都已用短而粗的接地电缆可靠地连接到公共的星形接地点或公共的接地母线上。

2）确信与变频器连接的任何控制设备（例如 PLC）也像变频器一样，用短而粗的接地电缆连接到同一个接地网或星形接地点上。

3）由电动机返回的接地线直接连接到控制该电动机的变频器的接地端子（PE）上。

4）接触器的触点最好是扁平的，因为它们在高频时阻抗较低。

5）截断电缆的端头时应尽可能整齐，保证未经屏蔽的线段尽可能短。

6）控制电缆的布线应尽可能远离供电电源线，使用单独的走线槽，在必须与电源线交叉时，相互应采取 90°交叉。

7）无论何时，与控制电路的连接线都应采用屏蔽电缆。

8）确信机柜内安装的接触器应是带阻尼的，即在交流接触器的线圈上连接有 *RC* 阻尼电路；在直流接触器的线圈上连接有续流二极管。

9）接到电动机的连接线应采用屏蔽的电缆，并用电缆接线卡子将屏蔽层的两端接地。

3. 屏蔽的方法

当变频器机壳的外形尺寸为 A、B 和 C 型时，其密封盖组合件是作为可选件供货的。该组合件便于屏蔽层的连接。如果不用密封盖板，变频器可以用图 7-11 所示的方法连接电缆的屏蔽层。

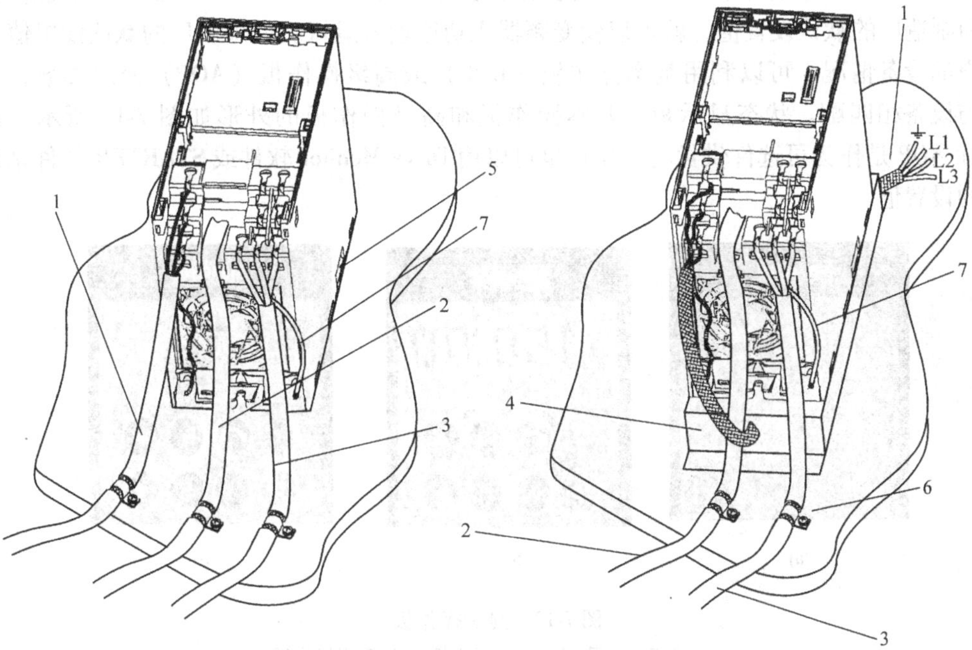

图 7-11　减小电磁干扰的布线方法

1—输入电源线　2—控制电缆　3—电动机电缆　4—背板式滤波器

5—金属底板　6—固定电动机电缆的卡子　7—屏蔽电缆

若机壳外形尺寸为 D、E 和 F 型时，密封盖在设备出厂时已经安装好，屏蔽层的安装方法与 A、B 和 C 型相同。

4. 电气安装时的注意事项

1）变频器的控制电缆、电源电缆和电动机的连接电缆的走线必须相互隔离，不要把它们放在同一个电缆线槽中或电缆架上。

2）变频器必须可靠接地，如果不把变频器可靠地接地，装置内可能会出现导致人身伤害的潜在危险。

3）MM440 变频器在供电电源的中性点不接地的情况下是不允许使用的。电源（中性点）不接地时需要从变频器中拆掉“Y”形接线的电容器。

4）当输入线中有一相接地短路时仍可继续运行。如果输出有一相接地，MM440 将跳闸，并显示故障码 F0001。

第三节 MM440变频器的调试

一、MM440变频器的面板操作

1. 面板介绍

MM440变频器在标准供货方式时均装有状态显示板（SDP），对于很多用户来说，利用SDP和制造厂的默认设置值，就可以使变频器成功地投入运行。如果工厂的默认设置值不适合用户的设备情况，可以利用基本操作板（BOP）或高级操作板（AOP）修改参数，使变频器与设备相匹配。状态显示板、基本操作板和高级操作板的外形如图7-12所示，其中BOP和AOP是作为可选件供货的。用户也可以用Drive Monitor软件或STARTER软件来调整工厂的设置值。

a) b) c)

图7-12 显示操作板

a）状态显示板 b）基本操作板 c）高级操作板

2. 基本操作方法

现以基本操作板（BOP）为例说明MM440变频器的操作方法。为了能够用BOP进行参数设置，用户首先必须将状态显示屏（SDP）从变频器上拆卸下来，然后装上基本操作板（BOP）。基本操作板（BOP）具有五位数字的七段显示，用于显示参数的序号和数值、报警和故障信息，以及该参数的设定值和实际值。利用基本操作面板（BOP）可以更改变频器的各个参数。

（1）基本操作面板（BOP）上的按钮 基本操作面板上的显示及按钮功能说明见表7-4。

表7-4 基本操作面板显示及按钮的功能

显示/按钮	基本功能	功 能 说 明
	状态显示	LCD显示变频器当前的设定值

（续）

显示/按钮	基本功能	功 能 说 明
	起动电动机	按此键可起动变频器。在缺省值运行时此键是被封锁的。为了使此键的操作有效，应设定 P0700 = 1
	停止电动机	OFF1：按此键，变频器将按选定的斜坡下降速率减速停车。在缺省值运行时此键被封锁；为了使此键的操作有效，应设定 P0700 = 1 OFF2：按此键两次（或一次，但时间较长）电动机将在惯性作用下自由停车
	改变电动机的转向	按此键可以改变电动机的转向。电动机的反向用负号（-）表示或用闪烁的小数点表示。在缺省值运行时此键是被封锁的，为了使此键的操作有效，应设定 P0700 = 1
	电动机点动	在变频器无输出的情况下按此键，将使电动机起动，并按预设定的点动频率运行。释放此键时，变频器停车。如果变频器/电动机正在运行，按此键将不起作用
	功能	此键用于浏览辅助信息。变频器运行过程中，在显示任何一个参数时按下此键并保持不动 2s，将显示以下参数值： 1. 直流回路电压（用 d 表示-单位：V） 2. 输出电流（A） 3. 输出频率（Hz） 4. 输出电压（用 o 表示-单位：V） 5. 由 P0005 选定的数值（如果 P0005 选择显示上述参数中的任何一个（3，4，或 5），这里将不再显示） 连续多次按下此键，将轮流显示以上参数 跳转功能：在显示任何一个参数（rXXXX 或 PXXXX）时短时间按下此键，将立即跳转到 r0000，如果需要的话，用户可以接着修改其他参数。跳转到 r0000 后，按此键将返回原来的显示点 退出 在出现故障或报警的情况下，按此键可以将操作板上显示的故障或报警信息复位
	访问参数	按此键即可访问参数
	增加数值	按此键即可增加面板上显示的参数数值

（续）

显示/按钮	基本功能	功 能 说 明
▼	减少数值	按此键即可减少面板上显示的参数数值

（2）操作步骤

1）改变参数过滤功能：用基本操作面板（BOP）可以修改参数的数值，以修改参数过滤器P0004数值为例，说明修改参数的步骤。修改参数的数值时，BOP有时会显示“busy”，表明变频器正忙于处理更高级别的任务，见表7-5。

表7-5　参数过滤功能

操作步骤	操作内容	显示结果	操作步骤	操作内容	显示结果
1	按 P 访问参数	r0000	4	按 ▲ 或 ▼ 达到所需要的数值	7
2	按 ▲ 直到显示出P0004	P0004	5	按 P 确认并存储参数的数值	P0004
3	按 P 进入参数数值访问级	0			

2）修改下标参数：以P0719为例，说明如何修改下标参数的数值，见表7-6。

表7-6　修改下标参数

操作步骤	操作内容	显示结果	操作步骤	操作内容	显示结果
1	按 P 访问参数	r0000	4	按 P 显示当前的设定值	0
2	按 ▲ 直到显示出P0719	P0719	5	按 ▲ 或 ▼ 选择运行所需要的数值	12
3	按 P 进入参数数值访问级	in000	6	按 P 确认和存储这一数值	P0719

（续）

操作步骤	操作内容	显示结果	操作步骤	操作内容	显示结果
7	按 ▼ 直到显示出 r0000	r0000	8	按 P 返回标准的变频器显示	

3. 改变参数数值的一个数字

为了快速修改参数的数值，可以一个个地单独修改显示出的每个数字，操作步骤如下：

1）按 Fn（功能键），最右边的一个数字闪烁。

2）按 ▲ 或 ▼，修改这位数字的数值。

3）再按 Fn（功能键），相邻的下一位数字闪烁。

4）执行上两步，直到显示出所要求的数值。

5）按 P，退出参数数值的访问级。

二、MM440 变频器的主要参数

变频器的参数只能用基本操作面板（BOP）、高级操作面板（AOP）或者通过串行通信接口进行修改。用 BOP 可以修改和设定系统参数，使变频器具有期望的功能，例如斜坡时间、最小和最大频率等。选择的参数编号和设定的参数值可以在 5 位数字的 LCD（可选件）上得到显示。

r××××表示一个用于显示的只读参数。

P××××是一个设定参数，其设定值可以直接在标题栏的“最小值”和“最大值”范围内进行修改。

P0010 表示起动“快速调试”。如果 P0010 被访问以后没有设定为 0，变频器将不能运行。如果 P3900 >0，这一功能是自动完成的。

P0004 的作用是过滤参数，据此可以按照功能去访问不同的参数。

变频器的参数有三个用户访问级，即标准访问级、扩展访问级和专家访问级。访问的等级由参数 P0003 来选择，对于大多数应用对象，只要访问标准级（P0003 =1）和扩展级（P0003 =2）的参数就足够了。

第四访问级的参数只是用于内部的系统设置，因而是不能修改的。第四访问级参数只有得到授权的人员才能修改。

1. 用户访问级 P0003 和参数过滤器 P0004

（1）用户访问级 P0003　这个参数用于定义用户访问参数组的等级，对于大多数简单的运用对象，采用缺省设定值（标准模式）就可以满足要求了。P0003 的设定值有如下几种情况：

1）P0003 =0 用户定义的参数表。

2）P0003 =1 标准级：可以访问最经常使用的参数。

3）P0003 =2 扩展级；允许扩展访问参数的范围。

4）P0003 =3 专家级：只供专家使用。

5）P0003 =4 维修级：只供授权的维修人员使用，具有密码保护功能。

（2）参数过滤器 P0004　这个参数的作用是按功能的要求筛选（或过滤）出与该功能相关的参数，这样可以更方便地进行调试。参数过滤器 P0004 的设定值有如下几种情况：

1）P0004 =0 全部参数。

2）P0004 =2 变频器参数。

3）P0004 =3 电动机参数。

4）P0004 =4 速度传感器。

5）P0004 =5 工艺应用对象或装置。

6）P0004 =7 命令、二进制 I/O。

7）P0004 =8 ADC（模/数转换）和 DAC（数/模转换）。

8）P0004 =10 设定值通道/斜坡函数发生器。

9）P0004 =12 驱动装置的特征。

10）P0004 =13 电动机的控制。

11）P0004 =20 通信。

12）P0004 =21 报警/警告/监控。

13）P0004 =22 工艺参量控制器（例如 PID）。

注意：参数的标题栏中标有“快速调试：是”的参数只能在 P0010 =1（快速调试）时进行设定。变频器可以在 P0004 的任何一个设定值时起动。

（3）P0003 和 P0004 的使用　参数过滤器 P0004 的设定值决定了访问参数的功能和类型，而用户访问级 P0003 的设定值决定了由 P0004 限定的参数类型的访问等级。在访问和设置参数时 P0003 和 P0004 共同限定了所访问和设置的参数范围，例如：

1）P0003 =1 设定用户访问级为标准级，P0004 =2 变频器参数。此时表示访问变频器参数，访问等级为标准级。

2）P0003 =2 设定用户访问级为扩展级，P0004 =3 电动机参数。此时表示访问电动机参数，访问等级为标准级和扩展级。

3）P0003 =1 设定用户访问级为标准级，P0004 =10 设定值通道和斜坡函数发生器。此时可设置频率设定值选择参数 P1000。当 P1000 =1 时，频率设定值由电动电位计（键盘）输入；当 P1000 =2 时，频率设定值由模拟输入接口输入；当 P1000 =3 时，选择固定频率设定值等。同时，还能访问电动机运行最低频率 P1080、电动机运行最高频率 P1082、斜坡上升时间 P1120 和斜坡下降时间 P1121 等参数。

4）P0003 =2 设定用户访问级为扩展级，P0004 =7 命令和数字 I/O。此时可访问数字输入参数 P0701 ~ P0708，设置数字输入 1 ~8 端口的功能。例如，如果 P0701 =1，则数字输入 1 端口为 ON 时，电动机接通正转；为 OFF 时，电动机停止运行。如果 P0701 =2，则数字输入 1 端口为 ON 时，电动机接通反转；为 OFF 时，电动机停止运行。如果 P0701 =10，则数字输入 1 端为正向点动控制。如果 P0701 = 11，则数字输入 1 端为反向点动控制，如果 P0701 = 17，则数字输入 1 端为选择固定频率设定值。

5）P0003 = 2 设定用户访问级为扩展级，P0004 = 10 设定值通道和斜坡函数发生器。此时可访问固定频率 1 ~ 15 的参数 P1001。P1015。通过设置 P1001 ~ P1015 的频率参数，实现多段固定频率控制。如 3 段固定频率控制、7 段固定频率控制、15 段固定频率控制等。

2. 常用参数功能介绍

（1）设置用户访问级 P0003　用户访问级 P0003 的设定值范围（1、2、3）及设定值说明如下：

1）P0003 = 1 为标准级，允许访问最经常使用的一些参数。

2）P0003 = 2 为扩展级，允许扩展访问参数的范围。

3）P0003 = 3 为专家级，只供专家使用。

这个参数用于定义用户访问参数组的等级，对于大多数简单的应用对象，采用标准级就可以满足要求了。

（2）设置调试参数过滤器 P0010　调试参数过滤器 P0010 的设定值范围（0、1、30）及设定值说明如下：

1）P0010 = 0 准备运行。

2）P0010 = 1 快速调试。

3）P0010 = 30 工厂的缺省设置值。

这个参数设定值对与调试相关的参数进行过滤，只筛选出那些与特定功能组有关的参数。在变频器投入运行之前，应将这一参数复位为 0，如果 P3900 不为 0（0 是工厂缺省值）时，这一参数自动复位为 0。这一参数用户访问级 P0003 = 1 为标准级。

（3）设置使用地区 P0100　使用地区 P0100 的设定值范围（0、1、2）及设定值说明如下：

1）P0100 = 0 欧洲；功率单位为 kW；频率缺省值为 50Hz。

2）P0100 = 1 北美；功率单位为 Hp；频率缺省值为 60Hz。

3）P0100 = 2 北美；功率单位为 kW；频率缺省值为 60Hz。

这个参数用于确定功率设定值的单位是 kW 还是 Hp（马力），在我国使用 MM440 变频器，P0100 应设定为 0。在改变参数之前，首先要使驱动装置停止工作。该参数只能在 P0010 = 1（快速调试）时才允许修改。该参数的用户访问级 P0003 = 1 为标准级。

（4）变频器的应用对象 P0205　变频器的应用对象 P0205 可选 0 或 1，其设定值说明如下：

1）P0205 = 0 恒转矩。

2）P0205 = 1 变转矩。P0205 的值设定为 1（变转矩）时，只能用于变转矩的应用对象，例如水泵和风机等，如果用于恒转矩的应用对象，可能导致电动机过热。该参数的用户访问级 P0003 = 3 为专家级。

（5）有关电动机选择的参数

1）选择电动机的类型 P0300。选择电动机的类型 P0300 的设定值范围（1、2）及设定值说明如下：

①P0300 =1 时选择异步电动机。

②P0300 =2 时选择同步电动机。

这个参数的用户访问级 P0003 =2 为扩展级。

2）选择电动机的额定电压 P0304。电动机的额定电压 P0304 的设定值范围是：10 ~ 2000V。设定时，应根据所选用的电动机铭牌上额定电压设定。该参数只能在快速调试 P0010 =1 时进行修改，参数的用户访问级 P0003 =1 为标准级。

3）选择电动机的额定电流 P0305。电动机额定电流 P0305 的设定值范围是：一般为 0 ~ 2 倍变频器额定电流。同时，应根据所选用电动机铭牌上的额定电流进行设定。对于异步电动机，电动机电流的最大值定义为变频器的最大电流。对于同步电动机，电动机电流的最大值定义为变频器最大电流的两倍。该参数只能在快速调试 P0010 =1 时进行修改。该参数的用户访问级 P0003 =1 为标准级。

4）选择电动机的额定功率 P0307。电动机额定功率 P0307 的设定值范围为 0 ~ 2000kW。同时，应根据所选电动机铭牌上的额定功率进行设定。若设定 P0100 =1 则功率单位为 hp。该参数只能在快速调试 P0010 =1 时进行修改，且参数的用户访问级 P0003 =1 为标准级。

5）选择电动机的额定功率因数 P0308。电动机额定功率因数 P0308 的设定值范围为 0.000 ~ 1.000，应根据所选电动机铭牌上的额定功率因数进行设定。该参数只能在 P0100 = 0 或 2 的情况下，输入功率以 kW 表示时才能看见，而且只能在快速调试 P0010 =1 时进行修改。该参数的用户访问级 P0003 =2 为扩展级。

6）选择电动机的额定频率 P0310。电动机的额定频率 P0310 的设定值范围为 12 ~ 650Hz，应根据所选电动机铭牌上的额定频率进行设定。该参数只能在快速调试 P0010 =1 时进行修改。如果这个参数进行了修改，变频器将自动重新计算电动机的极对数。该参数的用户访问级 P0003 =1 为标准级。

7）选择电动机的额定速度 P0311。电动机的额定速度 P0311 的设定值范围为 0 ~ 40000r/min，应根据所选电动机铭牌上的额定速度进行设定。该参数只能在快速调试 P0010 =1 时进行修改，参数的设定值为 0 时，将由变频器的内部来计算电动机的额定速度。对于带有速度控制器的矢量控制和 *U/f* 控制方式，必须有这一参数。如果对这一参数进行了修改，变频器将自动重新计算电动机的极对数。该参数的用户访问级 P0003 =1 为标准级。

8）选择电动机的冷却方式 P0335。电动机的冷却 P0335 的设定值范围（0 ~ 3）及设定值说明如下：

①P0335 =0 自冷：采用安装在电动机轴上的风机进行冷却。

②P0335 =1 强制冷却：采用单独供电的冷却风机进行冷却。

③P0335 =2 自冷和内置冷却风机。

④P0335 =3 强制冷却和内置冷却风机。

该参数的用户访问级 P0003 =2 为扩展级。

9）选择电动机的过载 P0640。电动机过载 P0640 的设定值范围为 10.0% ~400.0%。这里以电动机额定电流 P0305 的百分值表示的电动机过载电流限幅值。该参数的工厂缺省值为 150%，用户访问级 P0003 =2 为扩展级。

（6）选择命令源 P0700　选择命令源 P0700 在快速调试时的设定值范围为（0、1、2）。现对其设定值说明如下：

1）P0700 = 0 工厂缺省设置。

2）P0700 = 1 基本操作板（BOP）设置。

3）P0700 = 2 由端子排数字输入。

改变这一参数时，同时也使所选项目的全部设置复位为工厂缺省设置值。如果选择 P0700 = 2 由端子排数字输入，数字输入的功能决定于 P0701 ~ P0708 数字输入 1 ~ 8 的功能。该参数的用户访问级 P0003 = 1 为标准级。

（7）选择频率设定值 P1000　频率设定值的选择 P1000 在快速调试时的设定值范围（1、2、3、7）。现对其设定值说明如下：

1）P1000 = 1 电动电位计设定。

2）P1000 = 2 模拟设定值 1。

3）P1000 = 3 固定频率设定。

4）P1000 = 7 模拟设定值 2。

若 P1000 = 1 或 3，则频率设定的选择决定于 P0700 ~ P0708 的设置。该参数的用户访问级 P0003 = 1 为标准级。

（8）选择电动机的最低频率 P1080　电动机最低频率 P1080 的设定值范围为 0.00 ~ 650.00Hz，工厂缺省值为 0.00 Hz。该参数用于设定最低的电动机频率（比）。当电动机达到这一频率时，电动机的运行速度将与频率设定值无关。该参数的设定值既适用于电动机顺时针方向转动，也适用于电动机逆时针方向转动；且该参数的用户访问级 P0003 = 1 为标准级。

（9）选择电动机的最高频率 P1082　电动机最高频率 P1082 的设定值范围为 0.00 ~ 650.00 Hz，工厂缺省值为 50.00 Hz。该参数用于设定最高的电动机频率。当电动机达到这一频率时，电动机的运行速度将与频率设定值无关。该参数的用户访问级 P0003 = 1 为标准级。

（10）选择斜坡上升时间 P1120　斜坡上升时间 P1120 的设定值范围为 0 ~ 650s。该参数为电动机从静止状态加速到最高频率 P1082 设定值所用的时间，如图 7-13 所示。

如果用户使用的是外部频率设定值，并且已经在外部设置了斜坡函数曲线的上升斜率，例如已由 PLC 设定，则 P1120 和 P1121 设定斜坡时间应稍短于 PLC 设定的斜坡时间，这样才能使传动装置的特性得到最好的优化。设定的斜坡上升时间不能太短，否则可能因过电流而导致变频器跳闸。参数的用户访问级 P0003 = 1 为标准级。

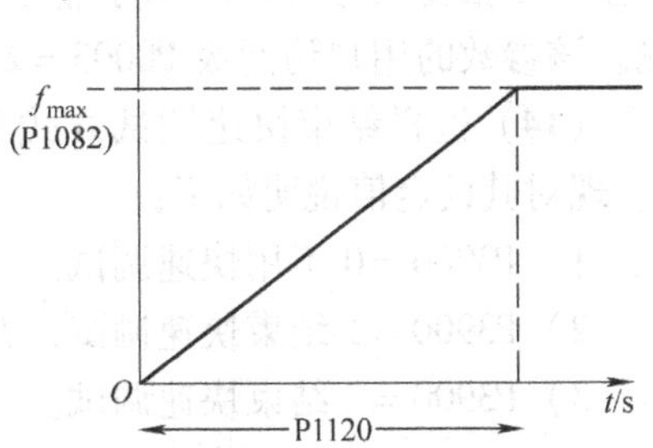

图 7-13　斜坡上升时间曲线

（11）选择斜坡下降时间 P1121　斜坡下降时间 P1121 的设定值范围为 0 ~ 650s。该参数为电动机从最高频率 P1082 的设定值减速到静止停车所用的时间，如图 7-14 所示。设定的斜坡下降时间不能太短，否则可能因过电流（F0001）或过电压（F0002）导致变频器跳闸。该参数的用户访问级 P0003 = 1 为标准级。

(12) 选择变频器的控制方式 P1300　变频器的控制方式 P1300 在快速调试时设定值的范围为 0、1、2、3、5、6、19、20、21、22、23。现对其设定值说明如下：

1) P1300 = 0 线性特性的 *V/f* 控制。

2) P1300 = 1 带磁通电流控制（FCC）的 *V/f* 控制。

3) P1300 = 2 带抛物线特性的 *V/f* 控制。

4) P1300 = 3 特性曲线可编程的 *V/f* 控制。

5) P1300 = 5 用于纺织机械的 *V/f* 控制。

6) P1300 = 6 用于纺织机械的带 FCC 功能的 *V/f* 控制。

7) P1300 = 19 具有独立电压设定值的 *V/f* 控制。

8) P1300 = 20 无传感器的矢量控制。

9) P1300 = 21 带传感器的矢量控制。

10) P1300 = 22 无传感器的矢量转矩控制。

11) P1300 = 23 带传感器的矢量转矩控制。

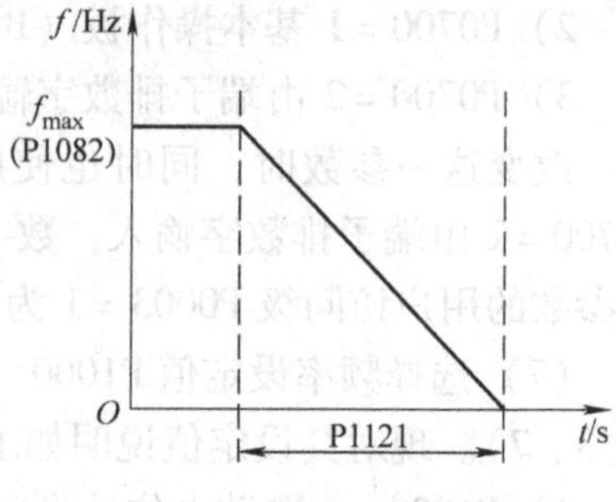

图 7-14　斜坡下降时间曲线

这个参数表明电动机速度对应的变频器输出频率与输出电压之间的关系。当 P1300≥20 控制方式为矢量控制时，变频器内部将最高输出频率限制为 200Hz 和 5 × 电动机额定频率 (P0310) 中的较低值，并在显示频率最高设定值 r1084 中显示。矢量控制方式只适用于异步电动机的控制。参数的用户访问级 P0003 = 2 为扩展级。

(13) 选择电动机数据自动检测方式 P1910　电动机数据自动检测方式 P1910 的设定值范围为 0、1、2、3、4。现对其设定值说明如下：

1) P1910 = 0 禁止自动检测功能。

2) P1910 = 1 所有参数都带参数修改的自动检测功能。

3) P1910 = 2 所有参数都不带参数修改的自动检测功能。

4) P1910 = 3 饱和曲线带参数修改的自动检测功能。

5) P1910 = 4 饱和曲线不带参数修改的自动检测功能。

在选择电动机数据自动检测方式前，必须首先完成“快速调试”。当 P1910 = 1 时，会产生一个报警信号 A0541 给予警告，接着发出 ON 命令时，立即开始电动机参数的自动检测。该参数的用户访问级 P0003 = 2 为扩展级。

(14) 选择结束快速调试方式 P3900　结束快速调试 P3900 的设定值范围为 0、1、2、3。现对其设定值说明如下：

1) P3900 = 0 不用快速调试。

2) P3900 = 1 结束快速调试，并按工厂设置使参数复位。

3) P3900 = 2 结束快速调试。

4) P3900 = 3 结束快速调试，只进行电动机数据的计算。

该参数只有在快速调试 P0010 = 1 时才能改变，其用户访问级 P0003 = 1 为标准级。

(15) 复位为变频器工厂缺省设置值　使用基本操作板（BOP）或高级操作板（AOP），可以将变频器的所有参数复位为工厂缺省设置值，参数设置如下：

1）设置 P0010 = 30 工厂的设定值。

2）设置 P0970 = 1 参数复位。

复位过程约需 3min 才能完成。

三、变频器系统的调试

变频器系统的调试工作，其方法、步骤和一般电气设备的调试过程基本相同，应遵循“先空载、继轻载、后重载”的规律。

1. 空载试验

将变频器的输出端与电动机相接，但电动机断开负载，主要测试以下项目：

1）测试电动机的运转，观察电动机的旋转方向是否与所要求的一致。观察电动机在运行过程中是否运转灵活，有无杂音，运转时有无振动现象等。

2）按下停止按钮，观察电动机的制动情况。

2. 带负载测试

变频调速系统的带负载试验是将电动机与负载连接起来进行试车。负载试验主要测试的内容如下：

（1）低速运行试验　低速运行是指该生产机械所要求的最低转速。主要测试的项目是：机械的运转是否正常，电动机在满负荷运行时，温升是否超过额定值。

（2）全速起动试验　将给定频率设定在最大值，按“起动按钮”，使电动机的转速，从零一直上升至生产机械所要求的最大转速，测试以下内容：

1）起动是否顺利　如果在频率很低时，电动机不能很快旋转起来，说明起动困难，应适当增大 U/f 比或起动频率。

2）起动电流是否过大　观察在起动全过程中的电流变化。如因电流过大而跳闸，应适当延长升速时间。

3）观察整个起动过程是否平稳　即观察是否在某一频率时有较大的振动，如有，则预置回避频率。

3. 全速停机试验

在停机试验过程中，注意观察直流电压是否过高，观察在整个降速过程中，直流电压的变化情形。如因电压过高而跳闸，应适当延长降速时间。如降速时间不宜延长，则应考虑加入直流制动功能。

第四节　MM440 变频器的故障显示和保护

一、SDP 故障显示

若变频器上安装的是状态显示屏（SDP），则其故障状态和报警信息可以由显示屏上的两个 LED 指示灯显示出来。其中，状态显示屏（SDP）的外形如图 7-15 所示。LED 指示灯各种状态含义见表 7-7。

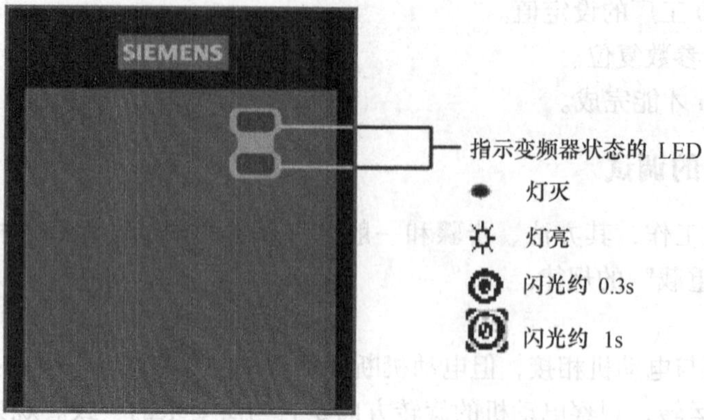

图 7-15　状态显示屏（SDP）的外形

表 7-7　LED 指示灯各种状态含义

LED 指示灯		变频器的状态含义
绿色指示灯	黄色指示灯	
灯灭	灯灭	主电源未接通
灯灭	灯亮	变频器故障
灯亮	灯灭	变频器正在运行
灯亮	灯亮	运行准备就绪
灯灭	闪光约 1s	故障:过电流
闪光约 1s	灯灭	故障:过电压
闪光约 1s	灯亮	故障:电动机过热
灯亮	闪光约 1s	故障:变频器过热
闪光约 1s	闪光约 1s	电流极限报警(两个 LED 同时闪光)
闪光约 1s	闪光约 1s	其他报警(两个 LED 交替闪光)
闪光约 1s	闪光约 0.3s	欠电压跳闸/欠电压报警
闪光约 0.3s	闪光约 1s	变频器不在准备状态
闪光约 0.3s	闪光约 0.3s	ROM 故障(两个 LED 同时闪光)
闪光约 0.3s	闪光约 0.3s	RAM 故障(两个 LED 交替闪光)

二、BOP 故障显示

若变频器上安装的是基本操作板（BOP），则出现故障时 BOP 将显示故障状态和报警信号。在 BOP 上分别以 AXXXX 和 FXXXX 表示报警信号和故障信号。

如果 ON 命令发出以后电动机不能起动，应检查以下各项内容：

1）检查是否 P0010 = 0。

2）检查给出的 ON 信号是否正常。

3）检查是否 P0700 = 2（数字输入控制）或 P0700 = 1(用 BOP 进行控制)。

4）根据设定信号源 P1000 的不同，检查设定值是否存在（端子 3 上应有 0 ~ 10V）或输入的频率设定值参数是否正确。

如果在改变相关参数后电动机仍然不能起动，请设定 P0010 = 30 和 P0970 = 1 并按下 P 键，这时变频器应复位到工厂设定的缺省参数值。

三、故障信息及排除

发生故障时，变频器产生跳闸现象，并在显示屏上出现一个故障码。也就是说，故障信息以故障码序号的形式存放在参数 r0947 中，例如 F0003 = 3。相关的故障值可以在参数 r0949 中查到。如果该故障没有故障值，r0949 中将输入 0，而且可以读出故障发生的时间（r0948）和存放在参数 r0947 中的故障信息序号（P0952）。故障信息及排除方法的具体内容可参见附录 B。

例如：若在显示屏上出现故障信息 F0003，通过查找信息可得到如下解释：

（1）故障说明　欠电压。

（2）引起故障可能的原因

1）供电电源故障。

2）冲击负载超过了规定的限定值。

（3）故障诊断和应采取的措施

1）电源电压（P0210）必须在变频器铭牌数据规定的范围以内。

2）检查电源是否短时掉电或有瞬时的电压降低。

四、报警信息及排除

报警信息以报警码序号的形式存放在参数 r2110 中。相关的报警信息可以在参数 r2110 中查到。有关报警信息的具体内容可参见附录 C。

例如：若在显示屏上出现的报警信息为 A0503，通过查找信息可得到如下解释：

（1）报警说明　欠电压限幅。

（2）引起报警可能的原因

1）供电电源故障。

2）供电电源电压（P0210）和与之相应的直流回路电压（r0026）均低于规定的限定值（P2172）。

（3）报警诊断和应采取的措施

1）电源电压（P0210）必须在铭牌数据规定的范围以内。

2）对于瞬间的掉电或电压下降，必须是不敏感的动态缓冲（P1240 = 2）。

技能训练 16　变频器的参数输入

一、训练目的

1）熟悉变频器的参数类型。

2）掌握变频器的参数输入方法。

3）进一步了解变频器的工作过程。

二、训练器材

（1）工具　螺钉旋具、电工刀、尖嘴钳。

（2）仪表　MF47型万用表。

（3）材料　导线、按钮、旋钮开关、电位器、MM440变频器。

三、训练内容与步骤

1）复位设置。

2）电动机类型选择及对应的电动机铭牌参数设置。

3）电动机运行频率参数设置。

4）控制信号来源参数设置。

注意：本项技能训练时变频器为空载状态，不用连接电动机。

技能训练17　变频器的安装

一、训练目的

1）熟悉MM440变频器的结构特点。

2）熟悉MM440变频器的外部端口连接。

二、训练器材

（1）工具　螺钉旋具、电工刀、尖嘴钳。

（2）仪表　MF47型万用表。

（3）材料　导线、按钮、小功率电动机、变频器实训装置。

三、训练内容及步骤

1）如图7-10所示，在实训装置上进行接线。

2）主电路电线计算选择：额定电压为220V，额定功率为7.5kW、额定电流15A的4极电动机，电线的铺设距离50m，线路电压损失允许在额定电压的2%以内。

3）接线完毕，教师检查无误。

技能训练18　变频器故障信息的读取

一、训练目的

1）了解变频器产生的故障类型。

2）掌握变频器故障信息的读取。

3）学会简单故障的排除方法。

二、训练器材

（1）工具　螺钉旋具、电工刀、尖嘴钳。

（2）仪表　MF47型万用表。

（3）材料　导线、按钮、旋钮开关、电位器、MM440变频器。

三、训练内容与步骤

1）变频器故障信息（FXXXX）的读取。

2）变频器报警信息（AXXXX）的读取。

注意：本项技能训练时变频器为空载状态，不用连接电动机。

本 章 小 结

1）MM440 变频器由微处理器控制，采用 IGBT 作为功率输出器件，用于控制三相交流电动机速度的通用型变频器系列。MM440 变频器具有很高的运行可靠性和功能的多样性。MM440 变频器具有默认的工厂设置参数，它是数量众多的简单的电动机控制系统供电的理想变频驱动装置。

2）MM440 变频器的安装与调试是实际应用中一个很重要的环节。要想了解安装、调试等方面的内容，必须先掌握变频器的基本结构，与外接电路的接线情况，以及变频调速系统的主电路。

3）MM440 变频器具有默认的工厂设置参数，它是数量众多的简单的电动机控制系统供电的理想变频驱动装置。由于 MM440 变频器具有全面而完善的控制功能，在设置相关参数以后，它也可用于更高级的电动机控制系统。

4）MM440 变频器具有很高的运行可靠性，一旦异常故障发生，保护功能动作，变频器停止输出，保护接点动作，电动机自由运转停止。异常信息会存储在变频器内部，可由操作面板读出，依照变频器的异常显示内容对照其异常原因及处置方法。

复习思考题

1. 简述 MM440 通用型变频器的主要特点。
2. 简述 MM440 通用型变频器控制端子的基本功能。
3. 简述主电路端子的基本功能。
4. MM440 变频器控制电路接线的注意事项？
5. 变频器与电动机和电源线连接时应注意哪些问题？
6. 如何解决变频器的抗干扰问题？
7. 简述 MM440 变频器基本操作面板各按键的功能。
8. 简述 MM440 变频器参数输入的基本步骤？
9. 变频器系统的调试注意事项有哪些？
10. 叙述用户访问级 P0003 和参数过滤器 P0004 的功能。
11. 叙述 MM440 变频器 SDP 的故障信号。
12. 如何查找变频器的故障信息及报警信息？

第八章　MM440 变频器的基本应用

学习目标

变频器在和具体的生产机械配套使用时，需要根据生产机械的特性与要求，进行一系列的功能设定（如频率设定、加减速时间、多段速频率控制等），以及控制方式的选择（如面板操作和输入端子）。通过对本章内容的学习，应当掌握变频器的基础控制技能。

本章的学习目标：

1. 掌握变频器面板操作控制。
2. 掌握变频器外部端子操作控制。
3. 掌握变频器加减速时间设置。
4. 掌握变频器多段速频率设置。

本章以功率为 0.75kW 的 MM440 变频器和功率为 0.37kW 的交流电动机为例，来学习变频器在交流变频调速系统中各种功能的应用。

对于型号为 YS—7112 的三相交流笼型异步电动机，其额定参数如下：

（1）额定功率　0.37kW。

（2）额定电压　380V。

（3）额定电流　0.95A。

（4）额定转速　2800r/min。

（5）额定频率　50Hz。

（6）额定转矩　1.262。

（7）功率因素（$\cos\phi$）：0.8。

根据 YS—7112 型异步电动机的特性与要求，可选用西门子 MM440 变频器，该变频器的主要技术参数如下：

（1）电源电压　3AC(380～480)（1±10%）V，三相输入、三相输出。

（2）额定功率　0.75kW。

（3）输入频率　47～63Hz。

（4）输出频率　0～650Hz。

（5）功率因数　0.98。

（6）过载能力　150%，60s。

（7）合闸冲击电流　小于额定输入电流。

（8）固定频率　15 个，可编程。

(9) 数字输入　6 个，可编程。

(10) 模拟输入　2 个，可编程。

(11) 保护特性：过电压和欠电压保护、短路和接地保护、过负载保护、变频器过热和电动机过热保护、电机失步保护、参数联锁保护、电动机锁定保护。

技能训练 19　MM440 变频器的基本操作

一、训练目的

1）进一步熟悉 MM440 变频器的基本操作面板。

2）进一步掌握变频器基本参数的输入方法。

3）熟练掌握变频器的运行操作。

二、训练器材

1）变频器实训操作台 1 套。

2）0.75kW 三相交流笼型异步电动机 1 台。

三、训练内容及步骤

1. 训练内容

在变频器的基本操作板 BOP 上设置参数，直接控制使电动机实现正转和反转功能。

2. 训练步骤

(1) 电路接线　按图 8-1 所示电路进行接线操作。

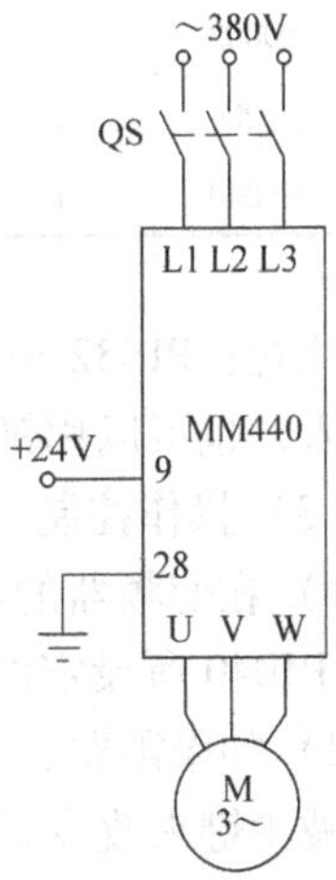

图 8-1　MM440 变频器基本控制运行接线

(2) 参数设置

1）检查电路接线正确后，合上主电源开关 QS。

2）恢复变频器工厂默认值：设定 P0010 = 30 和 P0970 = 1，按下 P 键，开始复位，复位过程大约为 3min，这样就保证了变频器的参数恢复到工厂默认值。

3）设置电动机参数：为了使电动机与变频器相匹配，需要设置电动机的相关参数。电动机选用型号为 YS—7112，具体参数设置见表 8-1。电动机参数设置完成后，设 P0010 = 0，变频器当前处于准备状态，可正常运行。

表 8-1　电动机参数设置

参数号	出厂值	设置值	说　明
P0003	1	1	设用户访问级为标准级
P0010	0	1	快速调试
P0100	0	0	工作地区：功率以 kW 表示，频率为 50Hz
P0304	230	380	电动机额定电压(V)
P0305	3.25	0.95	电动机额定电流(A)
P0307	0.75	0.37	电动机额定功率(kW)
P0308	0	0.8	电动机额定功率因数($\cos\phi$)
P0310	50	50	电动机额定频率(Hz)
P0311	0	2800	电动机额定转速(r/min)

4）设置电动机正向、反向运行面板基本操作控制参数，见表 8-2。

表 8-2　面板基本操作控制参数

参数号	出厂值	设置值	说　明
P0003	1	1	设用户访问级为标准级
P0004	0	7	命令和数字 I/O
P0700	2	1	由键盘输入设定值(选择命令源)
P0003	1	1	设用户访问级为标准级
P0004	0	10	设定值通道和斜坡函数发生器
P1000	2	1	由键盘(电动电位计)输入设定值
P1080	0	0	电动机运行的最低频率(Hz)
P1082	50	50	电动机运行的最高频率(Hz)
P0003	1	2	设用户访问级为扩展级
P0004	0	10	设定值通道和斜坡函数发生器
P1040	5	50	设定键盘控制的频率值(Hz)

注意：P1032 = 0 时允许反向，可以通过键入设定值来改变电动机的转向（既可以用数字输入，也可以用键盘上的升/降键增加/降低运行频率）。

（3）操作控制

1）在变频器的前操作面板上按下运行键“I”，于是变频器将驱动电动机升速，并运行在由 P1040 所设定的 50Hz 频率对应的 2800r/min 的转速上。

2）如果需要，则电动机的转速（运行频率）及转向可直接通过按前操作面板上的增加键及减少键来改变。当设置 P1031 = 1 时，由增加键/减少键改变了的频率设定值被保存在内存中。

3）如果需要用户可根据情况改变所设置的最大运行频率 P1082 的设置值。

4）在变频器的前操作面板上按停止键“0”，则变频器将驱动电动机降速至零。

技能训练 20　MM440 变频器输入端子操作控制

一、训练目的

1）进一步掌握变频器基本参数的输入方法。

2）掌握变频器输入端子操作控制。

3）熟练掌握变频器的运行操作。

二、训练器材

1）变频器实训操作台 1 套。

2）0.75kW 三相交流笼型异步电动机 1 台。

三、训练内容及步骤

MM440 变频器有 6 个数字输入端口（DIN1 ~ DIN6），即端口“5”、“6”、“7”、“8”、“16”和“17”（见图 7-4），每一个数字输入端口功能很多，可根据需要进行设置。从

P0701～P0706 为数字输入 1 功能至数字输入 6 功能，每一个数字输入功能设置参数值范围均从 0～99，缺省值为 1，下面列出其中几个参数值，并说明其含义。

1）参数值为 0：禁止数字输入。

2）参数值为 1：ON/OFF1（接通正转/停车命令 1）。

3）参数值为 2：ON/OFF1（接通反转/停车命令 1）。

4）参数值为 3：OFF2（停车命令 2）－按惯性自由停车。

5）参数值为 4：OFF3（停车命令 3）－按斜坡函数曲线快速降速。

6）参数值为 9：故障确认。

7）参数值为 10：正向点动。

8）参数值为 11：反向点动。

9）参数值为 12：反转。

10）参数值为 13：MOP（电动电位计）升速（增加频率）。

11）参数值为 14：MOP 降速（减少频率）。

12）参数值为 15：固定频率设定值（直接选择）。

13）参数值为 16：固定频率设定值（直接选择＋ON 命令）。

14）参数值为 17：固定频率设定值（二进制编码选择＋ON 命令）。

15）参数值为 25：直流注入制动。

1. 训练内容

用自锁按钮 SB1 和 SB2，控制 MM440 变频器，实现电动机正转和反转功能，电动机加/减速时间为 15s。DIN1 端口设为正转控制，DIN2 端口设为反转控制。

2. 训练步骤

（1）电路接线　按图 8-2 所示电路进行接线操作。

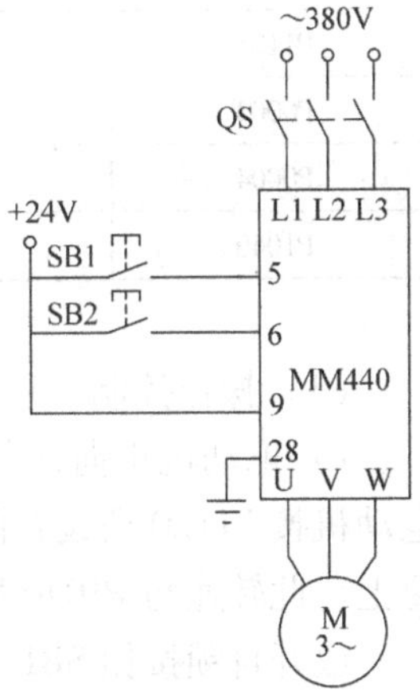

图 8-2　输入端子操作控制运行接线

（2）参数设置

1）检查电路接线正确后，合上主电源开关 QS。

2）恢复变频器工厂默认值：设定 P0010＝30 和 P0970＝1，按下 P 键，开始复位，复位过程大约为 3min，这样就保证了变频器的参数恢复到工厂默认值。

3）设置电动机参数：电动机参数设置见表 8-1。电动机参数设置完成后，设 P0010＝0，变频器当前处于准备状态，可正常运行。

4）设置数字输入控制端口参数，见表 8-3。

表 8-3　数字输入控制端口参数

参数号	出厂值	设置值	说明
P0003	1	1	设用户访问级为标准级
P0004	0	7	命令和数字 I/O
P0700	2	2	命令源选择“由端子排输入”
P0003	1	2	设用户访问级为扩展级

（续）

参 数 号	出 厂 值	设 置 值	说　明
P0004	0	7	命令和数字 I/O
P0701	1	1	ON 接通正转,OFF 停止
P0702	1	2	ON 接通反转,OFF 停止
P0003	1	1	设用户访问级为标准级
P0004	0	10	设定值通道和斜坡函数发生器
P1000	2	1	由键盘(电动电位计)输入设定值
P1080	0	0	电动机运行的最低频率(Hz)
P1082	50	50	电动机运行的最高频率(Hz)
P1120	10	15	斜坡上升时间(s)
P1121	10	15	斜坡下降时间(s)
P0003	1	2	设用户访问级为扩展级
P0004	0	10	设定值通道和斜坡函数发生器
P1040	5	40	设定键盘控制的频率值

（3）操作控制

1）电动机正向运行。当按下自锁按钮 SB1 时，变频器数字输入端口 DIN1 为“ON”，电动机按 P1120 所设置的 15s 斜坡上升时间正向起动，经 15s 后稳定运行在 2240r/min 的转速上。此转速与 P1040 所设置的 40Hz 频率相对应。

放开自锁按钮 SB1，数字输入端口 DIN1 为“OFF”，电动机按 P1121 所设置的 15s 斜坡下降时间停车，经 15s 后电动机停止运行。

2）电动机反向运行。如果要使电动机反转，则按下自锁按钮 SB2，变频器数字输入端口 DIN2 为“ON”，电动机按 P1120 所设置的 15s 斜坡上升时间反向起动，经 15s 后稳定运行在 2240r/min 的转速上。此转速与 P1040 所设置的 40Hz 频率相对应。

3）电动机停止。放开自锁按钮 SB2，数字输入端口 DIN2 为“OFF”，电动机按 P1121 所设置的 15s 斜坡下降时间停车，经 15s 后电动机停止运行。

技能训练 21　MM440 变频器模拟信号操作控制

一、训练目的

1）掌握 MM440 变频器的模拟信号控制。

2）进一步掌握变频器基本参数的输入方法。

3）熟练掌握变频器的运行操作。

二、训练器材

1）变频器实训操作台 1 套。

2）0.75kW 三相交流笼型异步电动机 1 台。

三、训练内容及步骤

MM440 变频器可以通过 6 个数字输入端口对电动机进行正反转运行、正反转点动运行方向控制，可通过基本操作板 BOP 的，按增加，减少输出频率，来设置正反向转速的大小；也可以由模拟输入端控制电动机转速的大小。MM440 变频器为用户提供了两对模拟输入端口 AN1 +、AN1 - 和端口 AN2 +、AN2 -，即端口“3”、“4”和端口“10”、“11”，如图 7-4 所示。

1. 训练内容

用自锁按钮 SB1 和 SB2，控制 MM440 变频器，实现电动机的正转和反转功能，由模拟输入端控制电动机转速的大小。DIN1 端口设为正转控制，DIN2 端口设为反转控制。

2. 训练步骤

（1）电路接线　如图 8-3 所示，MM440 变频器的“1”、“2”输出端为用户的给定单元提供了一个高精度的 + 10V 直流稳压电源。转速调节电位器 RP1 串接在电路中，调节 RP1 时，输入端口 AN1 + 给定模拟输入电压改变，变频器的输出量紧紧跟踪给定量的变化，平滑无级地调节电动机转速的大小。

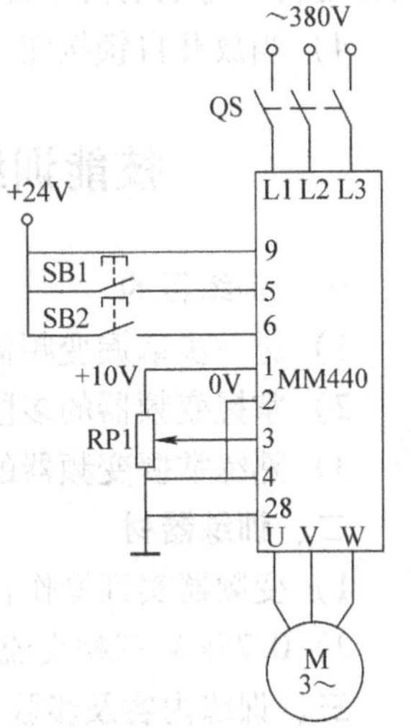

图 8-3　模拟信号操作控制

（2）参数设置

1）检查电路接线正确后，合上主电源开关 QS。

2）恢复变频器工厂默认值：设定 P0010 = 30 和 P0970 = 1，按下 P 键，开始复位，复位过程大约为 3min，这样就保证了变频器的参数恢复到工厂默认值。

3）设置电动机参数：电动机参数设置见表 8-1。电动机参数设置完成后，设 P0010 = 0，变频器当前处于准备状态，可正常运行。

4）设置模拟信号操作控制参数。模拟信号操作控制参数，见表 8-4。

表 8-4　模拟信号操作控制参数

参数号	出厂值	设置值	说明
P0003	1	1	设用户访问级为标准级
P0004	0	7	命令和数字 I/O
P0700	2	2	命令源选择“由端子排输入”
P0003	1	2	设用户访问级为扩展级
P0004	0	7	命令和数字 I/O
P0701	1	1	ON 接通正转，OFF 停止
P0702	1	2	ON 接通反转，OFF 停止
P0003	1	1	设用户访问级为标准级
P0004	0	10	设定值通道和斜坡函数发生器
P1000	2	2	频率设定值选择为“模拟输入”
P1080	0	0	电动机运行的最低频率（Hz）
P1082	50	50	电动机运行的最高频率（Hz）

3. 操作控制

1）电动机正转。按下电动机正转自锁按钮SB1，数字输入端口DIN1为“ON”，电动机正转运行，转速由外接电位器RP1来控制，模拟电压信号从0～+10V变化，对应变频器的频率从0～50Hz变化，对应电动机的转速从0～2800r/min变化。

2）当放开自锁按钮SB1时，电动机停止。

3）电动机反转。按下电动机反转自锁按扭SB2，数字输入端口DIN2为“ON”，电动机反转运行，与电动机正转相同，反转转速的大小仍由外接电位器RP1来调节。

4）当放开自锁按钮SB2时，电动机停止。

技能训练22 MM440变频器多段速频率控制

一、训练目的

1）进一步掌握变频器基本参数的输入方法。

2）掌握变频器的多段速频率控制。

3）熟练掌握变频器的运行操作。

二、训练器材

1）变频器实训操作台1套。

2）0.75kW三相交流笼型异步电动机1台。

三、训练内容及步骤

MM440变频器的6个数字输入端口（DIN1～DIN6），可以通过P0701～P0706设置实现多频段控制。每一频段的频率可分别由P1001～P1015参数设置，最多可实现15频段控制。在多频段控制中，电动机转速方向是由P1001～P1015参数所设置的频率正负决定的。6个数字输入端口，那一个作为电动机运行、停止控制，那些作为多段频率控制，是可以由用户任意确定的。一旦确定了某一数字输入端口控制功能，其内部参数的设置值必须与端口的控制功能相对应。

1. 训练内容

MM440变频器，控制实现电动机三段速频率运转。DIN3端口设为电动机起/停控制，DIN1和DIN2端口设为三段速频率输入选择，三段速度设置如下：

第一段：输出频率为15Hz；电动机转速为840r/min。

第二段：输出频率为35Hz；电动机转速为1960r/min。

第三段：输出频率为50Hz；电动机转速为2800r/min。

2. 训练步骤

（1）电路接线 按图8-4所示电路进行接线操作。

（2）参数设置

1）检查电路接线正确后，合上主电源开关QS。

2）恢复变频器工厂默认值：设定P0010=30和P0970=1，按下P键，开始复位，复位过程大约为3min，这样就保证了变频器的

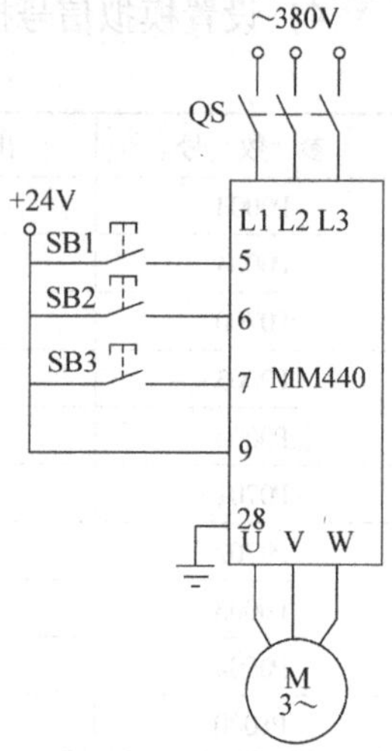

图8-4 3段频率控制接线

参数恢复到工厂默认值。

3）设置电动机参数：电动机参数设置见表 8-1。电动机参数设置完成后，设 P0010 = 0，变频器当前处于准备状态，可正常运行。

4）设置三段固定频率控制参数，见表 8-5。

表 8-5　三段固定频率控制参数

参数号	出厂值	设置值	说明
P0003	1	1	设用户访问级为标准级
P0004	0	7	命令和数字 I/O
P0700	2	2	命令源选择“由端子排输入”
P0003	1	2	设用户访问级为扩展级
P0004	0	7	命令和数字 I/O
P0701	1	17	选择固定频率
P0702	1	17	选择固定频率
P0703	1	1	ON 接通正转，OFF 停止
P0003	1	1	设用户访问级为标准级
P0004	0	10	设定值通道和斜坡函数发生器
P1000	2	3	选择固定频率设定值
P0003	1	2	设用户访问级为扩展级
P0004	0	10	设定值通道和斜坡函数发生器
P1001	0	15	设置固定频率 1(Hz)
P1002	5	35	设置固定频率 2(Hz)
P1003	10	50	设置固定频率 3(Hz)

（3）操作控制　当按下自锁按钮 SB3 时，数字输入端口 DIN3 为“ON”，允许电动机运行。

1）第 1 段控制。当 SB1 按钮接通、SB2 按钮断开时，变频器数字输入端口 DIN1 为“ON”，端口 DIN2 为“OFF”，变频器工作在由 P1001 参数所设定的频率为 15Hz 的第 1 段上，电动机运行在对应的 840r/min 的转速上。

2）第 2 段控制。当 SB1 按钮断开、SB2 按钮接通时，变频器数字输入端口 DIN1 为“OFF”，端口 DIN2 为“ON”，变频器工作在由 P1002 参数所设定的频率为 35Hz 的第 2 段上，电动机运行在对应的 1960r/min 的转速上。

3）第 3 段控制。当 SB1 按钮接通、SB2 按钮接通时，变频器数字输入端口 DIN1 为“ON”，端口 DIN2 为“ON”，变频器工作在由 P1003 参数所设定的频率为 50Hz 的第 3 段上，电动机运行在对应的 2800r/min 的转速上。

4）电动机停车。当 SB1、SB2 按钮都断开时，变频器数字输入端口 DIN1、DIN2 均为“OFF”，电动机停止运行。或在电动机正常运行的任何频段，将 SB3 断开使数字输入端口 DIN3 为“OFF”，电动机也能停止运行。

本 章 小 结

本章结合实例，介绍变频器在和具体的生产机械配套使用时的两种操作方式：基本面板操作和输入端子操作控制。功能设定上介绍了基本频率设定、加减速时间设定、多段速频率控制。

复习思考题

1. 电动机正转运行控制电路，运行中不能反转。画出变频器外部接线图，写出参数设置。

2. 在变频器的基本操作板上设置参数，并直接控制实现电动机正向点动和反向点动功能，电动机最高转速设为 25Hz。画出变频器外部接线图，写出参数设置。

3. 电动机正转运行控制电路，要求稳定运行频率为 40Hz。DIN4 端口设为正转控制。画出变频器外部接线图，写出参数设置。

4. 变频器外部端子实现电动机正转和反转功能，电动机加/减速时间为 5s。DIN4 端口设为正转控制，DIN3 端口设为反转控制，写出参数设置。

5. 用自锁按钮 SB1 控制实现电动机启/停功能，由模拟输入端控制电动机转速的大小。画出变频器外部接线图，写出参数设置。

6. 用自锁按钮控制实现电动机 10 段速频率运转。10 段速设置分别为：第 1 段输出频率为 5Hz；第 2 段输出频率为 10Hz；第 3 段输出频率为 15Hz；第 4 段输出频率为 5Hz；第 5 段输出频率为 -5Hz；第 6 段输出频率为 -20Hz；第 7 段输出频率为 25Hz；第 8 段输出频率为 40Hz；第 9 段输出频率为 50Hz；第 10 段输出频率为 30Hz。画出变频器外部接线图，写出参数设置。

第九章 PLC 和 MM440 联机变频调速应用

学习目标

可编程序控制器（PLC）是一种数字运算和操作的电子控制装置。PLC 作为传统继电器的替代品，已广泛用于工业控制的各个领域。当利用变频器构成自动控制系统进行控制时，很多情况下是采用 PLC 和变频器相配合使用。由于 PLC 可通过软件来改变控制过程，且具有体积小、组装灵活、编程简单和可靠性高等优点，因而深受欢迎。

本章的学习目标：

1. 了解 PLC 和变频器的连接方式。
2. 了解 PLC 和变频器的连接注意事项。
3. 掌握控制信号连接。

第一节 PLC 和变频器联机概述

一、控制信号连接

变频器的输入信号中包括对运行/停止、正转/反转、点动等运行状态进行操作的开关型指令信号。变频器通常利用继电器触点或具有继电器触点开关特性的元器件（如晶体管）与 PLC 相连，得到运行状态指令，如图 9-1 所示。

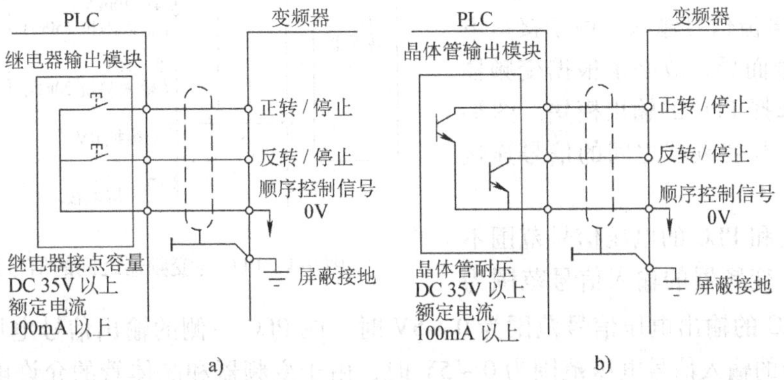

图 9-1 PLC 与变频器的连接

a) PLC 的继电器触点与变频器的连接 b) PLC 的晶体管与变频器的连接

在使用继电器触点时，常常因为接触不良而带来误动作；使用晶体管进行连接时，则需考虑晶体管本身的电压、电流等因素，保证系统的可靠性。

在设计变频器的输入信号电路时还应该注意，当输入信号电路连接不当时也会造成变频器的误动作。例如，当输入信号电路采用继电器等感性负载时，继电器开闭产生的浪涌电流带来的噪音有可能引起变频器的误动作，应尽量避免。图9-2给出了正确的接线例子。

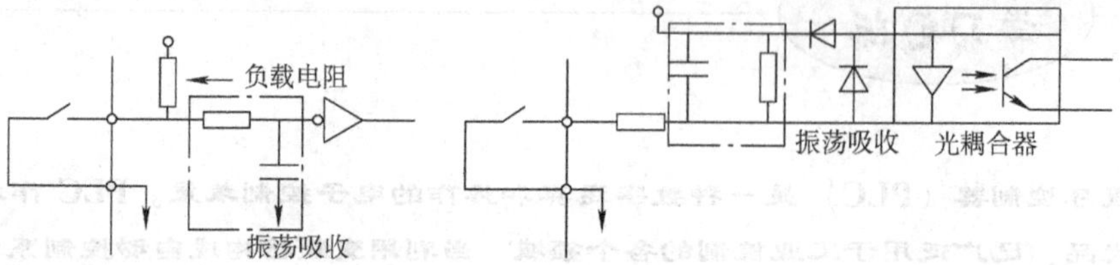

图9-2 变频器输入信号接法

当输入开关信号进入变频器时，有时会发生外部电源和变频器控制电源（DC 24V）之间的串扰。正确的连接方法是：利用PLC电源将外部晶体管的集电极经过二极管接到PLC，如图9-3所示。

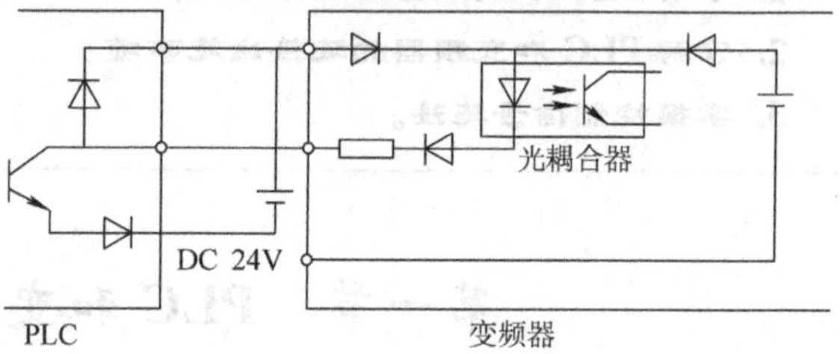

图9-3 输入信号抗干扰接法

二、数值信号连接

变频器中也存在一些数值型（如频率、电压等）指令信号的输入，可分为数字输入和模拟输入两种，数字输入多采用变频器面板上的键盘操作和串行通信接口来设定；模拟输入则通过接线端子由外部给定，通常是通过0~10V（或0~5V）的电压信号或者0~20mA（或4~20mA）的电流信号输入。由于接口电路因输入信号而异，故必须根据变频器的输入阻抗选择PLC的输出模块。图9-4所示为PLC与变频器之间的信号连接入情况。

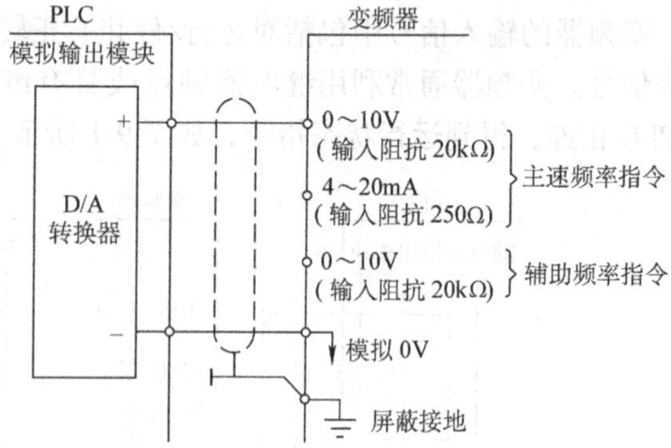

图9-4 PLC与变频器之间的信号连接

当变频器和PLC的电压信号范围不同时，例如，变频器的输入信号范围为0~10V而PLC的输出电压信号范围为0~5V时，或PLC一侧的输出信号电压范围为0~10V而变频器的输入信号电压范围为0~5V时，由于变频器和晶体管的允许电压、电流等因素的限制，则需以串联电阻的分压，以保证进行开关时不超过PLC和变频器相应部分的容量。此外，在连线时还应该注意将布线分开，保证主电路一侧的噪声不传至控制电路。

三、联机注意事项

因为变频器在运行中会产生较强的电磁干扰，为保证PLC不因为变频器主电路断路器及开关器件等产生的噪声而出现故障，将变频器与PLC相连接时应该注意以下几点：

1）对PLC本身应按规定的接线标准和接地条件进行接地，而且应注意避免和变频器使用共同的接地线，且在接地时使二者尽可能分开。

2）当电源条件不太好时，应在PLC的电源模块及输入/输出模块的电源线上接入噪声滤波器和降低噪声用的变压器等，另外，若有必要，在变频器一侧也应采取相应的措施。

3）当把变频器和PLC安装于同一操作柜中时，应尽可能使与变频器有关的电线和与PLC有关的电线分开。

4）通过使用屏蔽线和双绞线达到提高抗噪声干扰的能力。

第二节　PLC和变频器联机基本操作

以下内容涉及的MM440变频器和电动机的选择，同第八章一样。电动机仍然选择型号为YS—7112、额定功率为0.37kW的三相交流笼型异步电动机。变频器仍然选择西门子公司额定功率为0.75kW的MM440变频器。PLC选择西门子公司S7—200系列224型，其规格参数见表2-1和表2-2。

技能训练23　输入端子控制操作

一、训练目的

1）熟练掌握PLC和变频器的联机操作。

2）熟练掌握PLC和变频器的联机调试。

二、训练器材

1）PLC实训操作台1套。

2）变频器实训操作台1套。

3）0.75kW三相交流笼型异步电动机1台。

三、训练内容及步骤

1. 训练内容

通过S7—224型PLC和MM440变频器联机，实现MM440控制端口开关操作，完成对电动机正反转运行的控制。控制要求如下：

①电动机正向运行时，正向起动时间为8s，变频器输出频率30Hz。

②电动机反向运行时，反向起动时间为8s，变频器输出频率30Hz。

③电动机停止时，发出停止指令10s内电动机停止。

2. 训练步骤

（1）S7—224 PLC输入/输出分配　根据控制要求写出PLC输入/输出分配，见表9-1。

表 9-1　PLC 输入/输出分配

输　入			输　出	
电路符号	地址	功能	地址	功能
SB1	I0.1	电动机正转按钮	Q0.1	电动机正转/停止
SB2	I0.2	电动机停止按钮	Q0.2	电动机反转/停止
SB3	I0.3	电动机反转按钮		

（2）绘制电路接线图　根据写出的 PLC 输入/输出分配表，绘制电路接线图，如图 9-5 所示。

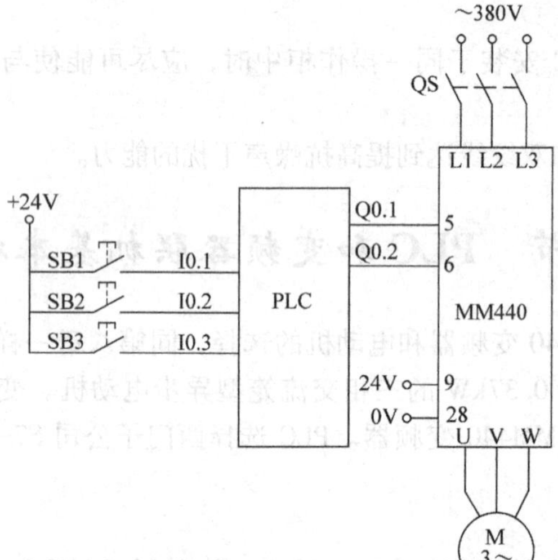

图 9-5　PLC 和 MM440 变频器联机正反转控制

（3）PLC 程序设计及变频器参数设置

1）PLC 程序设计：PLC 程序设计的编程输入步骤省略，只列出程序，如图 9-6 所示。

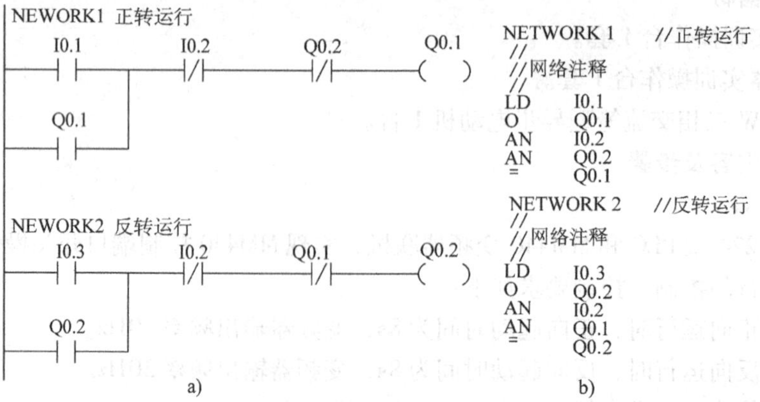

图 9-6　正反转 PLC 程序

a）梯形图　b）语句表

2）变频器参数设置：变频器的操作步骤省略（参照第七章），只列出需要设置参数，见表 9-2。

表 9-2　变频器参数设置表

参数号	出厂值	设置值	说明
P0003	1	1	设用户访问级为标准级
P0004	0	7	命令，二进制 I/O
P0700	2	2	由端子排输入
P0003	1	2	设用户访问级为扩展级
P0004	0	7	命令，二进制 I/O
P0701	1	1	ON 接通正转，OFF 停止
P0702	1	2	ON 接通反转，OFF 停止
P0003	1	1	设用户访问级为标准级
P0004	0	10	设定值通道和斜坡函数发生器
P1000	2	1	频率设定值为键盘(MOP)设定值
P1080	0	0	电动机运行的最低频率(Hz)
P1082	50	50	电动机运行的最高频率(Hz)
P1120	10	8	斜坡上升时间(s)
P1121	10	10	斜坡下降时间(s)

3. 操作控制

（1）电动机正向运行　当按下正转按钮 SB1 时，PLC 输入继电器 I0.1 的常开触点闭合，输出继电器 Q0.1 接通，MM440 的端口 DIN1 为"ON"，电动机按 P1120 所设置的 8s 斜坡上升时间正向起动，经 8s 后电动机正向稳定运行在由 P1040 所设置的 30Hz 对应的转速上。同时 Q0.1 的常开触点闭合实现自保。

（2）电动机反向运行　当按下反转按钮 SB3 时，PLC 输入继电器 I0.3 的常开触点闭合，输出继电器 Q0.2 接通，MM440 的端口 DIN2 为"ON"，电动机按 P1120 所设置的 8s 斜坡上升时间反向起动，经 8s 后电动机反向运行在由 P1040 所设置的 30Hz 对应的转速上。同时 Q0.2 的常开触点闭合实现自保。

为了保证正转和反转不同时进行，即 MM440 的端口 DIN1 和 DIN2 不同时为"ON"，在程序设计中利用输出继电器 Q0.1 和 Q0.2 的常闭触点实现互锁。

（3）电动机停车　无论电动机当前处于正向还是反向工作状态，当按下停止按钮 SB2 时，输入继电器 I0.2 常闭触点断开，使输出继电器 Q0.1（或 Q0.2）失电 MM440 的端口 DIN1 和 DIN2 为"OFF"，电动机按 P1121 所设置的 10s 斜坡下降时间正向（或反向）停车，经 10s 后电动机停止运行。

四、注意事项

PLC 的数字输入/输出分配不是唯一的，一旦输入/输出端口的功能和外围设备接线图确定后，PLC 程序设计要与外围设备硬件的连接相对应。

技能训练 24　延时控制操作

一、训练目的

1）熟练掌握 PLC 和变频器联机操作。

2）熟练掌握PLC和变频器联机调试。

二、训练器材

1）PLC实训操作台1套。

2）变频器实训操作台1套。

3）0.75kW三相交流笼型异步电动机1台。

三、训练内容及步骤

1. 训练内容

通过S7—224型PLC和MM440变频器联机，实现MM440控制端口开关操作，完成对电动机正反向延时起动运行的控制。控制要求如下：

①按下正向起动按钮SB1时，电动机延时15s开始正向起动。电动机正向运行时，起动时间为8s，变频器输出频率30Hz。

②按下反向起动按钮SB3时，电动机延时10s开始正向起动。电动机正向运行时，起动时间为8s，变频器输出频率30Hz。

③电动机停止时，按下停止起动按钮SB2时，电动机10s内停止。

2. 训练步骤

（1）S7—224PLC输入/输出分配　根据控制要求写出PLC输入/输出分配，见表9-3。

表9-3　S7—224 PLC输入/输出分配

输入			输出	
电路符号	地址	功能	地址	功能
SB1	I0.1	电动机正转按钮	Q0.1	电动机正转/停止
SB2	I0.2	电动机停止按钮	Q0.2	电动机反转/停止
SB3	I0.3	电动机反转按钮		

（2）绘制电路接线图　根据写出的PLC输入/输出分配表，绘制电路接线图，如图9-7所示。

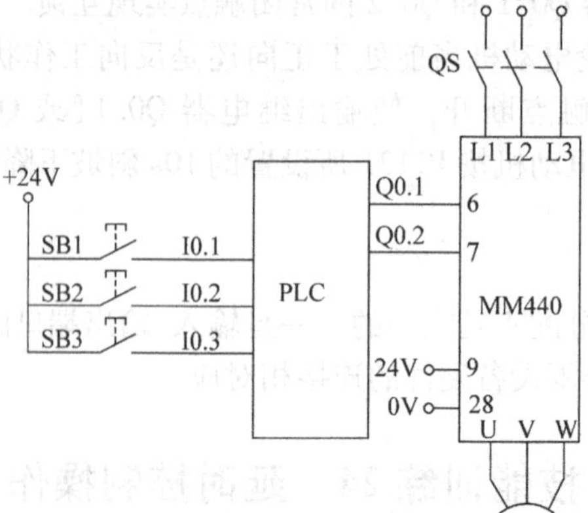

图9-7　PLC和MM440变频器联机延时正反向控制

（3）PLC 程序设计及变频器参数设置

1）PLC 程序设计：PLC 程序设计的编程输入步骤省略，只列出程序，如图 9-8 所示。

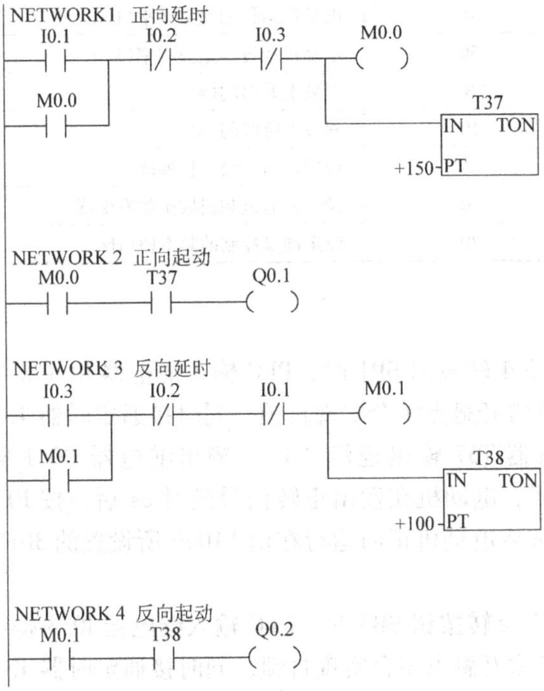

a)

```
NETWORK 1        //正向延时
LD    I0.1
O     M0.0
AN    I0.2
AN    I0.3
=     M0.0
TON   T37,+150
NETWORK 2        //正向起动
LD    M0.0
A     T37
=     Q0.1
NETWORK 3        //反向延时
LD    I0.3
O     M0.1
AN    I0.2
AN    I0.1
=     M0.1
TON   T38,+100
NETWORK 4        //反向起动
LD    M0.1
A     T38
=     Q0.2
```

b)

图 9-8　延时运行 PLC 程序

a）梯形图　b）语句表

2）变频器参数设置：变频器的操作步骤省略（参照第七章），只列出需要设置参数，见表 9-4。

表 9-4　变频器参数设置表

参　数　号	出　厂　值	设　置　值	说　　明
P0003	1	1	设用户访问级为标准级
P0004	0	7	命令，二进制 I/O
P0700	2	2	由端子排输入
P0003	1	2	设用户访问级为扩展级
P0004	0	7	命令，二进制 I/O
P0701	1	1	ON 接通正转，OFF 停止
P0702	1	2	ON 接通反转，OFF 停止
P0703	9	10	正向点动
P0704	15	11	反向点动
P0003	1	1	设用户访问级为标准级
P0004	0	10	设定值通道和斜坡函数发生器
P1000	2	1	频率设定值为键盘（MOP）设定值

（续）

参 数 号	出 厂 值	设 置 值	说 明
P1080	0	0	电动机运行的最低频率(Hz)
P1082	50	50	电动机运行的最高频率(Hz)
P1120	10	8	斜坡上升时间(s)
P1121	10	10	斜坡下降时间(s)
P0003	1	2	设用户访问级为扩展级
P0004	0	10	设定值通道和斜坡函数发生器
P1040	5	30	设定键盘控制的频率值(Hz)

3. 操作控制

（1）电动机正向延时运行 当按下正转按钮SB1时，PLC输入继电器I0.1得电，其常开触点闭合，位存储器M0.0得电，其常开触点闭合实现自锁，同时接通定时器T37并开始延时，当延时时间达到15s时，定时器T37输出逻辑“1”，输出继电器Q0.1得电，使MM440的数字输入端口DIN2为“ON”，电动机在发出正转信号延时8s后，按P1120所设置的8s斜坡上升时间正向起动，经8s后电动机正向运行在由P1040所设置的30Hz频率对应的转速上。

（2）电动机反向延时运行 当按下反转按钮SB3时，PLC输入继电器I0.3得电，其常开触点闭合，位存储器M0.1得电，其常开触点闭合实现自锁，同时接通定时器T38并开始延时，当延时时间达到10s时，定时器T38输出逻辑“1”，输出继电器Q0.2得电，使MM440的数字输入端口DIN3为“ON”，电动机在发出反转信号延时10s后，按P1121所设置的8s斜坡上升时间反向起动，经8s后电动机反向运行在由P1040所设置的30Hz频率对应的转速上。

为了保证运行安全，在程序设计中，利用位存储器M0.0和M0.1的常闭触头实现互锁。

（3）电动机停止 无论电动机当前处于正向还是反向工作状态，当按下停止按钮SB2时，输入继电器I0.2得电，其常闭触点断开，使M0.0(或M0.1)失电，其常开触点断开取消自锁，同时使定时器T1或（T2）断开，输出继电器Q0.1(或Q0.2)失电，MM440端口“5”（或“6”）为“OFF”，电动机按P1121所设置的10s斜坡下降时间正向（或反向）停车，经10s后电动机停止运行。

技能训练25 多段速频率控制操作

一、训练目的

1）熟练掌握PLC和变频器联机操作。

2）熟练掌握PLC和变频器联机调试。

二、训练器材

1）PLC实训操作台1套。

2）变频器实训操作台1套。

3）0.75kW 三相交流笼型异步电动机 1 台。

三、训练内容及步骤

1. 训练内容

通过 S7—224 型 PLC 和 MM440 变频器联机，控制实现电动机三段速频率运转，按下起动按钮 SB1，电动机起动并运行在第一段频率为 10Hz，对应转速为 560r/min，延时 20s 后电动机反向运行在第二段频率为 30Hz，对应转速为 1680r/min，再延时 20s 后电动机正向运行在第三段频率为 50Hz，对应转速为 2800r/min。按下停车按钮，电动机停止运行。

2. 训练步骤

（1）S7—224 PLC 输入/输出分配　变频器数字输入 DIN1、DIN2 端口通过 P0701、P0702 参数设为 3 段固定频率控制端，每一频段的频率可分别由 P1001、P1002 和 P1003 参数设置。变频器数字输入 DIN3 端口设为电动机运行、停止控制端，可由 P0703 参数设置，见表 9-5。

表 9-5　S7—224 PLC 输入/输出分配

输　入			输　出	
电路符号	地址	功能	地址	功能
SB1	I0.1	起动按钮	Q0.1	DIN1
SB2	I0.2	停止按钮	Q0.2	DIN2
			Q0.3	DIN3

（2）绘制电路接线图　根据写出 PLC 的输入/输出分配表，绘制电路接线图，如图 9-9 所示。

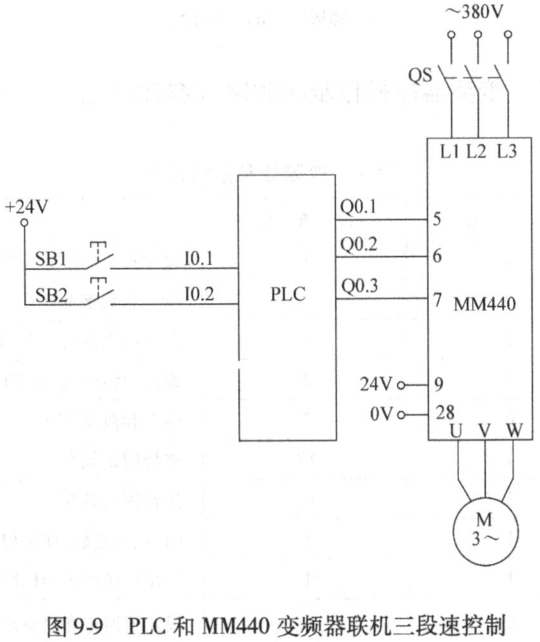

图 9-9　PLC 和 MM440 变频器联机三段速控制

（3）PLC 程序设计及变频器参数设置

1）PLC 程序设计：PLC 程序设计的编程输入步骤省略，只列出程序，如图 9-10 所示。

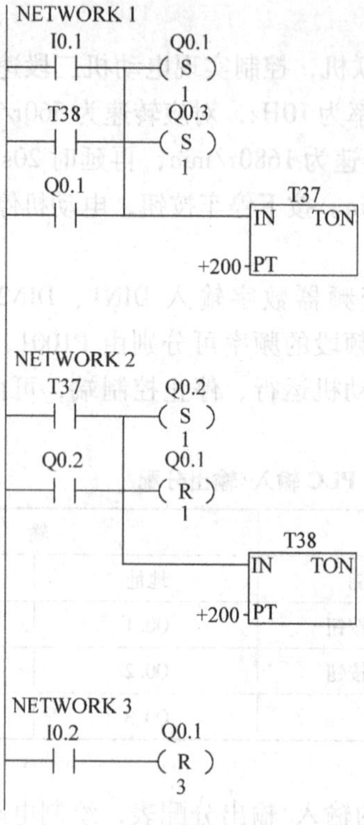

a)

```
NETWORK 1
LD      I0.1
O       T38
O       Q0.1
S       Q0.1,1
S       Q0.3,1
TON     T37,+200
NETWORK 2
LD      T37
O       Q0.2
S       Q0.2,1
R       Q0.1,1
TON     T38,+200
NETWORK 3
LD      I0.2
R       Q0.1,3
```

b)

图 9-10　联机延时运行 PLC 程序

a）梯形图　b）语句表

2）变频器参数设置：变频器的操作步骤省略（参照第七章），只列出需要设置参数，见表 9-6。

表 9-6　变频器参数设置表

参 数 号	出 厂 值	设 置 值	说　明
P0003	1	1	设用户访问级为标准级
P0004	0	7	命令和数字 I/O
P0700	2	2	命令源选择“由端子排输入”
P0003	1	2	设用户访问级为扩展级
P0004	0	7	命令和数字 I/O
P0701	1	17	选择固定频率
P0702	1	17	选择固定频率
P0703	1	1	ON 接通正转，OFF 停止
P0003	1	1	设用户访问级为标准级
P0004	0	10	设定值通道和斜坡函数发生器

（续）

参数号	出厂值	设置值	说明
P1000	2	3	选择固定频率设定值
P0003	1	2	设用户访问级为扩展级
P0004	0	10	设定值通道和斜坡函数发生器
P1001	0	10	设置固定频率 1（Hz）
P1002	5	-30	设置固定频率 2（Hz）
P1003	10	50	设置固定频率 3（Hz）

本章小结

1）PLC 是以继电器控制为基础，以微处理器为核心，综合了计算机技术、自动控制技术和现代通信技术，当利用变频器构成自动控制系统进行控制时，采用 PLC 和变频器相配合使用。由于 PLC 可通过软件来改变控制过程，且具有体积小、组装灵活、编程简单和可靠性高等优点。

2）PLC 和变频器的控制信号连接方式，变频器利用 PLC 的输入的开关型指令信号，信号中包括对运行/停止、正转/反转、点动等运行状态进行操作。PLC 和变频器的数值信号连接方式，可分为数字输入和模拟输入两种。

3）结合技能训练，熟练掌握 PLC 和变频器输入端子操作控制和多段速频率控制。

复习思考题

1. 说明 PLC 和变频器的开关行控制信号的连接特点，并说明应注意哪些问题？

2. 说明 PLC 和变频器的数值信号连接方式具有的特点。

3. 联机控制实现电动机正向点动和反向点动功能，电动机最高转速设为 35Hz。画出 PLC 和变频器联机接线图，写出 PLC 程序和变频器参数设置。

4. 联机控制实现电动机正转和反转功能，电动机加/减速时间为 10s。画出 PLC 和变频器联机接线图，写出 PLC 程序和变频器参数设置。

5. 联机控制实现电动机 10 段速频率运转。10 段速设置分别为：第 1 段输出频率为 5Hz；第 2 段输出频率为 -10Hz；第 3 段输出频率为 15Hz；第 4 段输出频率为 5Hz；第 5 段输出频率为 -5Hz；第 6 段输出频率为 -10Hz；第 7 段输出频率为 25Hz；第 8 段输出频率为 40Hz；第 9 段输出频率为 50Hz；第 10 段输出频率为 30Hz。画出 PLC 和变频器联机接线图，写出 PLC 程序和变频器参数设置。

附　　录

附录A　特殊标志位存储器SM

SM位	描　　述
SM0.0	运行监视。该位始终为1
SM0.1	该位在首次扫描时为1,用途之一是调用初始化子程序
SM0.2	若保持数据丢失,则该位在一个扫描周期中为1。该位可用作错误存储器位,或用来调用特殊启动顺序功能
SM0.3	开机后进入RUN方式,该位将ON一个扫描周期。该位可用作在启动操作之前给设备提供一个预热时间
SM0.4	该位提供了一个时钟脉冲,30s为1,30s为0,周期为1min。它提供了一个简单易用的延时,或1min的时钟脉冲
SM0.5	该位提供了一个时钟脉冲,0.5s为1,0.5s为0,周期为1s。它提供了一个简单易用的延时,或1s的时钟脉冲
SM0.6	该位为扫描时钟,本次扫描时置1,下次扫描置0。可用作扫描计数器的输入
SM0.7	该位指示CPU工作方式开关的位置(0为TERM位置,1为RUN位置)。当开关在RUN位置时,用该位可使自由端口通信方式有效,那么当切换至TERM位置时,同编程设备的正常通信也会有效
SM1.0	当执行某些指令,运算结果为0时,将该位置1
SM1.1	当执行某些指令,其结果溢出,或查出非法数值时,将该位置1
SM1.2	当执行数学运算,其结果为负数时,将该位置1
SM1.3	试图除以零时,将该位置1
SM1.4	当执行A’IT(Add to Table)指令时,试图超出表范围时,将该位置1
SM1.5	当执行LIFO或FIFO指令时,试图从空表中读数时,将该位置1
SM1.6	当试图把一个非BCD数转换为二进制数时,将该位置1
SM1.7	当ASCII码不能转换为有效的十六进制数时,将该位置1
SM2.0	在自由端口通信方式下,该字符存储从口0或口1接受到的每一个字符
SM3.0	口0或口1的奇偶校验错(0=无错,1=有错)
SM3.1~SM3.7	保留
SM4.0	当通信中断队列溢出时,将该位置1
SM4.1	当输入中断队列溢出时,将该位置1
SM4.2	当定时中断队列溢出时,将该位置1
SM4.3	在运行时刻,发现编程问题时,将该位置1

（续）

SM 位	描　述
SM4.4	该位指示全局中断允许位，当允许中断时，将该位置 1
SM4.5	当(口 0)发送空闲时，将该位置 1
SM4.6	当(口 1)发送空闲时，将该位置 1
SM4.7	当发生强置时，将该位置 1
SM5.0	当有 I/O 错误时，将该位置 1
SM5.1	当 I/O 总线上连接了过多的数字量 I/O 点时，将该位置 1
SM5.2	当 I/O 总线上连接了过多的模拟量 I/O 点时，将该位置 1
SM5.3	当 I/O 总线上连接了过多的智能 I/O 模块时，将该位置 1
SM5.4 ~ SM5.6	保留
SM5.7	当 DP 标准总线出现错误时，将该位置 1

注：其他特殊存储器标志位可参见 S7—200 系统手册。

附录 B　MM440 变频器的故障信息及排除

故　障	引起故障可能的原因	故障诊断和应采取的措施
F0001 过电流	1）电动机的功率（P0307）与变频器的功率（P0206）不对应 2）电动机电缆太长 3）电动机的导线短路 4）有接地故障	检查以下各项： 1）电动机的功率（P0307）必须与变频器的功率（P0206）相对应 2）电缆的长度不得超过允许的最大值 3）电动机的电缆和电动机内部不得有短路或接地故障 4）输入变频器的电动机参数必须与实际使用的电动机参数相对应 5）输入变频器的定子电阻值（P0350）必须正确无误 6）电动机的冷却风道必须通畅，电动机不得过载 ①增加斜坡时间 ②减少“提升”的数值
F0002 过电压	1）禁止直流回路电压控制器（P1240 = 0） 2）直流回路的电压（r0026）超过了跳闸电平（P2172） 3）由于供电电源电压过高，或者电动机处于再生制动方式下引起过电压 4）斜坡下降过快，或者电动机由大惯量负载带动旋转而处于再生制动状态下	检查以下各项： 1）电源电压（P0210）必须在变频器铭牌规定的范围以内 2）直流回路电压控制器必须有效（P1240），而且正确地进行了参数化 3）斜坡下降时间（P1121）必须与负载的惯量相匹配 4）要求的制动功率必须在规定的限定值以内 注意：负载的惯量越大需要的斜坡时间越长；外形尺寸为 FX 和 GX 的变频器应接入制动电阻

（续）

故　　障	引起故障可能的原因	故障诊断和应采取的措施
F0003 欠电压	1）供电电源故障 2）冲击负载超过了规定的限定值	检查以下各项： 1）电源电压（P0210）必须在变频器铭牌规定的范围以内 2）检查电源是否短时掉电或有瞬时的电压降低使能动态缓冲（P1240 = 2）
F0004 变频器过温	1）冷却风量不足 2）环境温度过高	检查以下各项： 1）负载的情况必须与工作/停止周期相适应 2）变频器运行时冷却风机必须正常运转 3）调制脉冲的频率必须设定为缺省值 4）环境温度可能高于变频器的允许值 故障值代表的含义： P0949 = 1：整流器过温 P0949 = 2：运行环境过温 P0949 = 3：电子控制箱过温
F0005 变频器 I^2t 过热保护	1）变频器过载 2）工作/停止间隙周期时间不符合要求 3）电动机功率（P0307）超过变频器的负载能力（P0206）	检查以下各项： 1）负载的工作/停止间隙周期时间不得超过指定的允许值 2）电动机的功率（P0307）必须与变频器的功率（P0206）相匹配
F0011 电动机过温	电动机过载	检查以下各项： 1）负载的工作/停止间隙周期必须正确 2）标称的电动机温度超限值（P0626 ~ P0628）必须正确 3）电动机温度报警电平（P0604）必须匹配 如果 P0601 = 0 或 1，应检查以下各项： 1）检查电动机的铭牌数据是否正确（如果没有进行快速调试） 2）正确的等值电路数据可以通过电动机数据自动检测（P1910 = 1）来得到 3）检查电动机的重量是否合理，必要时加以修改 4）如果用户实际使用的电动机不是西门子生产的标准电动机，可以通过参数 P0626、P0627、P0628 修改标准过温值 如果 P0601 = 2，应检查以下各项： 1）检查 r0035 中显示的温度值是否合理 2）检查温度传感器是否是 KTY84（不支持其他型号的传感器）
F0012 变频器温度信号丢失	变频器（散热器）的温度传感器断线	—
F0015 电动机温度信号丢失	电动机的温度传感器开路或短路。如果检测到信号已经丢失，温度监控开关便切换为监控电动机的温度模型	—

（续）

故　　障	引起故障可能的原因	故障诊断和应采取的措施
F0020 电源断相	如果三相输入电源电压中的一相丢失，便出现故障，但变频器的脉冲仍然允许输出，变频器仍然可以带负载	检查输入电源各相的线路
F0021 接地故障	如果相电流的总和超过变频器额定电流的5%时将引起这一故障	—
F0022 功率组件故障	在下列情况下将引起硬件故障（r0947 = 22和r0949 = 1） 1）直流回路过流 = IGBT 短路 2）制动斩波器短路 3）接地故障 4）I/O 板插入不正确 外形尺寸 A 至 C（1），（2），（3），（4） 外形尺寸 D 至 E（1），（2），（4） 外形尺寸 F（2），（4） 由于所有这些故障只指定了功率组件的一个信号来表示，不能确定实际上是哪一个组件出现了故障 外形尺寸 FX 和 GX 当 r0947 = 22 和故障值 r0949 = 12，或 13，或 14（根据 UCE 而定）时，检测 UCE 故障	检查 I/O 板。它必须完全插入
F0023 输出故障	输出的一相断线	
F0024 整流器过温	1）通风风量不足 2）冷却风机没有运行 3）环境温度过高	检查以下各项： 1）变频器运行时冷却风机必须处于运转状态 2）脉冲频率必须设定为缺省值 3）环境温度可能高于变频器允许的运行温度
F0030 冷却风机故障	风机不再工作	1）在装有操作面板选件（AOP 或 BOP）时，故障不能被屏蔽 2）需要安装新风机
F0035 在重试再起动后自动再起动故障	试图自动再起动的次数超过 P1211 确定的数值	
F0040 自动校准故障		
F0041 电动机参数自动检测故障	电动机参数自动检测故障信息如下： 报警值 = 0：负载消失 报警值 = 1：进行自动检测时已达到电流限制的电平 报警值 = 2：自动检测得出的定子电阻小于 0.1% 或大于 100% 报警值 = 3：自动检测得出的转子电阻小于 0.1% 或大于 100% 报警值 = 4：自动检测得出的定子电抗小于 50% 或大于 500%	0：检查电动机是否与变频器正确连接 1～40：检查电动机参数 P304～P311 是否正确检查电动机的接线应该是哪种型式（星形或三角形）

（续）

故　　障	引起故障可能的原因	故障诊断和应采取的措施
F0041 电动机参数自动检测故障	报警值 =5：自动检测得出的电源电抗小于 50% 或大于 500% 报警值 =6：自动检测得出的转子时间常数小于 10ms 或大于 5s 报警值 =7：自动检测得出的总漏抗小于 5% 或大于 50% 报警值 =8：自动检测得出的定子漏抗小于 25% 或大于 250% 报警值 =9：自动检测得出的转子漏感小于 25% 或大于 250% 报警值 =20：自动检测得出的 IGBT 通态电压小于 0.5V 或大于 10V 报警值 =30：电流控制器达到了电压限制值 报警值 =40：自动检测得出的数据组自相矛盾，至少有一个自动检测数据错误 基于电抗 Zb 的百分值 = Vmot，nom/sqrt（3）/Imot，nom	0：检查电动机是否与变频器正确连接 1 ~ 40：检查电动机参数 P304 ~ P311 是否正确检查电动机的接线应该是哪种型式（星形或三角形）
F0042 速度控制优化功能故障	速度控制优化功能（P1960）故障 故障值 =0：在规定时间内不能达到稳定速度 故障值 =1：读数不合乎逻辑	
F0051 参数 EEPROM 故障	存储不挥发的参数时出现读/写错误	1）进行工厂复位并重新参数化 2）与客户支持部门或维修部门联系
F0052 功率组件故障	读取功率组件的参数时出错，或数据非法	与客户支持部门或维修部门联系
F0053I/O EEPROM 故障	读 I/O EEPROM 信息时出错，或数据非法	1）检查数据 2）更换 I/O 模块
F0054I/O 板错误	1）连接的 I/O 板不对 2）I/O 板检测不出识别号，检测不到数据	1）检查数据 2）更换 I/O 模板
F0060 Asic 超时	内部通信故障	1）如果存在故障，应更换变频器 2）或与维修部门联系
F0070 CB 设定值故障	在通信报文结束时，不能从 CB（通信板）接设定值	检查 CB 板和通信对象
F0071 USS（BOP-链接）设定值故障	在通信报文结束时，不能从 USS 得到设定值	检查 USS 主站
F0072 USS（COMM 链接）设定值故障	在通信报文结束时，不能从 USS 得到设定值	检查 USS 主站

（续）

故　障	引起故障可能的原因	故障诊断和应采取的措施
F0080 ADC输入信号丢失	1）断线 2）信号超出限定值	—
F0085外部故障	由端子输入信号触发的外部故障	封锁触发故障的端子输入信号
F0090编码器反馈信号丢失	从编码器来的信号丢失	1）检查编码器的安装固定情况，设定P0400 = 0并选择SLVC控制方式（P1300 = 20或22） 2）如果装有编码器，请检查编码器的选型是否正确（检查参数P0400的设定） 3）检查编码器与变频器之间的接线 4）检查编码器应无故障（选择P1300 = 0，在一定速度下运行，检查r0061中的编码器反馈信号） 5）增加编码器反馈信号消失的门限值（P0492）
F0101功率组件溢出	软件出错或处理器故障	运行自测试程序
F0221 PID反馈信号低于最小值	PID反馈信号低于P2268设置的最小值	改变P2268的设置值或调整反馈增益系数
F0222 PID反馈信号高于最大值	PID反馈信号超过P2267设置的最大值	改变P2267的设置值或调整反馈增益系数
F0450 BIST测试故障	1）有些功率部件的测试有故障 2）有些控制板的测试有故障 3）有些功能测试有故障 4）上电检测时内部RAM有故障	1）变频器可以运行，但有的功能不能正确工作 2）检查硬件，与客户支持部门或维修部门联系
F0452检测出传动带有故障	负载状态表明传动带故障或机械有故障	检查下列各项： 1）驱动链有无断裂、卡死或堵塞现象 2）外接速度传感器（如果采用的话）是否正确地工作 检查参数 P2192（与允许偏差相对应的延迟时间）的数值必须正确无误 3）如果采用转矩控制，以下参数的数值必须正确无误 P2182（频率门限值f1） P2183（频率门限值f2） P2184（频率门限值f3） P2185（转矩上限值1） P2186（转矩下限值1） P2187（转矩上限值2） P2188（转矩下限值2） P2189（转矩上限值3） P2190（转矩下限值3） P2192（与允许偏差对应的延迟时间）

附录C MM440变频器的报警信息及排除

故　障	引起故障可能的原因	故障诊断和应采取的措施
A0501 电流限幅	1）电动机的功率与变频器的功率不匹配 2）电动机的连接导线太短 3）接地故障	检查以下各项： 1）电动机的功率（P0307）必须与变频器功率（P0206）相对应 2）电缆的长度不得超过最大允许值 3）电动机电缆和电动机内部不得有短路或接地故障 4）输入变频器的电动机参数必须与实际使用的电动机一致 5）定子电阻值（P0350）必须正确无误 6）电动机的冷却风道是否堵塞，电动机是否过载 ①增加斜坡上升时间 ②减少“提升”的数值
A0502 过电压限幅	达到了过压限幅值 斜坡下降时如果直流回路控制器无效（P1240 =0）就可能出现这一报警信号	1）电源电压（P0210）必须在铭牌数据限定的数值以内 2）禁止直流回路电压控制器（P1240-0），并正确地进行参数化 3）斜坡下降时间（P1121）必须与负载的惯性相匹配 4）要求的制动功率必须在规定的限度以内
A0503 欠电压限幅	供电电源故障 供电电源电压（P0210）和与之相应的直流回路电压（r0026）低于规定的限定值（P2172）	1）电源电压（P0210）必须在铭牌数据限定的数值以内 2）对于瞬间的掉电或电压下降必须是不敏感的使能动态缓冲（P1240-2）
A0504 变频器过温	变频器散热器的温度（P0614）超过了报警电平，将使调制脉冲的开关频率降低和/或输出频率降低（取决于（P0610）的参数化）	检查以下各项： 1）环境温度必须在规定的范围内 2）负载状态和“工作/停止”周期时间必须适当 3）变频器运行时，风机必须投入运行 4）脉冲频率（P1800）必须设定为缺省值
A0505 变频器 I^2t 过温	如果进行了参数化（P0290），超过报警电平（P0294）时，输出频率和/或脉冲频率将降低	1）检查“工作/停止”周期的工作时间应在规定范围内 2）电动机的功率（P0307）必须与变频器的功率相匹配
A0506 变频器的“工作/停止”周期	散热器温度与IGBT的结温之差超过了报警的限定值	检查“工作/停止”周期和冲击负载应在规定范围内

（续）

故　障	引起故障可能的原因	故障诊断和应采取的措施
A0511 电动机 I^2t 过温	电动机过载 负载的“工作/停止”周期中，工作时间太长	无论是哪种过温，都应检查以下各项： 1）负载的工作/停止周期必须正确 2）电动机的过温参数（P0626～P0628）必须正确 3）电动机的温度报警电平（P0604）必须匹配 如果 P0601-0 或 1，请检查以下各项： 1）铭牌数据是否正确（如果不执行快速调试） 2）在进行电动机参数自动检测时（P1910-0），等效回路的数据应准确 3）电动机的重量（P0344）是否可靠。必要时应进行修改 4）如果使用的电动机不是西门子的标准电动机，应通过参数 P0626、P0627、P0628 改变过温的标准值 如果 P0601-2，请检查以下各项： 1）r0035 显示的温度值是否可靠 2）传感器是否是 KTY84（不支持其他的传感器）
A0512 电动机温度信号丢失	至电动机温度传感器的信号线断线。如果已检查出信号线断线，温度监控开关应切换到采用电动机的温度模型进行监控	—
A520 整流器过温	整流器的散热器温度超出报警值	检查以下各项： 1）环境温度必须在允许限值以内 2）负载状态和“工作/停止”周期时间必须适当 3）变频器运行时，冷却风机必须正常转动
A521 运行环境过温	运行环境温度超出报警值	检查以下各项： 1）环境温度必须在允许限值以内 2）变频器运行时，冷却风机必须正常转动 3）冷却风机的进风口不允许有任何阻塞
A522 I2C 读出超时	通过 I2C 总线周期地存取 UCE 的值和功率组件的温度发生故障	—
A523 输出故障	输出的一相断线	可以对报警信号加以屏蔽
A0535 制动电阻过热		1）增加工作/停止周期 P1237 2）增加斜坡下降时间 P1121

（续）

故　　障	引起故障可能的原因	故障诊断和应采取的措施
A0541 电动机数据自动检测已激活	已选择电动机数据的自动检测（P1910）功能或检测正在进行	
A0542 速度控制优化激活	已经选择速度控制的优化功能（P1960）或优化正在进行	—
A0590 编码器反馈信号丢失的报警	从编码器来的反馈信号丢失，变频器切换到无传感器矢量控制方式运行	停止变频器，然后： 1）检查编码器的安装情况。如果没有安装编码器，应设定 P0400-0，并选择 SLVC 运行方式（P1300-20 或 22） 2）如果装有编码器，请检查编码器的选型是否正确（检查参数 P0400 的编码器设定） 3）检查变频器与编码器之间的接线 4）检查编码器有无故障（选择 P1300-0，使变频器在某一固定速度下运行，检查 r0061 的编码器反馈信号） 5）增加编码器信号丢失的门限值（P0492）
A0910 直流回路最大电压 Vdc-max 控制器未激活	直流回路最大电压 Vdc max 控制器未激活，因为控制器不能把直流回路电压（r0026）保持在（P2172）规定的范围内 1）如果电源电压（P0210）一直太高，就可能出现这一报警信号 2）如果电动机由负载带动旋转，使电动机处于再生制动方式下运行，就可能出现这一报警信号 3）在斜坡下降时，如果负载的惯量特别大，就可能出现这一报警信号	检查以下各项： 1）输入电源电压（P0756）必须在允许范围内 2）负载必须匹配
A0911 直流回路最大电压 Vdc-max 控制器已激活	直流回路最大电压 Vdc-max 控制器已激活；因此，斜坡下降时间将自动增加，从而自动将直流回路电压（r0026）保持在限定值（P2172）以内	—
A0912 直流回路最小电压 Vdc-min 控制器已激活	如果直流回路电压（r0026）降低到最低允许电压（P2172）以下，直流回路最小电压 Vdc-min 控制器将被激活 1）电动机的动能受到直流回路电压缓冲作用的吸收，从而使驱动装置减速 2）短时的掉电并不一定会导致欠电压跳闸	—

（续）

故　　障	引起故障可能的原因	故障诊断和应采取的措施
A0920 ADC参数设定不正确	ADC的参数不应设定为相同的值，因为，这样将产生不合乎逻辑的结果 1）标记0：参数设定为输出相同 2）标记1：参数设定为输入相同 3）标记2：参数设定输入不符合ADC的类型	—
A0921 DAC参数设定不正确	DAC的参数不应设定为相同的值，因为，这样将产生不合乎逻辑的结果 1）标记0：参数设定为输出相同 2）标记1：参数设定为输入相同 3）标记2：参数设定输出不符合DAC的类型	—
A0922 变频器没有负载	变频器没有负载 有些功能不能象正常负载情况下那样工作	—
A0923 同时请求正向和反向点动	已有向前点动和向后点动（P1055/P1056）的请求信号。这将使RFG的输出频率稳定在它的当前值	—
A0952 检测到传动带故障	电动机的负载状态表明传动带有故障或机械有故障	检查以下各项： 1）驱动装置的传动系统有无断裂，卡死或堵塞现象 2）外接的速度传感器（如果采用速度反馈的话）工作应正常 P0409（额定速度下每分钟脉冲数）、P2191（回线频率差）和P2192（与允许偏差相对应的延迟时间）的数值必须正确无误 3）如果使用转矩控制功能，应检查以下参数的数值必须正确无误： P2182（频率门限值f1） P2183（频率门限值f2） P2184（频率门限值f3） P2185（转矩上限值1） P2186（转矩下限值1） P2187（转矩上限值2） P2188（转矩下限值2） P2189（转矩上限值3） P2190（转矩下限值3）和 P2192（与允许偏差相对应的延迟时间） 4）必要时加润滑

参 考 文 献

[1]　王国海．可编程序控制器[M]．北京：中国劳动社会保障出版社，2007.

[2]　宋峰青．变频技术[M]．北京：中国劳动社会保障出版社，2004.

[3]　李良仁．变频调速与应用[M]．北京：电子工业出版社，2005.

[4]　程周．电气控制与 PLC 原理与应用[M]．北京：电子工业出版社，2005.

读者信息反馈表

感谢您购买《PLC 与变频器》一书。为了更好地为您服务，有针对性地为您提供图书信息，方便您选购合适图书，我们希望了解您的需求和对我们教材的意见和建议，愿这小小的表格为我们架起一座沟通的桥梁。

姓　名		所在单位名称	
性　别		所从事工作（或专业）	
通信地址		邮　编	
办公电话		移动电话	
E-mail			

1. 您选择图书时主要考虑的因素：（在相应项前画√）

（　　）出版社　（　　）内容　（　　）价格　（　　）封面设计　（　　）其他

2. 您选择我们图书的途径（在相应项前画√）

（　　）书目　（　　）书店　（　　）网站　（　　）朋友推介　（　　）其他

希望我们与您经常保持联系的方式：

□ 电子邮件信息　□ 定期邮寄书目

□ 通过编辑联络　□ 定期电话咨询

您关注（或需要）哪些类图书和教材：

您对我社图书出版有哪些意见和建议（可从内容、质量、设计、需求等方面谈）：

您今后是否准备出版相应的教材、图书或专著（请写出出版的专业方向、准备出版的时间、出版社的选择等）：

非常感谢您能抽出宝贵的时间完成这张调查表的填写并回寄给我们，您的意见和建议一经采纳，我们将有礼品回赠。我们愿以真诚的服务回报您对机械工业出版社技能教育分社的关心和支持。

请联系我们——

地　　址　北京市西城区百万庄大街 22 号　机械工业出版社技能教育分社

邮　　编　100037

社长电话：（010）88379080　88379083　68329397（带传真）

E-mail　jnfs@ mail. machineinfo. gov. cn